Misslingen des Anderen im Asperger-Syndrom

Psychoanalytische Näherungen

Herausgeber:
Verein für Psychoanalytische Sozialarbeit
Rottenburg und Tübingen

edition diskord im Brandes & Apsel Verlag

Sie finden unser Gesamtverzeichnis mit aktuellen Informationen im Internet unter: www.brandes-apsel-verlag.de
Wenn Sie unser Gesamtverzeichnis in gedruckter Form wünschen, senden Sie uns eine E-Mail an: info@brandes-apsel.de
oder eine Postkarte an:
Brandes & Apsel Verlag, Scheidswaldstr. 22,
60385 Frankfurt a. M., Germany

1. Auflage 2011

Umschlag: Franziska Gumprecht, Frankfurt a. M.
Satz: Gaby Wurster, Tübingen.
Druck: STEGA TISAK d.o.o., printed in Croatia.
Gedruckt auf säurefreiem, alterungsbeständigem und chlorfrei gebleichtem Papier.

Bibliografische Information der Deutschen Nationalbibliothek:
Die Deutsche Nationalbibliothek verzeichnet diese Publikation in der Deutschen Nationalbibliografie; detaillierte bibliografische Daten sind im Internet über www.dnb.de abrufbar.

ISBN 978-3-86099-880-9

Inhalt

Vorwort

Vom 12. bis 14. November 2010 fand in Rottenburg unter dem Titel *Misslingen des Anderen – über autistische Phänomene, besonders das Asperger-Syndrom* die 15. Fachtagung, veranstaltet vom Verein für Psychoanalytische Sozialarbeit in Rottenburg und Tübingen, statt.

Diese Tagungen, an denen in den letzten Jahren regelmäßig etwa 250 Personen teilnahmen, haben im Lauf der Jahre und Jahrzehnte auch die Funktion eines Vernetzungstreffens Psychoanalytischer Sozialarbeiter und Interessierter aus dem deutschsprachigen Raum gewonnen.

In diesem Jahr schien es uns an der Zeit zu sein, wieder einmal das Thema Autismus aufzugreifen, das in sehr engem Zusammenhang mit der Geschichte unseres Vereins steht: Wir begannen 1978 mit der Gründung des Therapeutischen Heims für autistisch-psychotische Kinder und Jugendliche. Die Fachtagungen bis etwa 1990 befassten sich schwerpunktmäßig unter verschiedenen Aspekten[1] mit der Entwicklung theoretischer und praktischer Konzepte für die psychoanalytische Sozialarbeit mit autistisch-psychotischen Menschen.

Eine Wiederaufnahme dieses Sujets erscheint uns aus mehreren Gründen angebracht:

- Das Thema Autismus, insbesondere in Form des Asperger-Syndroms, ist deutlich mehr in die Wahrnehmung der breiten Öffentlichkeit und auch der Fachöffentlichkeit getreten – wobei psychoanalytische Beiträge zum Thema in der Diskussion nicht den gebührenden Raum einnehmen.
- Die psychoanalytischen Theorien des Autismus in diesem Zeitraum haben sich ebenfalls deutlich weiterentwickelt.

Im Lauf der letzten 15 Jahre hat sich die Klientel, insbesondere unserer Wohngruppen, deutlich verändert. Hatten wir es bis Beginn der Neunzigerjahre überwiegend mit Kannerschen Autisten, häufig auch nicht-sprechenden, zu tun, so sind es heute eher Asperger-Autisten – neben Jugendlichen mit psychotischen und Borderline-Störungen. Deren Betreuung hat es notwendig gemacht, unsere theoretischen und praktischen Konzepte weiterzuentwickeln.[2]

Die Entwicklung unserer Klientel spiegelt die historischen Verschiebungen in der bundesrepublikanischen Versorgungslandschaft wieder, ausgelöst durch gesellschaftliche und politische Entwicklungen. Seit der Neufassung des Jugendhilfegesetzes (SGB VIII) ab 1990 befinden sich Jugendliche mit überwiegend seelischer Behinderung in der Zuständigkeit der Jugendhilfe und nicht mehr der Behindertenhilfe/Sozialhilfe. Dieses neue Zuständigkeitsfeld war für die Akteure der Jugendhilfe eine große Herausforderung, dessen Aneignung und Bestellung einige Zeit und Energie in Anspruch nahm. Heute stellt sich uns die Situation folgendermaßen dar:

- Im Bereich der Eingliederungshilfe nach SGB XII/Behindertenhilfe für Jugendliche mit geistigen (denen beispielsweise in Baden-Württemberg der Kannersche und atypische Autismus zugeordnet wird) und körperlichen Behinderungen sowie für Erwachsene mit geistigen, körperlichen und seelischen Behinderungen sind (Kanner-)Autisten inzwischen in Einrichtungen der Behindertenhilfe oder in speziellen Einrichtungen bekannt und werden auch mit angepassten Betreuungskonzeptionen aufgenommen und betreut.
- Die Asperger-Autisten hingegen kommen im Jugendhilfebereich (§ 35a, SGB VIII) in den letzten Jahren gerade an: Sie werden zunehmend als Personengruppe mit besonderen Betreuungsanforderungen wahrgenommen, auf die man sich einzustellen versucht. Im Erwachsenenbereich scheint es mit Asperger-Autisten noch wenig Erfahrung zu geben. Dies wird sich aber in den nächsten Jahren zwangsläufig ändern müssen. Damit sich hier auch psychoanalytische Gedanken ausbreiten können, braucht es entsprechende Fachöffentlichkeiten.

Das „Asperger-Syndrom" ist sicherlich keine klar abgrenzbare nosologische Entität, sondern eine nicht scharf begrenzte Bandbreite auf einem Spektrum autistoider Verarbeitungs- und Abwehrmechanismen von frühkindlichem Autismus über atypischen bzw. High-functioning Autismus, Asperger-Syndrom, autistische Züge bis hin zu autistoiden Abwehrmechanismen bei überwiegend neurotischer Struktur. Eine Frage, die uns beschäftigt, ist, inwieweit das Asperger-Syndrom eine spezifische Struktur intrapsychischer und vor allem intersubjektiver Verarbeitungsmechanismen darstellt, die auch in der praktischen Arbeit spezielle Anforderungen erzeugt.

Hans Asperger beschrieb dieses Störungsbild zwar schon 1944, aber erst Mitte der Neunzigerjahre wurde es in die amerikanische DSM IV aufgenommen. Seither steigt die Zahl der Diagnostizierungen zunehmend und rasant. Diskussionswürdig scheint uns die Frage, ob die gesellschaftliche Entwicklung mehr Asperger-Syndrome produziert, und/oder ob die Zunahme nur durch die Schärfung des diagnostischen Blicks erklärt werden kann. Auch im Bewusstsein der Bevölkerung ist Autismus heute sehr viel stärker verankert als noch vor Jahren und in der Folge auch im Bewusstsein der Pädagogen, die solchen Kindern oft primär begegnen.

Einen sehr spannenden Ausblick auf epidemiologische Fragen gab auf der Tagung Rainer Trost in einem Vortrag, der hier leider nicht veröffentlicht werden kann.[3] In einem breit angelegten Forschungsprojekt wurde seit 2006 die Zahl autistischer Schüler an baden-württembergischen Schulen erfasst. Dabei wurde eine Prävalenzrate von Autismus-Spektrum-Störungen (einschließlich autistischer Züge) von 14,7 pro 10000 Schüler ermittelt, was zumindest die deutliche Tendenz einer Vielzahl von Untersuchungen seit den Sechzigerjahren spiegelt, die bei Prävalenzraten von etwa 4:10000 beginnt und im Laufe der Jahrzehnte sukzessive zunimmt. Ebenso bedeutsam erscheint uns die historische Verschiebung des Verhältnisses von Kanner- zu Asperger-Autisten. Lag dieses Verhältnis in früheren Untersuchungen eher bei 4:5 zu 1:5, so hat es sich in der Studie von Rainer Trost auf ein Verhältnis von 2:5 zu 3:5 umgekehrt. Bei Schülern mit Asperger-Syndrom liegt das Verhältnis männlich zu weiblich bei 91,5 zu 8,5 Prozent. Sehr diskussionswürdig erscheint auch der Aspekt seiner Untersuchungsergebnisse, dass bei Eltern von Asperger-Autisten ein signifikant hohes Bildungsniveau vorliegt.

Ein interessanter Aspekt in der Heraufkunft des Asperger-Syndroms sind die Medien (der Film *Rain Man* und das Internet, ein selbst aspektweise autistoides Medium). Durch die Medien wird das Allgemeinwissen über das Asperger-Syndrom enorm beeinflusst, und auch durch die Therapievorschläge, die im Internet zu finden sind, wird der praktische Umgang sehr stark geprägt. Psychoanalyse scheint hier quasi nicht existent. Liegt dies daran, dass die Psychoanalyse sich wenig für Asperger-Autisten interessiert? Oder auch daran, dass die Asperger-Betroffenen und Fachleute sich nicht (mehr) für die Psychoanalyse interessieren? Wirken hier noch Äußerungen von Bruno Bettelheim aus den Sechzigerjahren nach, dass Autismus durch die Gefühlskälte der Mütter („Kühlschrankmütter") verursacht sein könnte?

Was in der Fachöffentlichkeit und im Internet an konkreten Beschreibungen des Asperger-Syndroms, über Ursachenforschung, in theoretischen Ausarbeitungen, in Therapievorschlägen und Therapieformen auftritt, scheint oft auf einem primär kognitionstheoretischen oder verhaltenstherapeutischen Hintergrund als Ausschluss von Sinn, Bedeutung, Rätsel, Tragik und Psychodynamik. Bei Therapieangeboten für Autisten scheint mitunter das Trainieren von Fertigkeiten, ergänzt durch orthopädische Stützkonstruktionen (in Form von schulischem Nachteilsausgleich, Schulbegleitung etc.) zu überwiegen. Ergänzend zu diesen Tendenzen, in denen man gelegentlich eine gewisse mimetische Annäherung der Wissenschaften an ihr Untersuchungsobjekt befürchten kann, lässt sich auch ein Verdecken der Tragik des Asperger-Syndroms durch Verklärung der Asperger-Autisten zu besonderen Menschen, einer Art eigenen Rasse, feststellen.

Wir können das Asperger-Syndrom nicht einfach als Modeerscheinung abtun, sondern betrachten es, je nach Ausprägung, als ein individuelles Drama, und das umso mehr, als es sich, zumindest phasenweise, in einem scheinbaren Vakuum an Dramatizität abspielt. Eine psychoanalytisch orientierte Arbeit auf dem Hintergrund der psychoanalytischen Entwicklungstheorie und auf der Basis von Übertragung und Gegenübertragung, also eine Arbeit des Beziehungsaufbaus, ist besonders schwierig und langwierig und erfordert manchmal unkonventionelle Interventionen.

Was kann die Psychoanalyse zum Verständnis und zu einer fruchtbaren Arbeit mit Asperger-Autisten beitragen?

- Man kann diskutieren, ob aus psychoanalytischer Perspektive das Operieren mit der Kategorie „Asperger-Syndrom" überhaupt Sinn macht, oder ob es nicht vielmehr darauf ankommt, im Übertragungs-/Gegenübertragungsprozess die je individuellen psychodynamischen Vorgänge zu erfassen und zu beantworten.
- Auch die Frage, ob die Lebensschwierigkeiten, die aus dem Asperger-Syndrom resultieren, als Krankheit, Behinderung oder als spezifische Form menschlichen Seins gefasst und eingeordnet werden, ist nicht nur für die sozialrechtliche Einordnung, sondern auch für die therapeutische Praxis von Belang.
- Alle aktuellen psychoanalytischen Arbeiten zum Thema setzen sich mit den Ausarbeitungen der Kognitionspsychologie, Hirnforschung und Psychiatrie auseinander und versuchen verbindende Brücken zu diesen nicht-analytischen Theorieansätzen zu schlagen und sie um psychodynamische Aspekte zu ergänzen.
- Manchmal scheint es, als müsste die interpretierende Theorie umso komplexer sein, je früher die Störung entwicklungslogisch

anzusiedeln ist; auch wenn gerade bei Asperger-Autisten die Diagnose häufig lebensgeschichtlich relativ spät gestellt wird: oftmals in der Adoleszenz oder gar erst im Erwachsenenalter.

- Metapsychologisch extrem komplex scheint auch die Theorie der Empathie und des Entstehens von Intersubjektivität in der Psychoanalyse. Scheinbare Affektlosigkeit bzw. mangelndes Einfühlungsvermögen in die Affekte anderer sind Leitsymptome des Asperger-Syndroms.
- Auch zu Fragen der Komorbidität des Asperger-Syndroms mit anderen Erkrankungen (z. B. Psychosen, Depressionen, Zwangserkrankungen, ADHS etc.) kann vielleicht aus psychoanalytisch-psychodynamischer Sicht Bereicherndes beigetragen werden.
- Ein analytischer Aufhänger für das Verständnis des Asperger-Syndroms (des Autismus überhaupt) könnte die zugrunde liegende Angst auf unterschiedlichen Strukturniveaus sein.

Wie immer wollten wir im Rahmen der Tagung einen Schwerpunkt auf Fallnovellen legen, weil sich nur so die Phänomene in aller Komplexität darstellen lassen. Im Sinne des grundlegenden Verständnisses Psychoanalytischer Sozialarbeit wollten wir nicht nur die Arbeit im therapeutischen Zweier-Setting darstellen, sondern auch die Bedingungen des institutionellen und sozialen Umfeldes (Familie, Schule, Arbeit, Freizeit) und etwa notwendige Konstruktionen und Interventionen in diesen Feldern.

Nicht unerwähnt wollen wir lassen, dass es sehr schwierig war, für das Thema des Asperger-Syndroms psychoanalytisch orientierte Referenten zu gewinnen und schließlich ein Buch zusammenzustellen: Wir hatten sehr viele Referenten angefragt; von vielen bekamen wir die Antwort, man habe mit dieser Personengruppe wenig Erfahrung und sehe sich auch nicht in der Lage, etwas Originelles und/oder theoretisch Relevantes dazu beizutragen. Von anderen potenziellen Referenten bekamen wir aus gesundheitlichen oder terminlichen Gründen Absagen.

In der Schwierigkeit, Referenten zu finden, spiegelt sich unseres Erachtens auch, dass Asperger-Autisten oftmals so rational und zweckorientiert strukturiert sind, dass sie selten zu Psychoanalytikern gehen und das Offene, scheinbar Ziellose einer Psychoanalyse eher meiden.

Trotzdem ist es uns, wie wir meinen, gelungen, eine lebendige und anregende Tagung zusammenzustellen. Eine Tagung, die sich durch vielfältige, anschauliche und sehr praxisorientierte Beiträge auszeichnete, in denen die große Bandbreite der individuellen Ausprägungen des Asperger-Syndroms und die damit verbundenen spezifischen Lebensschwierigkeiten recht deutlich werden.

In den Beiträgen dieses Buches lassen sich folgende Themata und Tendenzen feststellen:

- Das Thema Schule und Arbeit, das Thema soziale Integration überhaupt, nimmt in vielen Beiträgen einen großen Raum ein.
- Es wird über sehr unterschiedliche und komplexe Formen von Settings berichtet, die oftmals einen rein therapeutischen Rahmen im Zweier-Setting überschreiten; dies erscheint angesichts der spezifischen Problemlage der Klientel als angemessen und notwendig.
- In den unterschiedlichen Theoretisierungsversuchen der Autoren sind die meisten psychoanalytischen Richtungen vertreten.

Das vorliegende Buch hat insofern dezidiert nicht den Anspruch, ein annähernd systematisches und umfassendes Werk zum Asperger-Syndrom vorzulegen, sondern zeitigt vor allem einen „Werkstattcharakter" im Sinne einer Sammlung von Praxisfeldern, Herangehensweisen und Problemskizzen. Es besteht aus Plenumsvorträgen und Seminarbeiträgen und ist folgendermaßen aufgebaut:

Zur Einstimmung trägt *Isabelle Deguilly* einige spontane Wahrnehmungen und Gedanken aus der Wohngruppe für Kinder und Jugendliche unseres Therapeutischen Heims vor, die *Olaf Schmidt* in seinem Versuch, den Stand der allgemeinen und speziell auch der psychoanalytischen Theoriebildung aufzuzeigen, aufgreift. Als bliebe eine solche zusammenfassende Einführung notwendig zu abstrakt und erschlagend in ihrer Vielfalt, wendet sich Olaf Schmidt im zweiten Teil seines Beitrags einer Fallgeschichte aus seiner Arbeit im Zweier-Setting zu.

Gottfried Barth nähert sich den Schwierigkeiten des Asperger-Syndroms aus psychiatrischer und psychoanalytischer Perspektive und beschreibt sehr offen und am Beispiel einiger Fallvignetten auch das Fehlgehen des ärztlichen und therapeutischen Blicks.

Es folgen dann zwei Texte mit ausführlichen Einzelfallgeschichten: *Joachim Heilmann* beschreibt aus seiner langjährigen Erfahrung mit Asperger-Autisten seinen psychoanalytischen Werkzeugkasten, um dessen Gebrauch dann im Rahmen einer Fallgeschichte aufzufächern. *Michael Kaschek* breitet die Fallgeschichte eines jungen Mannes aus, der fünfeinhalb Jahre lang in einem umfassenden Setting begleitet wurde, bestehend aus Wohngruppe, Schule und analytischen Einzelstunden.

In den folgenden Beiträgen werden Aspekte der Lacanschen Psychoanalyse auf unterschiedlichen Wegen aufgegriffen: *Achim Perner* reflektiert den komplexen Begriff der Empathie und die neurobiologische Entdeckung der Spiegelneuronen. *Peter Müller* skizziert anhand der Lektüre von drei französischen Autoren und ihrer umfangreichen Bücher, die nicht ins Deutsche übersetzt sind, einige Eckpunkte der Arbeit mit Autisten in der Lacanschen Psychoanalyse. *Annemarie Hamad* beschreibt die Fallgeschichte eines früh traumatisierten Mädchens, das sich möglicherweise später zum Asperger entwickelt hätte. *Martin Feuling* versucht, einige spezifische Schwierigkeiten der Adoleszenz-Entwicklung an zwei Fallbeispielen darzustellen.

Einen weiteren Schwerpunkt bildet die Schule: *Bettina Noddings* zeigt in ihrem Text die Schwierigkeiten der schulischen Integration von Asperger-Austisten in einem Gymnasium an mehreren Fallvignetten. *Friedel Nielebock* und *Edith Ramminger* legen ihre Erfahrungen mit der (Re-)Integration von Asperger-Autisten in Regelschulen dar.

Der Übergang vom allgemeinbildenden Schulwesen zur beruflichen Eingliederung, kurz gesagt zum Erwachsener-Werden, stellt für Asperger-Autisten oft eine ganz besondere Hürde dar. *Sylvia Künstler* und *Matthias Unfried* beschreiben an drei Fallbeispielen spezifische Begleitungsformen des „Arbeitsprojektes" des Vereins für Psychoanalytische Sozialarbeit beim Bewältigen dieser Hürde.

Am Ende der Reihe stehen Beiträge, die sich spezifischen Einzelaspekten zuwenden: Der Text von *Reinhold Wolf* unternimmt an zwei Fallbeispielen den Versuch, narzisstoide und autistoide Abwehrstrukturen zu differenzieren. Aspekte von Computersucht werden von *Martina Strauss* und *Gottfried Barth* am Fallbeispiel eines Jugendlichen mit Asperger-Syndrom beschrieben, und *Michael Günter* reflektiert das Zunehmen dissozialer Entwicklungen bei Asperger-Autisten am Beispiel von vier Fallvignetten.

Eine Vielzahl von Fallvignetten ist also in diesem Buch versammelt, psychoanalytisch reflektiert unter diversen Blickwinkeln. Wir meinen, dass sich nur über Fallgeschichten umreißen lässt, was es unter anderem mit dem Asperger-Syndrom auf sich haben kann.

Die Herausgeber

Anmerkungen

1 Tagungsschwerpunkte waren zum Beispiel:
„Psychoanalytische Sozialarbeit mit autistisch-psychotischen Kindern und Jugendlichen“ (1982);
„Die Behandlung autistisch-psychotischer Jugendlicher und die Psychoanalyse institutioneller Prozesse“ (1984);
„Gegenübertragung und Rahmen (Setting) in der Psychoanalytischen Sozialarbeit mit psychotischen Kindern und Jugendlichen“ (1986);
„Liebe und Lüge in der Psychoanalytischen Sozialarbeit mit psychotischen Kindern und Jugendlichen. Zur Psychoanalyse von Liebe, Haß, Todestrieb und Ambivalenz“ (1988);
„Die endliche und unendliche psychoanalytische Sozialarbeit mit psychotischen Kindern und Jugendlichen“ (1990).

2 Von etwa 500 Klienten, die der Verein für Psychoanalytische Sozialarbeit seit 1978 insgesamt stationär und ambulant betreut hat, waren etwa 60 Asperger-Autisten, die übrigens bei ihrer Aufnahme ein Durchschnittsalter von 14,2 Jahren hatten.

3 Vgl. Trost, Rainer (2010): Verbreitung und Nutzung von Gestützter Kommunikation in den Schulen Baden-Württembergs. In: Alfaré, Andrea; Huber-Kaiser, Thekla; Janz, Frauke, und Klauß, Theo (Hg.): Facilitated Communication – Forschung und Praxis im Dialog. Karlsruhe (Von Loeper Literaturverlag).

Isabelle Deguilly

Zur Einstimmung – spontane Einfälle über Autismus im Therapeutischen Heim

Wenn ich über den Begriff Autismus bei unserer Arbeit im Therapeutischen Heim nachdenke, fallen mir sehr unterschiedliche Kinder und Jugendliche, Situationen und Erlebnisse ein. Bei zwei Dritteln unserer Bewohner taucht dieser Begriff in unterschiedlichen Formen (Asperger-Syndrom, atypischer Autismus, autistische Verhaltensweisen) in Berichten oder Arztbriefen auf, beim restlichen Drittel sind es psychiatrische Diagnosen wie Psychose, jugendliche Schizophrenie, Borderline-Syndrom, Störung des Sozialverhaltens.

Mir fällt aber nur ein junger Mann ein, der seinen Autismus behauptet hat, ihn geradezu vor sich hergetragen, ihn auf der Haut getragen hat wie seinen langen schwarzen Mantel. Er verkündete mir einmal sehr laut und wortreich: Die anderen Menschen denken so (beide Hände vom Kopf weg nach vorn), ich aber denke so (beide Hände vom Kopf weg zu einer Seite). Ich dachte, was weiß der, wie ich denke. Es war mir aber ob seiner Vehemenz unmöglich, so etwas wie eine andere Sichtweise zu äußern.

Dann gab es auch ein Mädchen – obwohl ich einmal gehört habe, Autismus könne bei Mädchen gar nicht auftreten, da es die extreme Ausprägung von männlichem Denken sei. Es war natürlich eine scherzhafte Übertreibung und Zuspitzung, mich hat dieses Unterscheiden zwischen männlichem und sonstigem Denken ziemlich irritiert.

Dieses Mädchen hat mit dieser Diagnose bis zum Schluss ihrer Zeit bei uns gehadert, sich und uns gefragt, was bringt mir diese Diagnose, die für sie auch immer mit einer möglichen Hochbegabung verwoben war. Bin ich es, will ich es sein, oder will es meine Mutter?

Der vorher erwähnte junge Mann hat auf jeden Fall sehr um sie geworben, wollte sich gern mit ihr in einer vermeintlichen Gemeinsamkeit gegen die Anderen in der Gruppe abgrenzen. Wir Autisten sind anders, klüger und etwas Besonderes, besser als die Anderen.

Es gab auch einen Jungen, der bei uns zu einem jungen Mann wurde und der die Diagnose Autismus immer vehement abgelehnt hat, auch dann noch, als er feststellen musste, dass seine Mutter diese Diagnose für richtig hielt. Es war das einzige Mal, dass er gegen die Meinung der Mutter bei seiner Sicht bleiben konnte: „Ich habe keinen Autismus."

Er fühlte sich von dieser Bezeichnung „Autist" beleidigt. Wenn man allerdings in einer Arztpraxis, die man zum ersten (und letzten) Mal betritt, von dem Arzt mit dem Satz begrüßt wird: „Ha, das ist doch ein Autist, das sehe ich auf den ersten Blick!", dann kann man sich doch beleidigt fühlen.

Verstanden hat er aber auch, als er volljährig wurde, dass die Diagnose für ihn nützlich ist, wenn sie gewährleistet, dass er weiterhin die Betreuung und Förderung erhält, die er noch braucht. Er hat uns zumindest geglaubt, dass wir ihm nichts Böses wollen.

Und es gibt den Jungen, der mit seiner ganzen Autisten-Ausstattung bei uns eingezogen ist, eine ganze Sammlung von Kartons in unterschiedlichen Formen (ein Laptop, eine Waschmaschine, ein Trockner usw.), die ihm liebevoll von seinen Kindergartenerzieherinnen und seiner persönlichen Integrationskraft gebastelt worden waren. Jeder kann sich inzwischen anlesen oder im Internet recherchieren, was ein Autist so braucht. Sein früherer Therapeut aus dem Heimatort, der ihn zu uns gebracht hatte und lange Zeit sporadisch telefonischen Kontakt hielt, sagte mir allerdings einmal, er hätte vorher noch nie ein Kind gesehen, das das Vollbild des Autisten präsentiert, ohne einer zu sein.

Es gibt auch einen anderen Jungen, der mir unter dem Stichwort „Autismus" zunächst gar nicht einfällt. Er kam mit neun Jahren nach einer abgebrochenen Behandlung in einer verhaltenstherapeutisch orientierten Einrichtung zu uns. Nach wie vor, auch nach fünf Jahren mit einer guten Entwicklung bei uns, beherrschen seine lautstarken und auch gewalttätigen Wut- und Verzweiflungsausbrüche immer wieder den Alltag. Er kann oder will sich nicht einem fremden Willen unterwerfen, kann meistens nicht bei einem Spiel verlieren, ohne sich vernichtet zu fühlen.

Ebenso gab es einen Jugendlichen, der auch bei uns zu einem jungen Mann wurde und jetzt ein selbständigeres Leben in einer betreuten Wohngruppe für Erwachsene führt. Er lebte und überlebte bei uns nur in ständiger Beziehung, überzog förmlich jede Situation in einer äußerst penetranten Art mit einer klebrigen Beziehungssoße: „Das mag ich, das interessiert mich, findest Du das auch gut, ich mag sie/ihn (sehr selten ihn), magst Du mich?" So kann man sich schlecht auf Mathematik einlassen. Über ihn werden wir später bei einem Vortrag noch mehr hören.

Übrigens, wie bringt ein Autist (der es sein will) einen anderen Autisten (der es nicht sein will) zur absoluten Verzweiflung? Er gibt ihm ein Blatt Papier in die Hand, auf dem beidseitig steht: „Bitte wenden“.

Also, was oder wer ist ein Autist? Ich weiß es nicht. Ich kenne nur junge Menschen, die an sich und an der Welt leiden.

Olaf Schmidt

Zur Frage des Autismus und des Asperger-Syndroms aus psychoanalytischen Perspektiven

... der wahre Grund der Ungezogenheit ist der Verdruß des Kindes, daß es nicht zaubern kann. Die erste Erfahrung, die das Kind mit der Welt macht, ist nicht, daß die Erwachsenen stärker sind, sondern daß es nicht zaubern kann.
Walter Benjamin

Die Grenzen meines Übertragungsvermögens sind die Grenzen meiner Welt.
Peter Sloterdijk

Isabelle Deguilly hat in ihren Beobachtungen aus dem Therapeutischen Heim schon angedeutet, dass sich die Zugänge zu den alltäglichen Erscheinungsweisen des Autismus sehr vielfältig und individuell darstellen. Und ihr Satz, dass sie keine „Autisten" kenne, sondern nur Menschen, die an sich und der Welt leiden, pointiert eine Position, die einem einseitigen, reduktionistischen, objektivierenden oder gar verdinglichenden Umgang mit menschlichen Subjekten entgegentritt. Dies umschreibt eine Haltung, die zu den Ausgängen der Psychoanalyse zurückführt: zur Frage des Subjekts und der Subjektwerdung.

Auch die Psychoanalyse sucht Orientierung in Begriffen, Theorien und Konzepten, die in ihrer Praxis eine Ausrichtung erlaubt, einen Standpunkt und eine Perspektive. Dabei versucht sie ihre Fragen und ihren Diskurs *mit* dem Subjekt und nicht allein ihm *gegenüber* und ohne es zu entwickeln. Wie weit führt diese Perspektive bezogen auf die Frage des Autismus? Was könnte ein Autist antworten, wenn ihn ein anderer fragt: Was bist du denn für einer? Wie heißt man dich?

Und wie ließen sich die Fragen formulieren, die ein Autist an den Anderen stellt? Hat er offene Fragen, mit denen er sich an einen anderen richtet, die sich ihm selbst stellen? Und vor welche Fragen stellt er uns?

Vom Misslingen des Anderen

Die aktuellen und geschichtlichen Hintergründe der Wiederaufnahme des Themas „Autismus“ auf den Fachtagungen des Vereins für Psychoanalytische Sozialarbeit sind im Vorwort schon erwähnt: Wir haben es heute zunehmend mit jungen Menschen mit Asperger-Syndrom zu tun. Welche praktischen Erfahrungen machen wir mit ihnen? Inwieweit müssen Konzepte neu überdacht, modifiziert oder neu entworfen werden? Unterscheidet sich der sogenannte Asperger-Autist nur graduell von anderen Formen im Spektrum des Autismus, oder gebührt ihm sozusagen ein ganz eigener Name?

Die meisten veröffentlichten Erfahrungsberichte aus dem Bereich der Psychoanalyse und die daraus hervorgehenden theoretischen Reflexionen über Autismus stammen aus dem Kontext psychoanalytischer Behandlungen im Zweier-Setting. Gerade aber für den Bereich des Asperger-Syndroms stellen sich viele Fragen im offenen Feld des Sozialen. Zumeist ist hier eben nicht allein mit der Frage nach der „richtigen“ Therapie geholfen. So bedarf es oft der konkreten Unterstützung und Begleitung im Alltag, im Bereich der Schule und der Ausbildung. Gerade hier treten viele Probleme und Konflikte eigener Art auf.

So kann ich mich auch an keine Tagung erinnern, in der der Bereich der Schule einen so großen Raum eingenommen hätte. Wohl nicht von ungefähr. Nicht nur, dass die Asperger oft erstmals als solche in der Schule mit den ihnen eigenen Strukturen und Eigenarten auffallen und als solche – verspätet – erkannt und wahrgenommen werden, sie stellen die Lehrer und Schulen vor besondere Probleme.

Dass im Falle des Asperger-Syndroms Formen der zusätzlichen personellen Schulbegleitung finanziert werden, erscheint oft als ein erster Versuch, ihnen in ihrer Eigenart bei gleichzeitigem Wunsch nach Normalität und Teilhabe am Sozialen gerecht zu werden. Ob damit in allen Fällen wirklich geholfen ist, sei in Frage gestellt. Eine Auswertung der Erfahrung mit dieser doch gängigen Praxis, um die eine ganz eigene Art der Dynamik entstehen kann, steht vielleicht aus. Gerade in der Schule zeigt sich ein Dilemma, das sich in der Diskrepanz zwischen hinreichenden kognitiv-intellektuellen Fähigkeiten und mangelnden Fähigkeiten, sich im Sozialen zurechtzufinden, ausdrückt. Hier zeigt sich eine konflikthafte Konstellation zwischen dem Wunsch nach Normalität, der Partizipation am Sozialen und der Schwierigkeit, sich als Einer-unter-Anderen zu bewegen. Mehr dazu in den anderen Beiträgen dieses Buches.

Das nicht selten erst relativ späte Erkennen eines Asperger-Syndroms schafft eigene Probleme und verweist auf das Problem der Früherkennung. Denn die an sich schon bestehenden Unwegsamkeiten auch entlang der schulischen Anforderungen verschärfen sich in der Zeit zwischen Pubertät und Adoleszenz durch andere zu bewältigende Entwicklungsaufgaben. Fragen bezüglich der Peergroup, der Entwicklung des Körpers und der Sexualität sowie Fragen der Ablösung und Verselbständigung führen nicht selten zu existenziellen Krisen.

Bei der Beschäftigung mit Autismus und dem Asperger-Syndrom im breiteren Feld der Fachöffentlichkeit dominieren in großem Maße kognitionstheoretische und verhaltenstherapeutische Ansätze. Psychoanalytische Zugangsweisen werden kaum rezipiert oder erwähnt, manchmal sogar als schädlich bewertet.

Was hat nun die Psychoanalyse oder auch die Psychoanalytische Sozialarbeit zum Verständnis und zum Umgang mit autistischen Menschen, speziell auch mit dem Asperger-Syndrom beizutragen? Eine erste Ausrichtung der Fragerichtung und Fokussierung des Themas deutet unser Tagungstitel an.[1]

Im Titel: „Vom Misslingen des Anderen" scheint – wie jemand mir gegenüber bemerkte –, irgendwie etwas Negatives oder ein eher defizitorientierter Blickwinkel anzuklingen. Mit diesem Titel soll jedoch weniger eine klare These, geschweige denn eine ursächliche Schuldzuweisung formuliert, vielmehr die Ausrichtung einer Frage angedeutet werden. Dabei geht der Begriff des Anderen nicht auf in der konkreten Person eines menschlichen Gegenübers, sondern hat eine gewisse Platzhalterfunktion. Nicht ganz zu verkennen, legt der Titel eine eher Lacansche Handschrift nahe. Peter Müller, Annemarie Hamad, Bettina Noddings und Martin Feuling werden dies in ihren Beiträgen näher ausführen. Ein Titel mit der Handschrift in der Tradition der Objektbeziehungspsychologie hätte vielleicht lauten können: *Vom Verfehlen oder Versagen des Objekts*, wobei der Begriff des Objekts ähnlich vielschichtig ist wie der Begriff des Anderen.

Neben den diversen psychoanalytischen Ausrichtungen und Schulen sind es sicherlich die Ansätze sowohl der sogenannten Objektbeziehungstheorie, insbesondere in der Folge von Melanie Klein, als auch die sogenannte strukturale Psychoanalyse, die sich mit dem Namen von Jacques Lacan verbindet und wesentliche Anstöße zum Verständnis des Autismus gegeben hat, wenn auch mit unterschiedlichen und zum Teil kontroversen Akzentsetzungen. Ich erwähne dies deswegen, weil ich glaube, dass sich der Dialog zwischen diesen Traditionslinien gerade im Bereich des Autismus als sehr fruchtbar erweisen könnte, und er mich bei der Vorbereitung des Vortrags untergründig begleitet hat. Aber manchmal scheinen sie auch wie Cowboy und Indianer.

Im Fokus des Interesses steht thematisch die Frage des dialektischen Verhältnisses in der Begegnung vom Selbst, vom Subjekt zum Anderen. Gerade dieses Verhältnis zum Anderen scheint im Autismus nicht ungestört, nach innen wie nach außen, intrasubjektiv wie intersubjektiv. Etwas gelingt nicht, ganz wie bei einer verfehlten Begegnung, einem verpassten Rendezvous, wofür es bekanntlich viele Gründe geben kann und manchmal ein Bedauern oder Betrauern darüber, dass etwas tragischerweise nicht gut zusammenkommen konnte.

Bezogen auf den Asperger-Autismus erscheint hier ein Leitsymptom, das, vereinfacht gesagt, als mangelnde Empathie oder fehlendes Einfühlungsvermögen beschrieben wird. Kognitionstheoretisch wird von einer fehlenden *Theory of Mind* gesprochen, kurz ToM, was so viel meint wie Unfähigkeit, die Bedürfnisse und Sichtweisen eines anderen Menschen zu erkennen und angemessen darauf zu reagieren.

Dies setzt die grundsätzliche Fähigkeit voraus, Belebtes von Unbelebtem (wie Menschen von Dingen) zu unterscheiden, wobei Belebtem innere Zustände unterstellt werden, die nur dem Anderen unmittelbar erfahrbar sind. Auch wird hier von einer Art *Mindblindness* gesprochen, einer Geistes- oder Seelenblindheit. Allgemein geht es um den Zugang zum Fremdpsychischen, um die Fähigkeit, psychische Phänomene im Anderen und in sich selbst wahrnehmen zu können. In der Psychoanalyse gibt es eine Art Entsprechung in dem Konzept der Mentalisierungsfähigkeit von Fonagy und anderen (Fonagy et al. 2004). So haben Menschen mit Asperger-Autismus häufig Schwierigkeiten, wenn es um metaphorisches Sprechen geht, wenn die Botschaften des anderen uneindeutig oder mehrdeutig erscheinen. Sie tun sich schwerer mit Ironie und einem Hören zwischen den Zeilen. Dass die Schwierigkeit, sich in den anderen hineinzuversetzen, nicht nur einseitig ist, sondern eben auch dem Anderen häufig misslingt, ist die andere Seite der Medaille. Gottfried Barth berichtet über das Misslingen des Anderen im Sinne der Schwierigkeit, selbst einen Zugang zum Asperger-Autisten zu finden.

Gerade weil oder obwohl Menschen mit Asperger-Autismus – häufig sogar auffällig früh – einen ersten Zugang zur Sprache gefunden haben, irritiert an ihnen, dass sie doch irgendwie anders, fremd und unheimlich wirken. Da man häufig das Gefühl hat, spontan keinen inneren Zugang zu ihnen zu finden, kein Gefühl für sie bekommt, setzt nicht selten eine Art mimetischer Prozess ein, man versucht auf dem Wege des Denkens sich eine Vorstellung über sie zu machen. Dies führt zu der Frage des Verhältnisses von kognitiven und emotionalen Prozessen bei der Entwicklung von Empathie. Oder auch zur Frage des Verhältnisses von Erkenntnis und An-Erkenntnis des Anderen, in seiner Ähnlichkeit sowie auch in seiner gänzlichen Andersheit und Separiertheit. So betont Stanley Cavell (Cavell 2002, 2006), dass eine grundsätzliche, bejahende Anerkenntnis des Anderen der bedingten Erkenntnis des Anderen vorausgeht und diese auch erst möglich macht. Auch wenn Sprache und Wissen eine Art Brücke zwischen sich und dem Anderen darstellen kann, gibt es kein vollständiges Wissen des Anderen, der die Erfahrung der Kluft einer grundsätzlichen Getrenntheit und Fremdheit verhindern kann. Es sei denn, die Erfahrung des Anderen wird vermieden. Und nicht nur Cavell erinnert daran, dass Sprechen nicht aufgeht im Austausch von Wissen oder der Übertragung von Informationen, sondern dass sie eine Ausdrucks- und Appellfunktion an den Anderen hat, auf eine Erwiderung und Resonanz beim Anderen hofft.

Gerade der Begriff der Empathie oder der Einfühlung ist nicht selten umgeben von einer Art Aura der vermeintlichen Unmittelbarkeit des Verstehens des Anderen, der Spontaneität, des Authentischen, der Echtheit jenseits möglicher Täuschungen. Dabei wird vergessen oder unterschlagen, dass zumeist schon so etwas wie Vorstellungen vom Anderen und Sprache zwischen uns getreten sind.

Eine wesentliche Achse der psychoanalytischen Arbeit besteht in der Beschäftigung mit den Austauschprozessen zwischen dem Selbst und dem Anderen, in der Arbeit mit Übertragung und Gegenübertragung.

Ursprünglich ausgelegt auf die Arbeit mit Menschen mit neurotischen Strukturen und neurotischen Formen der Übertragung, stieß die Psychoanalyse auf innere wie äußere Grenzen in der Arbeit mit Menschen, die sich diesseits der Neurose bewegten. Dies betraf insbesondere die Arbeit im Feld der Psychosen und schließlich auch die Arbeit mit (schwierigen) Kindern. Eine Scheidegrenze bzw. Schwelle zwischen diesen klinischen Strukturen, die häufig auch als ich-strukturelle Störungen bzw. Grundstörungen beschrieben wurden, wird dadurch markiert, dass eine ausreichende Stabilität von Ichgrenzen und Ichfunktionen psychisch nicht, noch nicht oder noch nie entwickelt wurde und keine ausreichende bzw. stabilere Differenzierung zwischen Selbst und Objekt, zwischen Subjekt und Anderem sich konstituieren konnte.

Anstelle der Konstatierung eines Fehlens, einer Abwesenheit einer Übertragung oder Übertragungsunfähigkeit wurden aber andere Formen und Prozesse diesseits neurotischer Übertragungen entdeckt und beschrieben. Hiermit verknüpfte sich das Interesse an frühesten bzw. basalsten Formen und Prozessen der Selbst- und Subjektwerdung, der psychischen Entwicklung und ihres Misslingens.

In diesen Zusammenhängen entwickelte Melanie Klein das Konzept der sogenannten projektiven Identifizierung und der paranoid-schizoiden Position als quasi früheste Formen der Bildung innerpsychischer Strukturen. Als eine sozusagen höhere, reifere Stufe der psychischen Entwicklung beschreibt sie die sogenannte depressive Position. Andere haben das Konzept weiterentwickelt und teilweise modifiziert. Dabei gab es mehrere Verschiebungen. Einerseits wurde es nicht mehr nur im Sinne einer einseitigen Höherentwicklung von der paranoid-schizoiden zur depressiven Position verstanden, sondern in ein dynamisches Wechselverhältnis gesetzt. Zweitens wurde insbesondere der Prozess der projektiven Identifizierung nicht mehr nur als pathologischer Abwehrprozess verstanden und bewertet, sondern als ein frühester Modus der Kommunikation, der Erfahrungsbildung, des Lernens und des lebendigen Austausches zwischen der Mutter – als dem zumeist primären bedeutsamen Anderen – und dem Kind begriffen. Bion (1962) entwickelte hieraus schließlich weitergehend sein Modell vom Containment, Container-contained.

Sehr vereinfacht gesagt beschreibt es den Prozess, in dem z. B. das Kind unerträgliche bzw. für sich selbst noch unverarbeitbare innere Gefühlzustände in die Mutter hineinverlagert, und sie dann in erträglicher, vorverdauter und mentalisierter Form wieder zurückgefüttert bekommt.

Schon der Begriff der Projektion umschreibt den Versuch des Subjekts, unerwünschte oder beängstigende Selbstanteile aus sich selbst herauszuverlagern, auszustoßen und sie ggf. einem anderen zuzuschreiben. Der Begriff der projektiven Identifizierung deutet aber einen anderen Modus und eine andere Qualität an. Geht es zwar auch hier darum, dass z. B. das Kind unerträgliche innere Zustände oder Selbstanteile, von denen es sich verfolgt fühlt, aus sich heraustun möchte, weg haben will, so drängt es sozusagen dem

Anderen (dem Objekt) diese abgespaltenen Selbstanteile oder inneren Objekte in einer mehr oder minder als gewalthaft erlebten Form auf, indem es sie in gewisser Weise nicht nur aus sich heraustun, sondern in einen anderen hineinstecken will.

In der Praxis taucht dies derart auf, dass man sich unbewusst genötigt bzw. manipuliert und von innen her kontrolliert fühlt, sich mit der Not des Anderen zu identifizieren.

Unter anderem die Begegnung und die Arbeit mit autistischen Kindern sowie die Säuglingsbeobachtung haben noch frühere Prozesse der Subjektwerdung und Dimensionen der Erfahrungsbildung in den Blick treten lassen, sozusagen noch diesseits der projektiven Identifizierung.

Setzt der Vorgang der projektiven Identifizierung schon so etwas wie eine erste Bildung der Vorstellung einer Dreidimensionalität voraus, die Vorstellung eines Innenraums im Anderen, eines Gefäßes oder Behälters, in den man etwas projizieren kann und der etwas aufzunehmen in der Lage ist, so schien diese Dimension des dreidimensionalen Raumes bei den autistischen Kindern zu fehlen. Esther Bick (1968) entwickelte das Konzept einer zweiten Haut im Sinne einer schützenden Oberfläche, die das Selbst zusammenhält und das Gefühl des zumindest nackten Überlebens und Existierens bewahrt. In dem Konzept der adhäsiven Identifizierung beschreibt Meltzer (1975) einen spezifischen Beziehungsmodus, der ihm zufolge mit dem Begriff der projektiven Identifizierung nicht verstanden werden kann. Das Ich ist weder in der Lage, Teile seiner selbst in ein Objekt zu projizieren noch zu introjizieren, in sich hineinzunehmen. Statt dessen findet eine Art Kleben, Verhaftung und Klammern am Objekt statt, eine nachahmende, imitierende und angleichende Identifizierung mit dem Objekt/dem Anderen. Die Kinder fühlen sich im konkreten, körperlichen Sinne ungehalten, wenn sie sich nicht ständig in Kontakt mit etwas oder jemandem empfinden. Hierbei spielt die sensorische, sinnliche Ebene eine vorrangige Rolle.

Frances Tustin (1988, 1989, 2008) prägte den Begriff des autistisches Objekts und den der autistischen Formen. Der Gebrauch eines Objekts wird auf ihre Funktion für das Selbst hin beschrieben. Nach Tustin flüchten autistische Kinder aus der Welt lebendiger Menschen in eine Welt autistischer Objekte. Diese Objekte sind zumeist hart und sollen das Gefühl von Sicherheit und Stärke vermitteln. Dabei sollen sie mehr eine Empfindung vermitteln, als dass sie ein äußeres Objekt darstellen. Dabei kann z. B. auch sprachliches Material wie Geschichten als autistisches Objekt fungieren, wobei sie zumeist auf die sinnliche Qualität reduziert werden. Der symbolischen Dimension beraubt, zählen statt der Inhalte nur die klangliche Qualität der Stimme.

Nach Tustin wird eine als unerträglich erlebte Trennung vom primären Anderen, zumeist der Mutter, vom Kind erlebt wie die Angst vor einem schwarzen Loch. Sie verbindet die Angst vor dem schwarzen Loch mit dem phantasierten Verlust eines Teils des eigenen Körpers. Der Objektverlust, die Abwesenheit des Anderen, wird nicht als ein Fehlen – ein Nicht-da – oder als Sehnsucht nach dem Anderen erlebt, sondern als eine bedrohliche Anwesenheit eines verfolgenden Dings, das ausgeschieden, weggemacht werden muss. Nicht: etwas fehlt, sondern etwas ist zu viel.

Britton schreibt: „Wenn das verlorene Objekt nicht als etwas Fehlendes, als die Anwesenheit des Verlustes empfunden wird, wird sie als Anwesenheit von etwas erlebt – etwas Gefürchtetem, vor dem man fliehen muss. Im paranoid-schizoiden Modus wird das abwesende Objekt nicht als etwas Verlorenes erlebt, sondern als die Gegenwart eines schlechten oder fürchterlichen Etwas; das bedeutet, dass die Alternative zur Glückseligkeit ein Alptraum ist“ (Britton 2001, S. 186f.).

Ogden (1995) hat diese Erfahrungen aufgenommen und dahin weitergehend konzeptualisiert, dass er der paranoid-schizoiden und der depressiven Position die sogenannte autistisch-berührende Position zur Seite stellt. Für sich genommen bilden sie drei Dimensionen der Erfahrungsbildung mit unterschiedlichen Modi sowohl hinsichtlich des Erlebens von Angst als auch in der Form, Beziehungen zu einem Objekt zu gestalten. Droht diese Hülle beschädigt zu werden, so werde dies vom Kind in einer passiven Weise als eine existentielle Vernichtungs-Angst erlebt – auszulaufen, leck zu gehen, unendlich zu fallen, sich aufzulösen.

Bei der autistisch-berührenden Position betont er die Erfahrung des Kontaktes zwischen zwei Oberflächen, die eine gewisse Erfahrung einer Seinskontinuität gewähren und sichern soll.

Ogden fasst diese drei Modi der Erfahrung nicht als linear aufeinanderfolgende Phasen, sondern begreift sie als im ganzen Leben wirksam und in einem dialektischen Verhältnis zueinander stehend. Für eine gesunde und lebendige Entwicklung bedarf es einer Verbindung aller drei Bereiche (zu Odgen s. a. Heinzmann 2003).

Hier liegt vielleicht auch eine gewisse Analogie zum Lacanschen Konzept des Borromäischen Knotens vor, in dem die Register des Realen, des Imaginären und des Symbolischen wie Fadenringe ineinander verschränkt und verbunden sind. Löst sich ein Ring von den anderen, so entstehen pathologische Prozesse.

Die an Lacan orientierten Konzepte und Perspektiven der psychoanalytischen Arbeit mit autistischen Menschen, speziell mit Asperger-Autisten, hier auch nur kursorisch zu skizzieren, sprengt den Rahmen dieser einführenden Bemerkungen, zumal bisher noch keine der in den letzten Jahren in Frankreich erschienenen umfangreichen Veröffentlichungen ins Deutsche übersetzt ist. Bisher liegen, soweit ich sehe, erst einige Texte von Michael Turnheim (2005) und Hans Saettele (2007) vor, die sich auf einzelne Aspekte beschränken. Einige Aspekte Lacanscher Perspektiven sind in den bereits erwähnten Beiträgen in diesem Buch enthalten.

Weil mir die überwiegend theoretische Entfaltung begrifflicher Konstruktionen eher unlebendig zu bleiben scheint, will ich nun noch eine Fallgeschichte beitragen.

Von Dingen und von Menschen

„Ich rede immer von Dingen und du von Menschen." Dieser Satz von Kim begleitet mich in den letzten Jahren. Kim ist zwölf Jahre alt und wurde vor etwas über vier Jahren im Therapeutischen Heim aufgenommen. Zweimal in der Woche begegne ich Kim in unserer Rottenburger Ambulanz im Rahmen der Einzelstunden. Kim ist der Junge, von dem der vorhergehende Therapeut sagte, seiner Erscheinung nach präsentiere er das Vollbild eines Autisten, ohne einer zu sein. Eine interessante Bemerkung.

„Ich rede immer von Dingen und du von Menschen." Dieser Satz umschreibt zugleich die unterschiedlichen Plätze, Wirklichkeiten und Welten zwischen Kim und mir, von denen aus wir uns begegnen. Er markiert gleichzeitig trennende wie verbindende Momente.

Anfangs baute Kim gerne Apparate zwischen uns auf, z. B. einen durch einen Karton dargestellten Laptop. Unser Austausch lief über dieses Ding zwischen uns. Nur er hatte den Zugang zu seinem Gerät, das er mit allerlei Informationen fütterte. Dort gab er z. B. ein, was ich von mir gab. Über ihn selbst war dort – laut seiner Auskunft – nichts zu erfahren. Auf interessierte Andeutungen und Fragen zu möglichen Bezügen zu ihm oder zur Situation reagierte er entweder gar nicht, fuhr einfach fort oder wollte nichts hören oder antworten. Meine Einwürfe schienen ihn eher in seinem stereotypen Fluss des Sprechens und Handelns zu stören. Irgendwann brachte er seinen

Widerwillen und Ärger auf den Punkt und bedeutete mir: „Ich rede immer von Dingen und du von Menschen.“ Seit dieser sprachlichen Zäsur schien ihm aber mein irgendwie anderes Sprechen weniger bedrohlich und aus der Fassung bringend. Heute ist dieser Satz – und sei es aus meinem Munde – zu einer Art Running Gag geworden, der Kim, auch wenn es ihm noch immer nicht ganz geheuer ist, manchmal ein Schmunzeln entlockt.

Kim nahm den Raum der Einzelstunden schnell für sich an und verstand ihn als einen Ort der Kontinuität, der Sicherheit und des Sich-bergen-Könnens, einen Raum in dem zunächst er durch mich (aus)gehalten wurde. Er versuchte diesen Raum auch zunehmend für sich in Besitz zu nehmen – und mich auch. Mit seiner vollen Präsenz füllte er den Raum, Stunde für Stunde schier pausenlos aus – und mich an. Lücken und Leerräume, wo etwas anderes hätte stattfinden können, ließ er nicht entstehen.

Ich selbst ließ mich sehr konkret zumeist stereotyp auf dem Stuhl mit dem Rücken zur Fensterfront nieder. Diesen habe ich, wenn möglich, sehr konkret auch nur verlassen, wenn ich Kim real begrenzen oder bändigen musste, um den Rahmen der Einzelstunden basal zu schützen. Nicht selten versuchte Kim mich dazu zu verleiten, meinen Platz zu verlassen. Aber auch dieser vermeintlich feste Platz sicherte mir keinen wirklichen Abstand zum Geschehen. Kim selbst stand zumeist neben mir oder kreiste um mich herum. Bewegte er sich nicht unentwegt im Raum, so redete er zumeist pausenlos; oftmals beides zusammen. Er stellte mir unaufhörlich Fragen, die nicht auf eine wirkliche Antwort von mir zu zielen schienen, sondern eher darauf, alles am Laufen zu halten, und um sich meiner und seiner Präsenz zu vergewissern.

Brachte er Erlebtes mit in die Einzelstunde, so erzählte er es mir meistens nicht, sondern gab es unverdaut wieder 1:1 von sich und präsentierte es mir. Dachte ich anfangs noch, er „spielt“ es mir vor, bekam ich zunehmend den Eindruck, dass es für ihn kein Spiel war. So sprang er aufgeregt im Raum hin und her und spulte, oft überzeichnet wirkend, Szenen aus dem Heim wieder vor mir ab. Manchmal eher ungerichtet, zunehmend aber auch mir zu Leibe rückend. Gab es z. B. Streit im Heim, so gab er es so wieder, wie er es in sich „aufgenommen“ hatte. Weit davon entfernt, es mir mit einem gewissen Abstand des Erlebten erzählen zu können, schrie er mich in voll aufgedrehter Lautstärke an, versetzte er mich in seine Position. Sein Lieblingspart war die Stimme einer strengen, eindringend kreischenden Frau oder Hexe. Er selbst schien oft nach innen wie nach außen absolut durchlässig zu sein, ohne die Möglichkeit, sich irgendwie abzudichten oder anders einen Abstand zum Geschehen zu finden oder es zu verarbeiten. Diese Aufgabe und Funktion schien er gänzlich auf mich zu übertragen.

Zeiten der Pause, Zeiten des Alleinseins und der konkreten Nicht-Gegenwart eines Anderen ertrug er kaum. Dies war er zuvor anscheinend überhaupt nicht gewohnt gewesen. Für ihn schienen diese Momente, in denen er sich vom lebendigen Strom der Gegenwart eines Anderen abgeschnitten fühlte, so etwas wie das Erleben eines völligen gewalthaften, willkürlichen Ausschlusses oder Einschlusses zu bedeuten, verknüpft mit Momenten der völligen Macht oder Ohnmacht. Auch diese Lektion buchstabierte er bei mir sehr konkret durch. Insbesondere entlang von Schränken und Türen, bei denen er die Schlüsselgewalt übernehmen wollte.

Nicht nur die reale Abwesenheit des Anderen schien ihn in der Regulation seines Wohlbefindens zu stören, auch Momente der Abwesenheit des Anderen bei konkreter Anwesenheit versuchte er auszuschalten, z. B. wenn er den Eindruck bekam, meine Aufmerksamkeit sei auf jemand anderen oder etwas anderes gerichtet, und sei es auf mich selbst. Hatte er auch nur kurz den Eindruck, ich könnte nicht ganz bei ihm, sondern woanders sein, kurz abwesend, versuchte er mich wieder herzuholen. Mit Fragen wie: Hast Du mich gesehen, hast Du mich gehört, kennst Du das, wie findest Du das? Oder er machte das Licht ständig an und aus oder zog den Stecker des Telefons aus der Steckdose, mit gespanntem Blick zu mir. Machte er sich selbst abwesend, verschwand er z. B. aus meinem Blickfeld, fragte er mich, ob ich ihn denn gehört hätte, z. B. wenn er auf die Toilette gegangen war und die Treppe im Flur elefantenartig hoch- und runtergestampft war. So versuchte Kim sich permanent meiner äußeren und inneren Präsenz zu vergewissern. Beschwor er manchmal eine unmittelbare Reaktion oder Antwort von mir, fügte ich schon mal einen kleinen Aufschub ein, indem ich sagte, darüber müsse ich kurz einmal bei mir nachdenken oder nachspüren. Nicht selten hatte ich angesichts des Dauerfeuers den Impuls, innerlich abzuschalten, meine Empfindungen und Gedanken zu löschen, hatte das große Bedürfnis nach Ruhe und Einschlafen. Es kostete mich große Anstrengung, sowohl bei Kim als auch immer wieder bei mir selbst zu bleiben. Oder ich hatte einfach den Impuls, einen Schnitt zu machen, um Kim in seinen permanenten Bewegungen und Redeströmen zu unterbrechen, zumal sie – bei aller sinnlichen Erregungsqualität – von Monotonie zeugten. Ständig geschieht etwas und gleichzeitig – irgendwie nichts. Manchmal hätte ich gerne bei ihm den Stecker gezogen.

Aber nicht nur am äußeren Rahmen versuchte er kontrollierend, mächtig zu drehen. Auch ich sollte und durfte, wenn es nach ihm ginge, mich nicht verändern oder Zeichen der Zeitlichkeit und Veränderlichkeit an und in mir tragen. Er beklagte schon allein, wenn ich anderswo parkte oder mit einem anderen Auto kam. Wenn ich meine Haare mit einem Haargummi zusammenband, kam es vor, dass er es mir unmittelbar mit Gewalt entreißen wollte. Er bemerkte sofort und als Erstes, wenn ich einmal andere, ihm unbekannte Schuhe oder etwas anderes an mir trug. Urlaube und Krankheit wollte er mir am liebsten sowieso verbieten.

So wie er Erlebtes unverarbeitet an mich weitergab, so übernahm er auch Sätze aus meinem Mund 1:1, übernahm sie nicht nur dem Wortlaut nach, sondern auch im Timbre meiner Stimme, meiner Stimmung und Gestik. Gefiel ihm einmal nicht, was ich sagte, z. B. bei Grenzsetzungen, äffte er mich schon einmal papageienartig nach oder verbot mir den Mund und drohte mir mehrwöchiges Sprechverbot an. Hiermit schnitt er sich sozusagen ins eigene Fleisch, denn wenn ich nicht sprach, hielt er es noch viel weniger aus. Irgendwann brachte er einen Kassettenrecorder mit in die Stunde, um insbesondere meine Stimme aufzunehmen und sie dann, vor allem in Pausenzeiten, wieder auf Knopfdruck abzuspielen. Am liebsten wäre ihm zunächst meine Stimme im erregten Zustand gewesen. Um mich in einen erregten Zustand zu versetzen, versuchte er durch provokative Aktionen meinen Knopf zu finden.

Wirklich ruhigere, beruhigtere Zeiten waren lange eher die Ausnahme. Sie traten eher dann ein, wenn er wirklich einmal Platz nahm – auf meinem Schoß. Hier schien er einmal nicht ständig unter Strom und Spannung zu stehen. Diese Situation schien überhaupt so etwas wie die Wahr-Nehmung von etwas anderem bei ihm freizusetzen. Dieses Etwas war zunächst ich, speziell mein Gesicht und meine Haare. Waren es zum einen äußerlich sichtbare Momente, so tastete er sich im wahrsten Sinne des Wortes weiter voran, wie in einer ihm bis dahin unbekannten Landschaft. Dann schien er wirklich interessiert, wollte wissen, wie ich mich anfühle – z. B. auch wenn ich spreche oder unrasiert bin. Er interessierte sich zunehmend auch dafür, wie es sich *in* mir anfühlt, in meinem Mund, in meinen Augen, hätte am liebsten weiter nachgebohrt.

Auf meinem Schoß schien Kim sogar ein Stück weit über etwas anderes zu sprechen und – in einem gewissen Abstand – etwas zu erzählen oder zu träumen. Dabei strich er, aber ohne es scheinbar selber zu bemerken, permanent über meine Handfläche, was mich manchmal ganz kribbelig machte. Als ich ihm dies mitteilte, wollte er schließlich wissen, wie sich „kribbelig" anfühlt. Wenn ich ihm sagte, dass bestimmte Berührungen für mich angenehm und andere unangenehm sind oder auch mehr als das, so schien er keinen „Begriff" davon zu haben, was ich meine, versuchte eher, über mich davon etwas zu „erfahren", darüber, dass er bestimmte Reaktionen an und in mir evozierte und an äußeren Anzeichen ablesen wollte, was das heißt. Auch vor Gerüchen machte er nicht halt – sei es bei den Gasen, die gelegentlich beim Aufstoßen aus dem Mund entfleuchen, als auch bei denen, die weiter unten entstehen. Dabei entdeckte er nicht nur die ekelhaft-abstoßenden Seiten dieser Betätigungen, sondern auch deren lustvolle und die, wenn auch negativ-erregende Seite.

Meine Frage, wie sich denn bestimmte Berührungen *für ihn* anfühlen, konnte er nicht beantworten. Diese Frage schien ihm zunächst völlig fremd. Er legte dieses „Wissen" scheinbar in mich hinein. Und auch ein wirklicher Kon-Takt schien ihm nicht erfahrbar, sondern oberflächlich und äußerlich bleibend. Eine Berührung im engeren Sinne, in dem er sowohl mich als auch sich – im Kon-Takt mit mir – wahrnehmen konnte, schien ihm nicht möglich.

Eine Zeit lang schien Kim sich etwas sicherer und auch in der Lage, gewisse Spurenelemente aus den Stunden mit in den Alltag zu übernehmen. Es tauchte bei ihm sogar die Frage auf, was er denn machen solle, wenn seine „alten" Formen im Umgang mit sich und der Welt nicht mehr einfach „funktionierten", was ihm einerseits Angst machte, ihn aber auch irgendwie neugierig zu machen schien. Aber es zeigte sich, wie fragil und angewiesen er auf eine relativ beständige Umwelt und Innenwelt noch war.

Diverse Umbrüche im Heim, teils durch ein Kommen und Gehen von Betreuern und eben auch von Kindern und Jugendlichen, die neu kamen oder sich verabschiedeten, wodurch er auch seinen Platz in der Gruppe als gefährdet erlebte, verunsicherten Kim teilweise massiv. Wollte er nach seinem ersten Ankommen im Heim eigentlich nie wieder weg, so wollte er jetzt das Heim verlassen. Die Frage nach einem Abschied vom Heim – wenn vielleicht auch noch in weiterer Ferne – als auch die Frage, ob ich irgendwann aufhören könnte, mit ihm zu arbeiten, führten ihn zunehmend in eine Krise.

Hinzu kam, dass er selbst sich im Lauf der Zeit veränderte, allein schon körperlich an und in sich Veränderungen bemerkte, dass Zeitlichkeit überhaupt ins Spiel kam. War er gerade noch sehr konkret damit beschäftigt, größer zu werden, so fiel er wieder einige Schritte zurück. Er wollte nicht mehr, dass sich irgendetwas verändert. Er wollte nicht mehr größer werden. Er wollte, dass die Zeit angehalten wird, die Uhren zurückgedreht werden. Sehr konkret vollführte er dies an der Uhr im Einzelstundenraum: Er drehte z. B. die Zeiger der Uhr zurück oder nahm die Uhr ab und versteckte sie. Insbesondere auch dann, wenn es darum ging, dass die Zeit der Stunde sich dem Ende zuneigte, eine Trennung anstand. Auch ich sollte wie „früher" sein, was für ihn zunächst hieß, er sollte alles mit mir machen können.

Verkürzt gesagt: es kam zu einer längeren Zeit, in der Kim sich, in zum Teil noch massiverer Weise als zuvor, existenziell bedroht sah. Dabei verkehrten sich aufkeimende Momente von Angst und Trauer, aber auch von Größer-werden-Wollen in massive Kämpfe um Kontrolle und Macht. Regelrechte Dschungelkämpfe, in denen Gesetzlosigkeit, die Macht des Stärkeren und die Ordnung von Fressen oder Gefressenwerden ihren Einzug hielten.

Ich kannte zwar schon zur Genüge seine Königs-Pose, insbesondere, wenn er den Impuls hatte, die Dinge um ihn herum und mich wieder mehr kontrollieren zu müssen. Dann stieg er am liebsten vor mir auf den Tisch. Ausstaffiert mit Insignien der Macht, einem Zauberstab oder etwas Ähnlichem, stellte er sich vor mir auf den Tisch und verkündete lautstark und erregt-erregend – die Sätze halb geliehen aus Hörspielen –, dass alle Untertanen, zu denen in diesem Fall eben besonders auch ich mich zählen sollte, sich seiner Macht zu beugen hätten und er mit ihnen machen könne, was er wolle. Er war aber gerade dabei gewesen, seine Königsposition etwas aufzugeben und auch ohne Zauberstab leben zu können.

Am Ende der Einzelstunden blieb er einfach im Raum sitzen, machte Unordnung und versperrte die Tür. Am liebsten wollte er diese zuschließen, um entweder mit mir darin zu bleiben oder mich einzuschließen bis zur nächsten Einzelstunde. Oder er klebte die Tür mit Tesafilm zu. Griff er zum Flüssigklebstoff, war die Zeit gekommen, dass ich meinen Platz wieder einmal verlassen musste. Manchmal musste ich ihn regelrecht raustragen oder rausschmeißen. Auch dann wollte er nicht gehen, beschimpfte oder bespuckte mich sogar.

Die Dschungelkämpfe spitzten sich zu, Kim schien völlig überfordert – und ich auch. Dass die Kehrseite der perversiven Machtkämpfe mit mir massive Zustände der Angst, Verzweiflung und Trauer waren, konnte ich nur noch in kurzen Momenten versuchen mir zu vergegenwärtigen. Vielleicht dann noch, wenn er mich z. B. angesichts eines Flecks auf seiner Haut fragte, ob das normal sei, ob es was Schlimmes sei und ob man daran sterben könne. Zunehmend musste ich realisieren, dass Kim selbst sich nicht mehr zu halten schien. Manifest drehte sich alles nur noch um absolute Macht oder Ohnmacht, Überwältigen oder Überwältigt-Werden. Die Wahrnehmung seiner innerlich ihn bedrohenden Zustände schwemmte er mit massiven und intrusiven Erregungsstürmen weg. Auch konkret versuchte er alles zu überschwemmen. Er holte sich eimerweise Wasser aus dem Klo und überschwemmte den Balkon damit. Bis ich es unterband. Manchmal – bei Grenzziehungen und der Androhung, dass ich die Stunde beenden würde, er aber in einer eher verzweifelten Position nicht gehen wollte – stellte sich tot, legte sich auf den Boden und schien wie ein Ding unter den anderen Dingen, die er zuvor auf dem Boden verteilt hatte.

Es war Zeit für ein den Gesamtrahmen schützendes und grenzgebendes Gesetz, die Repräsentanz eines Dritten. Kim bekam ein Gespräch mit unserem Vorstand. Schimpfte Kim zwar nach diesem Gespräch über die „Arschlöcher", die ihm gegenüber eine deutliche Grenze formulierten, so half dies doch, dass sich die Situation insgesamt, wenn auch langsam, wieder etwas beruhigen konnte. War es nicht zuletzt Kim, der so etwas wie ein Gesetz angerufen hatte, so rief er selbst davor schon konkret während der Einzelstunde in der Ambulanz an, um sich darüber zu beschweren, dass ich nicht tun wollte, was er will. Oder er schloss *mich* nach aufkeimenden Tumulten und drohendem Kontrollverlust bei ihm im Zimmer (symbolisch) ein, verließ dieses, um nach fünf Minuten wieder zu kommen mit der energischen Frage an mich, ob *ich* mich beruhigt habe.

Vielleicht kam uns eine Begegnung der ganz anderen Art zu Hilfe, einen weiteren Schritt zu machen. Beim Reiten ging das Pferd mit Kim durch, das Pferd stürzte, und Kim verletzte sich am Bein. Er musste die nächste Zeit einen Gips tragen. Nach dem ersten Schock beschwerte er sich bei mir, dass er durch seine eingeschränkte Bewegungsfreiheit an mehreren Aktivitäten in Schule und Heim nicht teilnehmen konnte, er wollte machen, dass das einfach „weg" sei. In den Einzelstunden unterstützte es einen zuvor schon angelegten Schritt, nämlich ein Stück mehr Raum und Abstand zwischen uns zuzulassen. Drängte er sich lange immer wieder mir regelrecht auf den Leib und den Schoß und konnte manchmal seine invasive Art nur durch massive Begrenzungsversuche gehemmt und gestoppt werden, so hemmte ihn sein Gips in seiner oft ungebändigten Art, herumzuspringen, wie es ihm gerade beliebte, auch mit mir.

So krabbelte er mir nicht auf den Schoß, sondern legte sich aufs Sofa. Wodurch auch immer, er tolerierte diesen minimal größeren Abstand von mir und schien sowohl mich anders und ein Stück von woanders her (als einen Anderen?) wahrzunehmen. *Vice versa*.

Zuerst wunderte ich mich, als er fragte: „Warum guckst Du so erkältet?" Ich zögerte, war überrascht und unsicher, ob er wirklich mit Interesse etwas an mir wahrnahm, was nicht nur seinem Wunsch nach Gleichförmigkeit und Kontrolle widerstand. Seine Frage schien auf einer Schwelle zu stehen. Es fühlte sich auf jeden Fall für mich anders als sonst an. Ich war wirklich erkältet gewesen. Aber meinte er das? War ich wirklich erkältet oder guckte ich nur „verschnupft" (verärgert) oder erkältet? Distanzierter?

Kim versuchte aber nicht diesen etwas größeren Abstand zwischen uns wieder aufzuheben oder zunichtezumachen. Und statt mir ins Ohr zu brüllen, fing er an zu singen. So sang er z. B. die Arie der Königin der Nacht aus Mozarts *Zauberflöte* – aber wie! Ich war sehr angetan, um nicht zu sagen berührt durch seinen schönen Gesang, und zwar angenehm. Oder er rezitierte minutenlang ein Hörspiel, das er in seinen Pausenzeiten im Heim wohl immer wieder hört. Ich fragte mich: „Wie macht er dies nur?" Ich sagte ihm, ich müsste mühsam (auswendig) lernen, bis ich das Gehörte wieder so von mir geben könnte wie er, und fragte ihn, wie er dies mache. Dann erinnerte ich mich und ihn daran, dass er eine Zeitlang immer wieder einen Kassettenrecorder mit in die Stunde gebracht hatte, um meine Stimme aufzunehmen und konkret mitzunehmen. Kim verbesserte mich, dass es zuletzt aber kein Kassettenrecorder mehr war, sondern inzwischen Medien digitaler Technik wie eine CD.

Diese Dynamik setzte sich in den folgenden Stunden fort. In der nächsten Stunde holte Kim ein altes *Casio* aus dem Schrank, setzte sich mir gegenüber an den Tisch. Zunächst schien er versucht, mit eindringlichem Krach Leben in die Bude zu bringen. Er bemerkte aber, dass ich nicht so wie sonst auf meinem Platz saß. Zu dieser Zeit war ich real etwas abgedichtet, durch eine Ohrenentzündung hörte ich auf einem Ohr so gut wie nichts. Aber nicht nur äußerlich, auch innerlich hatte ich den Impuls, mich abzudichten. Ich kämpfte mit mir und meinem Bedürfnis nach Ruhe, mit der Tendenz, die Zeit irgendwie rumzubringen. Manchmal kam es mir wie eine Ewigkeit vor, und ich fragte mich: Wie lange noch? Kim spielte auf dem *Casio* zum x-ten Male Jingles von allen möglichen TV-Sendern und Radioprogrammen vor. Dazu kam die Differenzierung von z. B. *RTL* früher und heute. Er kannte alle, konnte sie sowohl mit seiner Stimme als auch mit dem *Casio* wiedergeben. Kim bemerkte wohl meinen inneren Kampf. Irgendwie wunderte ich mich, dass er nicht versuchte, mich aus der Ruhe zu bringen, obwohl er meine innere Abwesenheit sehr genau zu bemerken schien. Aber anstatt mich wieder in massiver Weise, und sei es durch Provokationen, innerlich auf Trab zu bringen, fragte Kim nur leise: Warum bist du heute so still?

Ich antwortete nicht sofort, er setzte nicht sofort nach, sondern fing an, verschiedene Töne nachzumachen, wie den Scanner bei *Aldi*, bei *Netto*. Und wieder war ich verdutzt. Er machte es in diesem Falle nicht immer lauter, sondern immer leiser, machte das *Casio* aus, sodass ich meinen Kopf an das *Casio* legen musste, um über die Schwingungen zu hören. Ich erinnerte mich, dass ich ihm immer wieder einmal gesagt hatte, dass ich ihn höre, auch wenn er nicht so laut schreit. Und nun war er einmal leiser, und ich war dabei, mich innerlich zu absentieren. Ich raffte mich noch einmal auf.

Ich sagte ihm, es sei schon ein Phänomen, wenn ich zu *Aldi* einkaufen gehe, dann achte ich nicht auf den Ton, den der Scanner an der Kasse macht. Ich müsse mich auf andere Dinge konzentrieren, damit ich nicht vergesse, was ich einkaufen muss. Kim schien sich zu amüsieren und zu wundern, dass ich bei *Aldi* auf etwas anderes achte als er selbst, und fuhr fort mit seinen Jingles und Scanner-Tönen.

Irgendwann entdeckte er einen „Coffee to go", den jemand hatte stehen lassen, der aber noch nicht leer war. Kim nahm ihn und sagte: mm, lecker, er trinke jetzt Kaffee. Ich sagte ihm, er solle ihn stehen lassen, ich fände es ekelig, man trinke doch nicht einfach, was jemand irgendwo hat stehen lassen. Kim ignorierte meinen Einwurf und fuhr freudig fort. Eigentlich hatte ich keine Lust, meinen Stuhl zu verlassen, wollte ihn aber auch nicht so davonkommen lassen. Ich sagte, ich wisse gar nicht, wie lange der Kaffee schon stehe und ob da nicht schon Schimmel drin sei – etwas bös'. Ich weiß. Prompt kehrte sich das Bild um, und Kim wusste plötzlich nicht mehr, wohin mit dem restlichen Kaffee im Mund. Er tat mir ja fast leid. Aber er spuckte nicht sofort aus, sondern öffnete die Balkontür und spuckte auf den Balkon. Nach dem Aufwischen leerte ich schließlich den Rest im Becher über dem Balkon hinaus, da ich zu faul war, in die Toilette im ersten Stock zu laufen. Kim sah es und wunderte sich vergnügt, mit dem Kommentar, sonst hätte er doch alles über dem Balkon ausgeleert.

Wir setzten unser zuvor begonnenes Gespräch fort. Ich fragte ihn noch einmal, nun wieder wacher und interessiert, wie er sich das alles merken könne. Nach einem kurzen Augenblick antwortete Kim: „Ich habe eine CD im Kopf", da wird alles aufgenommen und gespeichert. Da sei immer alles da. Auf meine Bemerkung hin, dass ich mir das ziemlich anstrengend vorstelle, wenn ich mir immer alles merken müsste und auch nichts vergessen könnte, sagte er mir, dass da nichts vergessen würde, weder die guten noch die schlechten Erinnerungen. Und so könne er auch alles wieder abspulen lassen.

Kim machte mich neugierig. Ich fragte ihn – rekurrierend auf unsere Differenz bezüglich der Dinge und der Menschen –, wie er das denn mache, wenn es um lebendige Menschen geht und nicht um tote Dinge. Kim wies die Frage nicht gleich zurück, sondern überlegte. Schließlich sagte er, das gehe nicht, dafür sei kein Platz auf der CD im Kopf. Ich fragte ihn: Ja, wo denn dann? Was er denn damit mache, wenn er sich z. B. über mich ärgert. Kurze Pause. Er berührte seinen Bauch und sagte: vielleicht im Bauch, da vielleicht. Aber, fuhr er fort, wahrscheinlich würde das Programm nicht funktionieren.

Meine Frage schien ihn aber nicht ganz loszulassen. Kim schien mir auf seine Art eine Antwort zu geben. Er ließ etwas Spucke auf den Teppich tropfen. Dies empfand ich aber weniger als eine seiner üblichen Provokationen, Kim spuckte langsam und schien dies gleichzeitig beobachten zu wollen. Ich sagte zu ihm: Ja, üblicherweise tust du die Dinge aus dir raus. Zum Beispiel auch wenn dir etwas nicht schmeckt, was ich sage. Kim schmunzelte. Er schien sich erkannt zu fühlen, doch keineswegs bedroht.

Bezogen auf die Jingles sagte ich, dass er ja oft in den Zeiten, wenn er Pause macht im Heim, wenn er gezwungenermaßen allein im Zimmer ist, oft Radio höre. Ja, sagte er, und manchmal nachts, wenn es dunkel und still sei und er Angst habe. Dann mache er manchmal das Radio an, dann habe er nicht mehr so viel Angst. Im Gegensatz zu früher könne er dann auch wieder einschlafen. Heute hätte er nicht mehr soviel Angst. Innerlich fiel mir natürlich der Satz eines Kindes ein, den Freud zitierte: Wenn jemand spricht, wird es hell. Die Bezeugung einer beruhigenden Anwesenheit eines Anderen.

In einer späteren Stunde kam ich auf die Frage noch einmal zurück, was er denn damit mache, wenn es z. B. um so etwas wie Gefühle geht. Denn das kenne er ja wohl. Was würde sein Programm im Kopf denn dazu sagen, wenn z. B. die Pferde mal wieder mit ihm durchgehen. Kim schmunzelte und fragte, ob ich meinen würde, wenn er mal wieder voll aufdrehen würde. Kim überlegte, dann sagte er freudig: „Diese Seite kann nicht angezeigt werden." Ich musste schmunzeln über diese treffliche Antwort.

Zuletzt – entlang von Hörspielgeschichten, die er mir vortrug und die nicht ohne Bezüge zu seiner eigenen Situation standen – fragte ich ihn, ob er denn nicht selbst einmal eine eigene Geschichte erfinden und schreiben möge. Kim war freudig verwundert über diesen Gedanken und diese Möglichkeit. Er fragte mich, ob ich vielleicht ein Autor werden wolle. Ich sagte, wir könnten ja eine Geschichte schreiben, vielleicht über unsere Einzelstunde. Kim fand diese Idee gut.

Einen Teil meiner Geschichte mit Kim aus den Einzelstunden zu schreiben habe ich hier auszugsweise versucht. Das Heim und die Schule haben wohl auch ihre eigene Geschichte mit Kim. Interessant wäre es nun, Kims Version der Geschichte zu hören.

Anmerkung

1 Zu neueren Veröffentlichungen aus dem psychoanalytischen Feld zum Autismus sei hier exemplarisch nur verwiesen auf die Sammelbände von Nissen (2006) und Nissen (2009) sowie die Doktorarbeit von Strauss (2008); hier auch etliche weitere Literaturverweise.

Literatur

Bick, E. (1968): Das Hauterleben in frühen Objektbeziehungen. In: Bott Spillius, E. (Hg.): Melanie Klein Heute. Bd.1. München, Wien (Verlag Internationale Psychoanalyse), 1990, S. 236-240.

Bion, W. R. (1962): Lernen durch Erfahrung. Frankfurt a. M. (Suhrkamp) 1990.

Britton, R. (2001): Glaube, Phantasie und Psychische Realität. Stuttgart (Klett-Cotta).

Cavell, St. (2002): Wissen und Anerkennen. In: ders: Die Unheimlichkeit des Gewöhnlichen. Frankfurt a. M. (Fischer).

Cavell, St. (2006): Der Anspruch der Vernunft. Frankfurt a. M. (Suhrkamp).

Fonagy, P., et al (2004): Affektregulierung, Mentalisierung und die Entwicklung des Selbst. Stuttgart (Klett-Cotta).

Heinzmann, B. (2003): Psychotische Angst zwischen Auflösung und Abdichtung. Von der Verhinderung psychischer Wachstumsprozesse. In: Kinderanalyse 14, S. 107-132.

Odgen, Th. H. (1995): Frühe Formen des Erlebens. Wien, New York (Springer).

Meltzer, D., et al (2011): Autismus. Eine psychonanalytische Erkundung. Frankfurt a. M. (ed. diskord im Brandes & Apsel Verlag).

Nissen, B. (Hg.) (2006): Autistische Phänomene in psychoanalytischen Behandlungen. Gießen (Psychosozial-Verlag).

Nissen, B. (Hg.) (2009): Die Entstehung des Seelischen. Psychoanalytische Perspektiven. Gießen (Psychosozial-Verlag).

Saettele, H. (2007): Zur Diskussion des Autismus. In: Widmer, P., Schmid, M. (Hg.) (2007): Psychosen: Eine Herausforderung für die Psychoanalyse. Bielefeld (transcript-verlag).

Strauss, L. V. (2008): Zur Metapsychologie des Autismus: „Minus Projektive Identifizierung“ (-PI) als autistische Kommunikationsform. Aus einer psychoanalytischen Behandlung. Ungedruckte Doktorarbeit, im Internet unter: http://kobra.bibliothek.uni-kassel.de./bitstream/urn:ubn:de:hebis:34-2009082529605.

Turnheim, M. (2005): Das Scheitern der Oberfläche. Zürich, Berlin (diaphanes).

Tustin, F. (2005): Autistische Barrieren bei Neurotikern. Tübingen (ed. diskord).

Tustin, F. (1989): Autistische Zustände bei Kindern. Stuttgart (Klett-Cotta).

Tustin, F. (2008): Der autistische Rückzug. Tübingen (ed. diskord).

Gottfried Maria Barth

Wenn der suchende Blick ins Leere geht. Asperger-Syndrom und die Schwierigkeiten psychiatrischer, psychotherapeutischer und psychoanalytischer Therapie

Der suchende Blick geht ins Leere. Welchen Blick meine ich, und was sucht er? Ich sehe den suchenden Blick bei Patienten und bei Therapeuten und ich sehe beim Asperger-Syndrom das Verfehlen ebenfalls auf beiden Seiten, wenn auch aus unterschiedlichen Gründen. Ich sehe das Misslingen des Anderen als Asperger-typische Problematik. Ich sehe aber auch nur allzu häufig einen fehlgehenden Blick von Ärzten und Therapeuten, wenn sie versuchen, diese besonderen Menschen mit Asperger-Syndrom in die ihnen vertrauten Theorierahmen zu pressen.

Es ist allerdings ein Thema, bei dem ich mich hüten muss, die exzentrische Position des Verstehens zu verlieren, wenn ich versuche, mich den Perspektiven der Betroffenen anzunähern, um etwas vom gelingenden oder verfehlenden Blick zu verstehen, also letztendlich, um die Chancen zu erhöhen, dass der Blick beim Anderen sein kann, ihn nicht verfehlt und der Andere auf beiden Seiten weniger misslingen muss. Aber es ist auch ein gewagtes Vorhaben: Um das Verfehlen des jeweiligen Blicks zu beschreiben, muss ich aus mindestens drei bis vier Perspektiven heraus betrachten: aus der Patientenperspektive, aus der des Psychiaters und der des Psychoanalytikers oder Psychotherapeuten.

Das heißt, höchst unterschiedliche Diskurse aufzunehmen, die kaum miteinander vereinbar sind, obwohl sie in ihren Anfängen im 19. und zu Beginn des 20. Jahrhunderts gar nicht so weit voneinander entfernt waren. Das war die Zeit einer verstehenden Psychiatrie, die sich nicht im Gegensatz zur Psychoanalyse empfand und ihre Patienten in ihrem subjektiven Erleben verstehen wollte.

Psychiatrische Klassifikation und biologistische Kausalargumentation haben sich seither sowohl vom analytischen Diskurs als auch von der Subjektivität des Patienten entfernt. Aber vielleicht hat sich psychoanalytische Theoriebildung ebenfalls von den anderen beiden Standpunkten wegbewegt. Zumindest wo sie ein Wissen über Patienten beansprucht, muss auch ihr ein Misslingen des Anderen unterlaufen. Dieses Anderen, wie ich ihn im Levinas'schen Sinn verstehe, der gerade nicht gewusst werden, nicht im rationalen Sinn verstanden werden kann, sondern dessen Appell ich verstehe (Levinas 2003) oder dem ich im Sinne Martin Bubers (1923) begegnen kann, wenn ich bereit bin, meinen Blick auf ihn nicht durch mein Wissen zu verstellen. Oder auch nicht durch alle meine anderen Erfahrungen mit ihm, mit denen ich versuchen könnte, ihn zu erfassen, jedoch damit notwendigerweise verfehlen würde.

Warum müssen diese Perspektiven gerade beim Thema Asperger-Syndrom hinterfragt werden? Mir scheint, dass gerade bei diesem Thema das Verfehlen des Blicks und damit verbunden das Misslingen des Anderen besonders deutlich erkennbar wird. Und dass dieses Verfehlen oft lebenslange dramatische Folgen hat, weshalb es Sinn macht, es aufzudecken und vielleicht sogar zu mindern. Ausgehend von der Annahme, dass zwischen Asperger und Normalität ein Kontinuum besteht, sehe ich die Asperger-Problematik auch als beispielhaft für Probleme von Psychotherapie überhaupt. Alles, was ich über Menschen mit Asperger-Syndrom sage, verstehe ich gerade nicht als Botschaft aus einer fernen Welt, dem „Autistenland“, sondern lediglich als pointierte Extremausformung alltäglicher Phänomene. Weshalb der verfehlende Blick und das Misslingen des Anderen auch in aller anderen Psychopathologie und Therapie angefragt werden muss.

Beginnen möchte ich mit einem nicht untypischen Beispiel des Verfehlens:

Der zehnjährige Karl wurde in der verstehend und psychoanalytisch ausgerichteten, für Autismus als besonders kompetent ausgewiesenen Kinder- und Jugendpsychiatrie behandelt, weil er in der 5. Klasse der Volksschule trotz guter Intelligenz die Mitarbeit verweigerte und den Unterricht störte. Und zu Hause hatte er heftige aggressive Auseinandersetzungen mit dem Stiefvater, während sich sein leiblicher Vater in die Karibik abgesetzt hatte. Es bestand ein sehr enges Verhältnis zur Mutter, aber er machte ein Familienleben praktisch unmöglich und nässte nachts ein, was seine Mutter als Provokation empfand. Im zweimonatigen stationären Aufenthalt fiel auf, dass er weder zu den Mitpatienten noch zu den Erwachsenen einen engeren Kontakt entwickelte und nur Interesse an Technischem hatte. Sein großes Bedürfnis nach körperlicher Zuwendung wurde von den anderen als ein Benutzt-Werden für seine Bedürfnisse des Schmusens und Sich-Anklammerns empfunden. Seine ungewöhnlich detaillierten Angaben im Gespräch werden im Psychologischen Befundbericht als „Kluggeschwätz" bezeichnet. Der Junge habe angegeben, es falle ihm eben erst das Kompliziertere ein. Es wird eine soziale und emotionale Unreife festgestellt und eine Unfähigkeit, einfach und unkompliziert zu reagieren und sich zu verhalten. Sein Intellektualismus wird bei einem IQ von 138 als Abwehrmechanismus verstanden. Dass er fast zum Weinen kommt, wenn er angibt, dass es seinem Vater egal sei, was aus ihm werde, oder er es nicht gewohnt sei, dass zu Hause für ihn gekocht werde, gilt als Selbstmitleid. Seine Angabe, nur Feinde zu haben, wird als Angstreaktion auf eigene feindliche Überlegenheitsgefühle gewertet. Im Szeno-Test baut er statt eines Hauses nur eine Ruine, ohne Vater und mit einer abseits stehenden Mutter. Der Mutter wird der Abbruch ihres Studiums und mehr Zuwendung zum Kind empfohlen, ihm selbst eine Spieltherapie zum Abbau seiner läppischen und regressiven Tendenzen. In der Zusammenfassung werden seine autistischen Verhaltensweisen hervorgehoben und erwähnt, dass der leibliche Vater von der Mutter auch als kontaktgestörter, in einer Eigenwelt lebender Mensch geschildert werde und die Mutter selbst ebenfalls ein intellektueller emotional kühler Mensch sei. Es wird die Herausnahme aus dem schulischen und häuslichen Milieu empfohlen, da die Eltern der Erziehung eines „derart schwer gestörten Kindes" nicht gewachsen seien. In der anzustrebenden Heimschule soll eine vorübergehende stabile Zweierbeziehung zum Nachholen seiner kleinkindhaften Wünsche und Bedürfnisse entstehen. Als Diagnose wird ihm mitgegeben: milieureaktive Verhaltensstörungen bei stärker ausgeprägten autistischen Zügen. Bei Entlassung unverändert bei allerdings gebessertem Einnässen.

Wenn ich mir seinen Baum ansehe, den er gemalt hat, stockt mir der Atem, eine verkrüppelte Baumruine mit Ast-Bruchstücken, der gewundene Stamm mit Symbolen und Buchstaben vollgekritzelt, aus denen ich die Worte „her" und „verflixt" herauslesen kann.

Sein Wartegg-Zeichentest beginnt und endet mit einem Mann mit Hut, das zweite Bild ein dampfender Suppentopf, die aufsteigende Linie zerkritzelt, zweimal Häuser, ein Auto und das Feld der Konfrontation ausgefüllt mit einer komplizierten technischen Maschine.

Und die Familie in Tieren? Fünfzehn detailliert gemalte Dinosaurier, alle unterschiedlicher Gattung, mit kleinen Zahlen durchnummeriert und zwei Tabellen zugeordnet: den Gattungsnamen und der Großfamilie mit allein drei Omas und vier Opas, jedoch ohne sich selbst. Dazwischen angedeutet Land, Wasser, farnartige Bäume und ein Tintenfisch zentral am unteren Bildrand. Vielleicht hat er damit doch sich selbst gemalt, jedoch versteckt, hinter einer Vernebelung aus einer Tintenwolke überwältigender Details.

Aus meiner Sicht ein Junge mit beeindruckender Kreativität, dessen Lebensweg durch die von der Psychiatrie festgestellten Verhaltensstörungen bestimmt wurde – und der 35 Jahre später bei mir sitzt als intelligenter, äußerst höflicher Mann mit der Frage, ob er etwas mit Asperger haben könnte. Da sei er über Spiegel-Online daraufgekommen, sei dem nachgegangen und habe sich darin plötzlich vollständig wiedergefunden. Und der völlig perplex ist, als wir gemeinsam in seiner oben zitierten Akte aus der Kindheit die Bezeichnung einer autistischen Symptomatik entdecken. Dieses Verständnis war total verlorengegangen und hatte deshalb nicht helfen können, seine Schwierigkeiten besser zu verstehen.

Obwohl es schwer ist, ohne detaillierte Schilderungen aus der Kindheit die Diagnose definitiv zu stellen, erreicht er jetzt schon beim orientierenden Test eine Punktzahl im hochgradig autistischen Bereich. Er zeigt die volle Trias der Asperger-Symptomatik, die Einschränkung des sozialen Verständnisses, die begrenzte Fähigkeit zu einem wechselseitigen Gespräch und intensives Interesse für spezielle Themen,[1] allerdings wie viele erwachsene Asperger-Persönlichkeiten teilweise versteckt hinter gesellschaftlich angepassten Kompensationsmechanismen. So wird durchaus ein Gespräch geführt, aber eben über die Spezialthemen und mit langen Monologen. Auch fällt die soziale Behinderung in der therapeutischen Zweiersituation viel weniger auf als in seinem übrigen Leben. Doch hielt er sich auch vor mir versteckt – was ich für sein Befinden hielt, war nur gespielte Anpassung an meine Erwartungen. Es dauerte über ein Jahr, bevor ich eine Ahnung davon entwickeln konnte, wie es ihm wirklich erging.

Und da hatte er 35 Jahre an Asperger-typischem Scheitern hinter sich, beispielsweise das Scheitern der Heimunterbringung, vielfache schulische Wechsel, die Bitte des Schulleiters, die Schule doch zu verlassen, da er eh alles wisse, mit dem Angebot, ihn mit einem guten Zeugnis zum Schulabgang zu überzeugen. Dann immer wieder Jobs mit der Übernahme zusätzlicher Aufgaben, aber Schwierigkeiten, den sozialen Rahmen einzuhalten; der Kommentar im Fachhochschulstudium, er könne doch eh schon alles, aber die Unfähigkeit, die dort üblichen Zeiten einzuhalten. Schwierigkeiten, im Supermarkt, die Bedienung an der Kasse auszuhalten.

Und schließlich die heutige Situation: ein volles qualifiziertes Arbeitsverhältnis in der IT-Branche mit einem Lohn unterhalb des

Hartz-IV-Satzes, die Wohnung, nein, das Hausen im heruntergekommensten Altstadtgebäude, ohne Heizung, mit teilweise zerstörten Fensterscheiben, kein Geld für Fernsehen, Internet und oft auch nicht für Telefon. Inzwischen sogar der Rat des Arbeitsamtes, das sittenwidrige Arbeitsverhältnis zu kündigen und dessen Unterstützung, die dann drohende Sperrfrist zu vermeiden. Dies versuchte er über ein Jahr vor mir zu verbergen, bis schließlich die Wahrheit und die Tränen nicht mehr zurückzuhalten waren. Seither kann er seine Selbstmedikation mit Alkohol und Cannabis deutlich reduzieren.

War es der zu groß gewordene Druck oder vielleicht auch mein Angebot des regelmäßig Kommen-Könnens, das er ohne ein Versäumnis annahm, die es ihm ermöglichten, sich zu öffnen? Vor dem Hintergrund dieses neuen Einblicks verstehe ich auch besser, was er zuvor scheinbar intellektuell diskutieren wollte. So sein Thema eines bedingungslosen Grundeinkommens, das für ihn viel existenzieller war, als ich es mir vorstellen konnte. Aber mit dem er auch von einer Akzeptanz als Mensch überhaupt sprach, die er inzwischen partiell in der Gemeinschaft der Menschen mit Asperger-Syndrom gefunden hat.

Diese Geschichte führt uns dramatisch vor Augen, was der verfehlende psychologische Blick an zerstörerischen Folgen generieren kann. Es bleibt jedoch die Frage, wie weit es dem Psychiater oder dem Psychoanalytiker überhaupt möglich ist, dieser Verfehlung entgehen zu können.

Also anders gefragt: gibt es taugliche Konzepte über Asperger-Syndrom in Psychiatrie oder Psychoanalyse?

Tony Attwood bezeichnet das Asperger-Syndrom als „Beschreibung einer Person [...], die die Welt anders als andere betrachtet."[2]

Das ist der Kernpunkt, den es in jeder Arbeit mit Asperger-Patienten zu beachten gilt: Die Welt, die sie wahrnehmen, ist eine andere als meine Welt, auch wenn ich in der gleichen Situation bin, wenn ich ihnen gegenüber oder neben ihnen stehe. Und es hilft nichts – ich muss versuchen etwas von der Asperger-Welt zu erahnen, um mit ihnen in Kontakt zu kommen.

Diese andere Perspektive auf die Welt muss allerdings klar unterschieden werden vom Abgleiten und Verharren in Nebenrealitäten des psychotischen Menschen. Dieser verliert zumindest partiell den Kontakt zur allgemeinen Realität, muss ihn vielleicht aufgeben, um sich zu schützen, wenn diese Realität nicht mehr integriert werden kann. Ganz anders der Asperger-Autist: Er bleibt in der allgemeinen

Realität haften, nimmt darin Facetten wahr, die dem normal Integrierten entgehen, kann sich von seinen viel genaueren Eindrücken dieser Realität nicht lösen, kann das alles vielleicht auch nicht zu einem einheitlichen Bild integrieren, auch wenn er dies mit höchster intellektueller Anstrengung versucht. Aber er verlässt nicht die gemeinsame Realität, nein, er ist nur nicht in der Lage, diese zu glätten, genügend von ihr loszulassen oder von vornherein zu übersehen, um ein beruhigendes Bild von ihr zu entwickeln.

Man könnte hinsichtlich der Lockerung des Realitätskontakts unsere geteilte Normalität gerade zwischen der Nebenrealitätsentgleisung des Psychotikers und der Detailverhaftung des Asperger-Autisten einordnen. Wir leben unseren Alltag angenehm, weil wir in der Lage sind, die Realität teilweise auszublenden und durch unser Wunschdenken zu ersetzen, was dem durch und durch ehrlichen Asperger-Autisten nicht möglich ist. Die Beispiele psychotischer Symptome bei Asperger-Autisten widersprechen dem nicht, wenn man sie als dekompensierende Folge chronischer Überforderung ansieht und nicht fälschlicherweise als Kernsymptom des Autismus.

Daraus ergibt sich die therapeutische Konsequenz, dass die Technik der Realitätsanbindung bis hin zur Zwangsbehandlung dem Asperger-Autisten eher weniger bis gar keinen Gewinn bringt, da er diese Realität nie verlassen hat. Ist sie dann noch mit affektiver Aufladung oder direktem Druck verbunden, kann sie gerade das Gegenteil bewirken, nämlich den ängstlichen Rückzug des Autisten aus dieser Realität und eben keinen verbesserten Realitätskontakt.

Damit eng verbunden ist eine weitere Besonderheit von Asperger-Autisten: Sie sind durchaus in der Lage, Emotionen bei sich und bei anderen wahrzunehmen. Ja gerade beim Gegenüber nehmen sie feine Nuancen wahr, die diesem selbst vielleicht gar nicht bewusst werden. Es entgeht ihnen gerade nicht, wie präsent und wie ehrlich ihr Gegenüber ist, ob er ermüdet oder abgelenkt ist. Doch es fällt ihnen schwer, aus all diesen Einzelheiten ein kohärentes Bild ihres Gegenübers zu entwickeln. Es wird tatsächlich der Wald vor lauter Bäumen nicht gesehen. Damit fehlt aber gerade jene intuitiv-emotionale Information über den Anderen, die uns in Beziehungen beruhigen oder glücklich machen kann. Der soziale Sinn ist behindert und hinterlässt eine angstvolle soziale Orientierungslosigkeit.

In den unterschiedlichen theoretischen Konzepten zur Ursache der Asperger-Störung werden immer wieder Aspekte dieser integrativen Fähigkeit betont: sei es im Modell der *Theory of Mind*, in der Annahme einer Störung exekutiver Funktionen, im Modell eines Defizits zentraler Kohärenz (Frith 1989) oder im Mentalisierungsdefizit eines männlich überbetonten Gehirns (Baron-Cohen 2002). Ebenso in einem von Kanner wie später von Hobson angenommenen Defizit an Fähigkeit zu emotionaler und interpersonaler Erfahrung.

Der Blick, der den anderen sucht, kann diesen nicht finden aus einem Mangel an kohärenter Konstruktion des Anderen. Der Andere bleibt bedrohlich fremd, ganz im Sinne des Sartreschen Blicks des Anderen, der mich permanent unter Druck setzt. Dieser beurteilend-verfolgende Blick des Anderen – ist nicht jeder Arzt oder auch Therapeut in dauernder Gefahr, dahin zu mutieren, wenn er sein Fachwissen ins Spiel bringt? Und ist der psychoanalytische Diskurs – vielleicht weniger die Praxis an der Couch – nicht hier dem paternalistischen Herrschaftsdiskurs der Psychiatrie doch sehr nahe und deshalb auch potenziell verfolgend?

Eröffnet vielleicht nicht gerade auch die fehlende Konstruktion meines Bildes des Anderen die Möglichkeit, für seine Andersartigkeit offen zu bleiben? Die Begegnungsvermeidung und das Sich-Verbergen der Autisten sprechen für mich gerade für das Erleben des Anderen, weisen aber auch darauf hin, wie bedrohlich die Andersheit empfunden werden kann, sofern ich sie nicht mit einem beruhigenden eigenen Bild des Anderen entschärfen kann. Und diese Bedrohlichkeit wird bei den Menschen mit Asperger-Syndrom dadurch verstärkt, dass sie bereits in ihrer frühen Lebensgeschichte verhindert, so etwas wie eine sichere Bindung bzw. gute innere Objekte aufzubauen, die es ermöglichen, dem Anderen als Bereicherung und nicht als Bedrohung zu begegnen.

Normalerweise wird diese Bedrohlichkeit auch durch Einordnung in Konzepte vermindert: Dies versucht die Psychiatrie durch ihre Krankheitskategorien, die zu entwickeln zu ihren Hauptbeschäftigungen des letzten Jahrhunderts gehörte.

Doch welche Hilflosigkeit aus der psychiatrischen Kategorisierung angesichts der Konfrontation mit dem Asperger-Syndrom resultieren kann, zeigt der Fall der jungen Erwachsenen Mareike, die rückblickend schreibt:

> Wenn ich zurückdenke, war ich nie „normal“.
>
> Ich war schon als kleines Kind auffällig, kontakt- und berührungsscheu, überängstlich.

Meine Grundschulzeugnisse beschreiben mich als ehrgeizig und perfektionistisch, kreativ und sprachgewandt – aber gleichzeitig ohne jedes Selbstvertrauen, zurückgezogen und nicht gruppenfähig.
Ich kann mich erinnern, dass ich spätestens ab Ende der Grundschule ein todunglückliches Kind war, ohne allerdings zu verstehen, was mit mir los war und warum.
Meiner Umgebung konnte ich mich nicht mitteilen. Niemand hat mich verstanden. Von meinen Mitschülern wurde ich ausgegrenzt und gemobbt.

Diese Patientin erhält mit neun Jahren erstmals eine Psychotherapie wegen regressiver Verhaltenssymptome. Mit zwölf Jahren versucht sie ihr permanent empfundenes Anderssein, das auszudrücken ihr unmöglich war, durch Sich-verhungern-Lassen zu beenden. Als ihr später ein Buch über Magersucht in die Finger fällt, identifiziert sie sich fortan damit. Mit 15 Jahren beginnt eine weitere ambulante Behandlung wegen Migräne und Magersuchtssymptomen. In diesem Alter liest sie ein erstes Buch über Autismus, findet sich darin z. B. mit ihrer Berührungsempfindlichkeit oder dem Misslingen von Kommunikation trotz hoher sprachlicher Fähigkeiten wieder. Doch sie wird von ihrer Therapeutin belächelt, ebenso wie später in einer vierjährigen Psychoanalyse im Alter von 19 bis 23 Jahren: „Sie sprechen doch mit mir, also können Sie nicht autistisch sein!“, hört sie nicht nur einmal.

Nach einem schweren Unfall wird ihre autistische Empfindlichkeit durch die notwendigen Behandlungsmaßnahmen und das Klima der Akutstation permanent überwältigt. Die Nachbehandlung in der Kinderklinik beschreibt sie jedoch als erstes Erlebnis einer wirklichen Heimat für sie.

Kurz darauf kommt es zu einer stationären kinder- und jugendpsychiatrischen Behandlung, die aber bereits nach gut vier Monaten abbricht, da die Patientin sich stark zurückzieht. Bereits bei der Aufnahme wirkte sie sehr kindlich, mit einem Teddy im Arm, und auch sie selbst beschreibt sich als falsch auf der Jugendstation, da sie sich innerlich als Kind mit kindlichen Bedürfnissen fühle.

Aus der stationären Therapie wird eine weitgehende Unmöglichkeit der Konfliktbearbeitung beschrieben. Der Wunsch der Patientin nach Beendigung der Therapie wird als Angst vor der Problembearbeitung und der eigenen Aggressivität gedeutet. Diagnostisch wird eine neurotische Fehlentwicklung mit verschärftem Ambivalenzkonflikt sowie eine Depression bei anamnestisch bekannter anorektischer Symptomatik beschrieben.

Wegen Überforderung wird ihr vom weiteren Besuch des Gymnasiums abgeraten, sie legte dann später das Abitur mit einem Schnitt von 1,1 ab.

Während des nachfolgenden Studiums nahm sie per E-Mail wieder Kontakt zu der Klinik auf. Zu diesen E-Mail-Kontakten schreibt sie später:

> Wichtig war für mich, dass wir am Anfang nur per Mail Kontakt hatten. Dadurch hatte ich u. a. die Möglichkeit, Sie in Form der ausgedruckten Mails ständig bei mir zu haben. Es war eine Art von „innerer Beruhigung", ein Halt, den ich gebraucht habe. Viele Gedanken konnte ich auch nur in schriftlicher Form äußern – bis heute übrigens.

Über diese elektronische Zwischenphase entsteht dann eine mehrjährige ambulante psychiatrische Betreuung, im Laufe derer es mehrfach zu Krisenaufnahmen wegen akuter Suizidalität kam und bei der eine breite Palette antidepressiver, neuroleptischer, beruhigender und auch stimulierender Medikamente eingesetzt wurde. Die sich darin dokumentierende Hilflosigkeit psychiatrischer Medikation spiegelt sich auch in den Diagnosen, die sie im Laufe eines knappen Jahrzehnts auf sich gezogen hatte: neben Depression und Essstörung auch soziale Phobie, Somatisierungsstörung, Anpassungsstörung, posttraumatische Belastungsstörung, kombinierte Persönlichkeitsstörung und soziale Phobie, behandelt mit bis zu acht Medikamenten gleichzeitig, wozu auch starke Schmerzmittel gehörten. 2007 steht noch ein Antrag auf sechswöchige Unterbringung wegen drohender Suizidalität im Raum.

Trotz dieser Dramatik schließt sie in dieser Zeit ein aufwändiges Studium erfolgreich ab. Im Verlauf dieses Studiums findet sie sich im Alter von 23 Jahren in einer von ihr interessehalber besuchten Vorlesung über Autismus erstmals mit ihrer ganzen Lebensgeschichte wieder. Sie schrieb daraufhin an den behandelnden Psychiater:

> In mir ist alles so wirr und durcheinander – zu viel, was ich nicht verstehe, und zu viel, was ich verstehen will ...
> Bitte, sagen Sie's mir, wenn ich mit dem, was ich schreibe, völlig daneben liege, und das alles total verrückt ist!

> Mir macht es Angst, so vieles in mir zu entdecken, was auf Autismus hindeutet ...
> Aber es ist eine Diagnose, die vieles erklären und viele Zusammenhänge

> sichtbar machen würde ...
> Seit ... [der] Vorlesung kann ich mich vor Gedanken und Erinnerungen kaum noch retten; blättere in alten Mails und Tagebüchern und finde mehr und mehr, was sich in dieses Puzzle fügt und die Lücken schließt ...
> Ich hab' mich bisher in keiner Diagnose so sehr wiedergefunden wie im Autismus.
> Ist es das, „was mit mir los ist"?
> Das, was allem zugrunde liegt?
> Sind die Depression, die Essstörung etc. nur das, was sich im Lauf der Zeit darüber gelegt hat?
> Vielleicht würde das auch erklären, wieso mir über 8 Jahre Therapie nicht geholfen haben.
> Vielleicht hätte man mir besser helfen können, wenn schon früher jemand in diese Richtung gedacht hätte.
> Aber vielleicht kann das auch dazu beitragen, jetzt endlich besser verstanden zu werden und die Hilfe zu bekommen, die ich brauche.
> Vieles von dem, was Sie in Ihrer Vorlesung gesagt haben, hat mich ganz tief getroffen.
> Hat mir plötzlich Zusammenhänge klar werden lassen, die vorher niemand gesehen hat. Hat mir neue Denkanstöße gegeben, und das nicht nur in Richtung Autismus.
> Aber hat mich auch unendlich traurig gemacht.
> Weil ich gesehen habe, wie einfühlsam Sie auf diesen Jungen reagiert haben – und wie blind und taub Sie mir gegenüber oft zu sein scheinen.

Erst viel später begann in der Behandlung die Beschäftigung damit, ob es sich bei ihr nicht tatsächlich um eine Asperger-Störung handeln könnte. Zunächst wurden ihre Überlegungen, ohne es auszusprechen, als Besserwisserei abgetan und nicht weiter unterstützt. Nachfolgend muss man einen langdauernden Prozess feststellen, bis der Behandler selbst erste Gedanken und später eine klare Überzeugung über das Vorliegen eines Asperger-Syndroms entwickeln konnte.

Immerhin wurden ihrem Bemühen, in einer Asperger-Spezialambulanz eine diagnostische Bewertung zu erhalten, keine großen Steine in den Weg gelegt. Dort erhielt sie dann definitiv die Diagnose eines Asperger-Syndroms mit rezidivierender depressiver Störung. Sowohl ihre aktuelle Symptomatik als auch ihre ganze Lebensgeschichte konnte rückblickend als absolut Asperger-typisch eingestuft werden. Ohne dass einer der zahlreichen Fachleute frühzeitig, d. h. vor ihrem 30. Lebensjahr auf die Idee dieser Diagnose gekommen wäre.

Nun konnten auch andere bis dahin seltsame Verhaltensweisen der Patientin Sinn gewinnen, der Blick schien weniger an ihr vorbeizugehen. So war es hoch dramatisch gewesen, als die Termine ins Nebengebäude verlagert wurden, was lange nur als bösartiger Machtkampf missdeutet wurde. Oder ihre tiefe Ergriffenheit durch ein Halten ihrer Hand während einer Therapiestunde. Ängstliche Unsicherheit über ein mögliches Erwachen sexueller Phantasien in ihr hielten den Behandler davon ab, ihr diese Erfahrung öfters zu gewähren – aus heutiger Sicht eine vergebene Chance für einen emotionalen Kontakt.

Bis heute ist mir unverständlich, wie lange auch ich das Asperger-Syndrom bei ihr übersehen konnte, obwohl ich mich intensiv mit solchen Patienten beschäftigte und diese Menschen durchaus faszinierend finde. Ein schwacher Trost ist mir, dass Kollegen sich bis heute schwertun, sich von den anderen psychiatrischen Diagnosen weg und hin auf den Kern eines Asperger-Syndroms zu bewegen.

Ich kann mir das nur mit einem gefährlichen Teufelskreis eines verfehlenden Blicks erklären, der zu einem totalen Misslingen des Anderen führt. Der übersehene Asperger-Hintergrund führt zu einer Überbetonung sekundärer psychopathologischer Symptome durch den Psychiater. Im Verkanntsein flüchtet oder dekompensiert der Patient verstärkt in seine Psychopathologie, was wiederum zu deren verstärkter Betonung durch den Therapeuten oder Psychiater führt.

Wie in solchen Fällen üblich, führte die Diagnose als Asperger-Syndrom im Gegensatz zu den vorausgehenden anderen Diagnosen zu einer deutlichen Entlastung, heraus aus dem verfehlenden Teufelskreis. Seither geht es der Patientin zwar auch oft sehr schlecht, aber es sind keine stationären Aufenthalte mehr notwendig geworden. Allerdings ist sie noch weit davon entfernt, ihre Fähigkeiten auch adäquat beruflich einsetzen zu können; sie teilt das Schicksal vieler beruflich hoch qualifizierter Menschen mit Asperger-Syndrom, ihren Lebensunterhalt mit Hartz IV bestreiten zu müssen.

Es wäre jedoch völlig falsch, das Verkennen des Asperger-Syndroms alleine der Psychiatrie anzulasten. Auch aus der Psychoanalyse ist es bekannt – so eine nachträgliche Einstufung einer langen Behandlung als Behandlung eines Asperger-Syndroms durch Benjamin Britton (2010).

Eine entscheidende Streitfrage ist die nach einer geeigneten Therapie. Dabei wurde oft die Psychoanalyse als ungeeignet angesehen, da bei Asperger-Kindern die dazu notwendigen Phantasien und Projektionen nicht vorausgesetzt werden dürften.[3] Dies vernachlässigt die neueren Entwicklungen psychoanalytischer Therapie, die gerade über eine bewusste Beziehungsgestaltung und vor allem das Verständnis der Gegenübertragung auch bei weniger phantasiefähigen Patienten fruchtbar wirkt. Sie kann insbesondere auch bei Angehörigen, Lehrern oder Betreuern ein Verständnis fördern, das negative Eskalationen zu verhindern hilft.

Aus der Psychoanalyse gibt es inzwischen zahlreiche kasuistische Beiträge zur Therapie von Kindern und Erwachsenen mit Asperger-Syndrom. Diese können als Bausteine einer noch zu entwickelnden Theorie der psychoanalytischen Behandlung des Asperger-Syndroms angesehen werden.

Maria E. Pozzi (2003) beschreibt aus ihrer zweijährigen analytischen Arbeit mit einem zwölfjährigen Jungen einige grundlegende Techniken, mit denen ein therapeutischer Kontakt mit diesem Asperger-Kind gelungen ist. Beginnend mit reiner Beobachtung entwickelt sie eine Partial-Objekt-Technik, in der sie nicht das ganze Kind, sondern seine Körperteile anspricht. Danach gelingen ihr Anfänge des Spiels und schließlich der Dialog, zuerst mit einem imaginären Partner, dann mit dem Kind. Dass der Patient schließlich liebevolle Gefühle zeigen kann, schreibt sie dem Raum zu sicherer Distanz zu, den sie ihm zugesteht. Bemerkenswert finde ich, dass Maria Pozzi von einer reichen Innenwelt des Jungen berichtet, obwohl sie nach außen verarmt erscheint. Und dass sie sich selbst durch ihn bereichert und angeregt erlebt.

Simonetta Adamo (2010) beschreibt, wie ein zu Beginn 15-jähriger Junge mit Asperger-Syndrom nach sechsjähriger Therapie seine wahnähnliche Eigenwelt verlassen und sich für intime Beziehungen interessieren konnte.

Judy Shuttleworth beschreibt bereits 1999 aus der analytischen Arbeit mit einem zehnjährigen Asperger-Autisten, dass die üblichen pathologischen und therapeutischen Prinzipien für diese Behandlung nicht gelten. Sie sieht die Defizite nicht aus Beziehungserfahrungen resultierend und nimmt das Vorhandensein guter, aber verschütteter Beziehungserfahrungen an. Sie grenzt damit das Asperger-Syndrom von narzisstischen Störungen ab, und eine Besserung durch Behandlung erscheint ihr weniger durch Deutungen denn durch die eigene kämpferische Energie und die verschütteten guten Objekte des Patienten bedingt. Therapie als Ermöglichung der eigenen Entwicklung innerhalb des Rahmens der autistischen Behinderung.

Caroline Polmear (2008) schließlich beschreibt eine hochfrequente zehnjährige Analyse und eine niederfrequente Therapie mit zwei erwachsenen Frauen mit Asperger-Syndrom. Auch die dabei auftretenden Herausforderungen wie die sehr genaue Beobachtung durch die Patientinnen. Das Ziel konnte dabei nicht die Aufhebung des Autismus sein, sondern die Entwicklung einer lebendigen und liebesfähigen Person mit der Fähigkeit, ihre autistischen Aspekte zu integrieren.

Clarice Kestenbaum (2008) demonstriert an drei Behandlungen den Nutzen einer multimodalen psychoanalytisch orientierten Therapie, die das individuelle Erlernen von Sozialtechniken ebenso beinhaltet wie Gruppentherapie. Sie sieht die sekundäre Internalisierung einer angelernten Sozialisation als Ersatz für die mangelnde intuitive soziale Integration.

Richard Bromfield beschreibt schon 2000 eine über zehnjährige psychoanalytische Therapie mit einem zu Beginn siebenjährigen Jungen. Ausgehend von der allgemeinen Ablehnung psychoanalytischer Therapie für Autisten, die er auf Bettelheims „Fehltritte" zurückführt, proklamiert er zumindest für Asperger-Autisten den Nutzen einer tiefen und komplexen therapeutischen Beziehung, wie sie die Psychoanalyse zur Verfügung stellen kann.

Als umfassendstes und grundlegendes psychoanalytisches Werk zum Asperger-Syndrom darf man Maria Rhodes und Trudy Klaubers Buch aus der Tavistock Clinic *The Many Faces of Asperger's Syndrome* von 2004 ansehen. Sie berücksichtigen neben unterschiedlichen psychoanalytischen Perspektiven auch alle anderen modernen Theorien zum Asperger Syndrom. Ihre Fallsammlung deutet darauf hin, dass eine möglichst frühe Behandlung die Prognose verbessert, dass aber alle Altersgruppen und Subgruppen von Asperger-Autisten von psychoanalytischer Therapie profitieren. Eine besondere Herausforderung stellt dabei das Erwachen der Sexualität bei diesen Patienten dar. Technisch misst sie der Gegenübertragung die zentrale Bedeutung bei, als ein Schlüssel, das unverstehbare Verhalten von Autisten doch zu verstehen.

Die Therapie von Patienten mit Asperger-Syndrom benötigt dabei eine aktivere Haltung des Therapeuten als in sonstigen Analysen, das Setting benötigt eine größere Flexibilität und kann direktive verhaltenstherapeutische Interventionen ebenso umfassen wie Familiensitzungen. Schließlich fordert sie für eine solche Therapie eine Kooperation von Therapeuten, Eltern, Lehrern, weiteren Angehörigen, Ärzten und anderen.

Wenn die hier genannten Punkte berücksichtigt werden, lassen sich die oft beschriebenen Vorteile eines konkreten verhaltenstherapeutischen Vorgehens auch in die psychoanalytische Therapie integrieren. Und es wird zusätzlich erreicht, dass nicht nur auf der oberflächlichen Ebene einer sozialen Anpassung und eines funktionaleren Denkens gearbeitet wird, sondern über die langfristige Beziehungsarbeit tief unbewusste affektive Erinnerungen adressiert werden, die starken Einfluss auf das subjektive Erleben und die Verhaltenssteuerung haben. Um dies zu erreichen, muss der Analytiker die Asperger-typischen Fallen vermeiden, durch die er gerade einen gegenteiligen negativen Einfluss haben könnte.

Gelingt es ihm, immer eine Ahnung von den tiefen, hinter dem unangepassten Verhalten liegenden Ängsten im Hinterkopf zu behalten, wird ihm dieses das entscheidende Korrektiv sein, geeignete Haltungen einzunehmen und Interventionen zu wählen. Dann kann er die Tür offen halten, dass aus der alleinigen Gegenübertragungsinformation dann schließlich auch ein direkter nonverbaler und verbaler Ausdruck des Befindens des Patienten wird. Dann geht der suchende Blick nicht mehr ins Leere, er findet einen Anderen, der niemanden mehr in der Einsamkeit verhungern lässt und dessen Appell ankommt. Nimmt der Psychiater oder Psychoanalytiker so das Antlitz des Patienten wahr, wird er sich nicht mehr in den Teufelskreis des Verkennens auf der einen und Versteckens auf der anderen Seite verirren. Dringt punktuell das Antlitz des Arztes oder Analytikers zum Asperger-Autisten durch, wird dieser es wagen, sein Versteck nicht mehr abzuschotten, sondern zugänglich werden zu lassen. Mit geeigneter therapeutischer Aktivität lässt er sich dann aufsuchen – aber nicht herauszerren – und kann sich auf Nähe einlassen, in der er sich auch als emotionaler und beziehungsfähiger Mensch erlebt.

Zum Schluss auch noch eine erfreulichere Geschichte, die hoffen lässt. Die achtjährige Lisa hatte das Familienleben und den eigenen Schulbesuch völlig zum Erliegen gebracht. Die Eltern berichteten, sie wolle sich die Pünktlichkeit der Schule nicht aufzwingen lassen, könne zwei Stunden am Stück durchbrüllen, werfe sich auf den Rücken und drehe sich schreiend hin und her. Sie könne durch endlose Wiederholung gleicher Fragen entnerven, schließlich hätte sie die Mutter gezwungen, morgens, anstatt zur Schule zu gehen, die Rollläden herunterzulassen und das Schlüsselloch zu verstopfen, damit es ganz dunkel sei. Die Vorstellung in einer kinderpsychiatrischen Praxis habe ergeben, dass es kein Asperger-Syndrom sein könne, da sie ein Mädchen sei. Allerdings sei bereits ein Onkel ein Sonderling gewesen, der von seinen Geschwistern versorgt worden sei. Aus einer Beratungsstelle aus dem Umland wird sie überwiesen, um sie erneut auf das Asperger-Syndrom hin zu prüfen.

Beim ersten Termin schaut sie mich nicht an, gibt mir keine Hand, redet nicht und will zunächst auch nicht mit in mein Zimmer kommen. Als ich daraufhin, ohne von ihrer Weigerung Aufhebens zu machen, alleine mit der Mutter ein Gespräch führe, klopft sie zusammen mit dem Vater nach kurzer Zeit an der Tür. Im Zimmer verkriecht sie sich sofort in den großen Sessel, stellt sich teils schlafend, teils demonstrativ wegschauend. Dennoch gehe ich davon aus, dass sie mit höchster Aufmerksamkeit mein Gespräch mit den Eltern verfolgt. Zum Ende der Stunde, während der sie meine in das Gespräch mit den Eltern eingestreuten und mein Verstehen signalisierenden Kommentare über bzw. zu ihr aufmerksam zu verfolgen scheint, gelingt ein erster Blickkontakt mit ihr. Im Verlauf der folgenden Stunden taut sie dann völlig auf, zunächst streut sie eigene Korrekturen in meine Kommentare über sie ein. Dann spielt sie mit Vorliebe mit den Handpuppen, lässt über die Tiere ihren Aggressionen mir gegenüber freien Lauf und lässt schließlich bruchstückartig Dialoge über ihr Befinden und ihre Probleme in der Familie und in der Schule zu.

Gleichzeitig wird mit den Eltern ein Verständnis für das aspergerische Wahrnehmen und Begreifen der Welt durch ihre Tochter erarbeitet, wodurch sich die familiären Konflikte drastisch entschärfen. Es wird mit ihnen eine Differenzierung zwischen verrückten Abwehrhaltungen der Tochter, denen Widerstand entgegengesetzt werden darf, und aus tiefen Ängsten resultierendem unangepasstem Verhalten erarbeitet. Als schulisches Ziel wird der regelmäßige Schulbesuch, allerdings noch ohne Pünktlichkeit, gesetzt, was nach kurzer Zeit erreicht werden kann. Bei der Schule stößt die Aufklärung über die Asperger-Symptomatik auf offene Ohren, dort hatte man bereits gelernt, dass sie nicht aus Affektzuständen herausgeholt werden konnte, aber bei entsprechender Geduld immer alleine herausfand, dass übliche Disziplinierungsmaßnahmen zu keinem Erfolg führten. Dagegen half persönliche Zuwendung, Akzeptieren ihrer Langsamkeit und ihrer Ideen, etwas alleine tun zu wollen oder auch sich zu nichts bewegen zu lassen.

Wiederum konnte eine typische Asperger-Entwicklung seit der frühen Kindheit mit verzögerter motorischer und dagegen beschleunigter sprachlicher Entwicklung erfragt werden. Hohe Empfindlichkeit, auch gegen Veränderungen, war mit angstvoller Vorsicht gekoppelt gewesen. Anfassen konnte sie als Schläge empfinden, laute Worte konnten sie dekompensieren lassen. Mit fünf Jahren hatte sie begonnen, ihre eigenen Geschichten zu schreiben. Im Elternbeurteilungsfragebogen fällt am stärksten ein massiver sozialer Rückzug mit einem hohen Wert für schizoid-zwanghafte Symptomatik auf, einer für Asperger typischen Kombination. Sowohl in der Autismus-Beurteilungsskala als auch in der *social responsiveness scale* erreicht sie höchstgradig autistische Werte.

Mir scheint, dass mit Lisa zwei Lern- bzw. Entwicklungsprozesse in Gang gebracht werden könnten:

Zum einen ist es ein Glücksfall, dass die Mutter Vertrauen zu mir gewinnen konnte – natürlich bestärkt durch die positiven Veränderungen zu Hause. Sie schaut sich an meinem Modell Interventionsmöglichkeiten oder eben auch eine bewusste Toleranz ab und ist auch bestrebt, diese an ihren Mann weiterzugeben.

1) Ich baute zuerst einen Raum des Lassens in den Terminen bei mir auf. Sie war dabei geschützt vor der mit unverdauten Affekten angefüllten invasiven Mutter.
2) Im zweiten Schritt gelang ein imaginärer Dialog mit ihr, der äußerlich mit der Mutter geführt wurde, aber dabei immer an sie adressiert war. Sie konnte sich dabei verstanden fühlen, ohne direktem Druck ausgesetzt zu sein, und sie konnte direkt eine Zunahme des Verstehens und damit eine Wandlung bei ihrer Mutter erleben.
3) Schließlich konnte sie die Kontrolle im gemeinsamen Handpuppenspiel behalten, konnte in dieser Sicherheit sogar einen von ihr kontrollierten und damit nicht bedrohlichen Köperkontakt suchen und neues emotional-affektives Erleben zulassen.
4) Der letzte Schritt eines verbalen Dialogs war schließlich nur die Spitze des Eisbergs, war vielleicht mehr eine Genugtuung für mich als ein wirklicher Gewinn für sie.

Innerhalb von zwei Monaten konnte die Familie wieder zu einem glücklichen und erfüllenden Familienleben finden. Eine seit längerem geplante stationäre Behandlung wurde von mir unter der Bedingung einer Akzeptanz durch Lisa unterstützt, um noch stabilere Voraussetzungen für eine gute schulische Performance zu erreichen. Dies musste jedoch mit einer Verunsicherung der Eltern bezahlt werden, da in der Klinik zunächst die Asperger-Diagnose nicht übernommen wurde. Meine gelassene Reaktion darauf beruhigte auch die Eltern wieder. In der ambulanten Nachbetreuung konnte an die erarbeiteten Kontakte angeknüpft und in Einzelterminen und Familiensitzungen das Verständnis bei allen Familienmitgliedern sowie das Verhalten in der Familie und in der Schule verbessert werden.

Ich halte es für sekundär, ob wirklich definitiv die Kriterien der ICD-10- oder DSM-IV-Kategorien des Asperger-Syndroms erfüllt werden. In einem dimensionalen Verständnis sind die Grenzen zwischen Normalität und Pathologie fließend und das subjektive Leiden nicht vorrangig abhängig vom Erfüllen der Diagnosekriterien. In der Praxis besteht der Wert von Diagnosen und zugehörigen Krankheitsmodellen vor allem in der Bereitstellung eines besseren Verstehens des individuellen Erlebens und Reagierens. Dies gilt auch dann, wenn die Diagnosekriterien gerade nicht erfüllt werden.

Die biologische Psychiatrie lehrt uns, dass ein identischer Genpool das Risiko für Asperger, aber auch für ADHS erhöht. Und wenn wir die kennzeichnenden Symptome ansehen, finden wir eine deutliche Überlappung von Asperger und ADHS. Und so hängt es davon ab, ob der untersuchende Kinderpsychiater die ADHS-Screening-Instrumente anwendet oder mit den aufwändigeren Methoden wie beispielsweise ADI-R und ADOS auf Asperger untersucht, welche Diagnose dem Kind später zugeordnet wird. Was wir manchen Kindern antun, wenn wir ihnen heute statt Verstehen ihres Asperger-geprägten Erlebens der Welt lediglich ein Aufmerksamkeitstraining, ein einschlägiges Elterntraining und Medikamente zubilligen, können wir im Moment noch gar nicht überschauen. Von daher habe ich auch keine Angst vor der bereits oft herbeigeredeten inflationären Verwendung der Asperger-Diagnose, denn ich vermute immer noch einen immensen Nachholbedarf gerade auch gegenüber geschäftsträchtigeren Diagnosen.

Einzig und allein kommt es meiner Ansicht nach darauf an, dass wir ein besseres Verständnis der belasteten Kinder erlangen und dieses auch den Eltern vermitteln können. Also frei nach der Haltung: Wer wirklich helfen kann, hat recht. Und wirkliche Hilfe ist häufig nicht allein die schnelle Anpassung an schulische Verhaltens- und Leistungserwartungen, nicht die medikamentöse Symptomreduktion alleine, aber auch nicht die ängstlich-persönliche Anpassung an ein rigides Therapiesetting. Dabei muss insbesondere die angstvolle Haltung des Asperger-Autisten berücksichtigt werden.

Daraus lassen sich viele scheinbar sonderliche Verhaltensweisen verstehen. Und dieses Verstehen ist die Grundlage dafür, mit geeigneten Reaktionen Eskalationen zu vermindern und die ursächliche Angst zu reduzieren. Wichtiger als primär therapeutische Arbeit mit den Betroffenen ist dabei zuerst die Förderung dieses Verständnisses im unmittelbaren Umfeld, also in der Familie oder in der Schule, um Teufelskreise aufzubrechen. Dabei ist insbesondere auch ein psychoanalytisches Verstehen der Dynamiken hilfreich.

Das therapeutische Handeln muss oft bei konkret agierenden Interventionen beginnen. So reagierte ich auf die offenbarte Verzweiflung und die konkrete aktuelle Not des erwachsenen Mannes damit, dass er mehrfach Kaffee und Butterbrezeln, die mir glücklicherweise zur Verfügung standen, von mir serviert bekam. Er war offensichtlich davon tief berührt und fühlte sich in einem Maß ernstgenommen, wie ich es verbal bisher nicht hatte erreichen können. Er lernte, sich nicht mehr verstecken zu müssen. Die weitere Therapie muss die Kunst sein, solche konkreten Zeichen, sozialpsychiatrische Hilfestellung für die Verbesserung der Arbeits- und Lebensumstände bereitzustellen und auf dieser Grundlage die Entwicklung einer verlässlichen inneren Objektwelt zu fördern, was sowohl unmittelbar angstreduzierend wirkt, aber auch den Zugang zu einer besseren Integration der komplex-fragmentarischen sozialen Wahrnehmung ermöglicht.

Dabei ist meine Erfahrung manchen früheren Vorurteilen ganz entgegengestellt: es gibt keinerlei Grund für einen therapeutischen Nihilismus, vielmehr sind Menschen mit Asperger-Syndrom bis weit ins mittlere Lebensalter hinein immens lernfähig und vielleicht in höherem Lebensalter zu weitergehender Entwicklung bereit, als andere Menschen. Und sich öffnende Psychoanalyse kann dazu die entscheidenden Anstöße geben.

Aber Menschen mit Asperger-Syndrom sind auch kontaktfähig, wenn der geeignete Rahmen dafür gegeben ist. So finden sich in Tübingen seit dem Sommer 2010 zahlreiche erwachsene Menschen mit Asperger-Syndrom zweiwöchentlich zu einer mehrstündigen Selbsthilfegruppe zusammen, in der durchaus intensive Emotionen gezeigt werden.

Schließlich wende ich mich entschieden gegen das Modell der unstrukturierten Festplattenspeicherung im Gehirn der Asperger-Patienten. Ihre Speicherung ist hochstrukturiert – allerdings anderen Gesetzen folgend als unsere. Es erfolgt nicht „keine“ Verarbeitung, sondern eben eine „andere“ Verarbeitung. Ohne Ahnung von dieser

Andersheit und ihrem impliziten Sinn wird mir kein Zugang, kein Blick auf diesen Menschen gelingen und damit auch keine wirkliche therapeutische Hilfe.

Man darf sich in der Arbeit mit ihnen nur nicht durch gezeigte Ablehnung oder Rückzug irritieren und zu angstmachendem Zupakken verführen lassen. Die sanfte, tastende Berührung ist der geeignete Zugang, der zugestandene Freiraum, der die eigene Entscheidung für den Kontakt ermöglicht. Dieser erfolgt nicht in Form offener Zustimmung oder stürmischer Annäherung, sondern trotz eigenen Wunsches mit den Worten „Na gut! Wenn's sein muss!“, wie die Standardantwort einer siebenjährigen Aspergerin lautet.

Aber gilt das nicht in ähnlicher Form für alle unsere jugendlichen Patienten oder jede psychoanalytische Deutung?

Anmerkungen

1 Tony Attwood 2007, deutsch 2008, S. 15.
2 Ebenda.
3 Ebd., S. 375.

Literatur

Adamo, Simonetta M. G. (2010): On not being able to enter Noah's Ark. Journal of Child Psychotherapy 36 (1), S. 48-60.

Attwood, Tony (2007): Ein ganzes Leben mit dem Asperger-Syndrom. Stuttgart (Trias).

Baron-Cohen (2002): The extreme male brain theory of autism. Trends in Cognitive Sciences 6, S. 248-254.

Britton, Benjamin (2010): unveröffentlichtes Vortragsmanuskript.

Bromfield, Richard (2000): It's the Tortoise Race: Long-term psychodynamic psychotherapy with an high-functioning autistic adolescent. Psychoanalytic Inquiry 20, S. 732-745.

Buber, Martin (1923): Ich und Du. In: Das Dialogische Prinzip. Heidelberg: (Lambert Schneider) 1984.

Frith, Uta, und Happé, Francesca (1999): Self-consciousness and Autism. What is it like to be autistic? Mind and Language 14, S. 1-22.

Hobson, Robert Peter (1993): Autism: The Development of Mind. Hove (Lawrence Erlbaum).

Kestenbaum, Clarice J. (2008): Autism, Asperger's and other oddities ... Thoughts about treatment approaches. Journal of the American Academy of Pychoanalysis and Dynamic Psychiatry 36 (2), S. 279-294.

Levinas, Emmanuel (2003): Die Zeit und der andere. Hamburg (Meiner).

Polmear, Caroline (2008): Finding the brigde: Psychoanalysis with two adults with autistic features. In: Barrows, Kate: Autism in Childhood and Autistic Features in Adults. London (Karnac Books).

Pozzi, Maria E. (2003): The use of observation in the psychoanalytic treatment of a 12-year-old boy with Asperger's syndrome. The International Journal of Psychoanalysis 84 (5), S. 1333-1349.

Rhode, Maria, und Klauber, Trudy (2004): The Many Faces of Asperger's Syndrome. London (Karnac Books).

Shuttleworth, Judy (1999): The suffering of Asperger children and the challenge they present to psychoanalytic thinking. Journal of Child Psychotherapy 25 (2), S. 239-265.

Joachim Heilmann

Menschen mit der Diagnose Asperger-Autismus. Psychoanalytisch-pädagogische Verstehenszugänge und Handlungsmöglichkeiten

Das Leben im Autismus ist eine miserable Vorbereitung für das Leben in einer Welt ohne Autismus.[1]

Daniel Tammet mag die deutsche Sprache. Sie sei „wie ein sauberer Raum mit perfekt rechtwinkligen Ecken", „aufgeräumt und geradeaus", zugleich „poetisch, transparent und elegant". „Nehmen Sie zum Beispiel Wörter wie *bisschen* oder *Löffelchen*; ich mag dieses angefügte *chen*."
Oder das Wort *Gras*: „Mir gefällt, dass der erste Buchstabe passt; Wörter mit G sind für mich grün", sagt der Brite und lächelt dieses ihm eigene feine Lächeln. Es ist Donnerstag vergangener Woche im Hamburger Hotel Wedina, und der 30-Jährige hat noch vier Tage Zeit. Dann will er, nach nur einer Woche Training, genug Deutsch gelernt haben, um bei der Talkshow „Beckmann" im Fernsehen fließend über Hirnforschung, Autismus und sein neues Buch zu parlieren.
Tammet ist ein Inselbegabter, ein Savant. Als Kind hatte er epileptische Anfälle. Ärzte diagnostizierten später das Asperger-Syndrom, eine milde Form des Autismus. Die Welt der Emotionen erschloss er sich durch hartes Training. Fremde Wörter und Zahlen hingegen fliegen ihm zu. Der Autist sieht Farben und Formen, wo für die meisten nur graue Wörter oder spröde Zahlen stehen. Er lernte 22514 Stellen der Kreiszahl Pi auswendig. Er weiß auf Anhieb, dass der 10. Januar 2017 ein Dienstag sein wird. Gleichzeitig wandert er leichtfüßig durch die kantigen Gebirge der Sprache.[2]

Auseinandersetzung mit Mythen

Seit Kanner 1943 und Asperger 1944 *Autismus* erstmals als ein eigenständiges Krankheitsbild eingeführt haben, ist zu diesem Themenkomplex viel geforscht, veröffentlicht und zum Teil sehr kontrovers diskutiert worden. Das hängt sicher damit zusammen, dass die Auseinandersetzung mit dem Phänomen *Autismus* offensichtlich auch bei um Wissenschaftlichkeit bemühten Psychologen, Pädagogen und Medizinern sehr unterschiedliche Gefühle auslöst. Die Bandbreite der Gefühle reicht von Faszination über Verwunderung und Ungläubigkeit bzw. Fassungslosigkeit bis hin zu Ärger, Wut, starkem Gekränktsein und Tötungsphantasien. Die exotische Ausstrahlung und Rätselhaftigkeit geht bereits auf die beiden Erstbeschreiber zurück. Asperger ordnete den sogenannten „autistischen Psychopathen" stark moralisch getönte Eigenschaften zu. Kanner, der den Begriff des „frühkindlichen Autismus" einführte, trug mit seinen Beschreibungen dieser Kinder ebenfalls zu dieser Entwicklung bei. *Happiest when left alone* unterstellte er ihnen zum Beispiel. Spätere Veröffentlichungen, z. B. von Malson, der von sogenannten „wilden Kindern" berichtete, von Kindern also, die angeblich außerhalb jeder menschlichen Gesellschaft entweder mit Tieren oder völlig isoliert und folglich ohne jede menschliche Erziehung aufgewachsen sein sollen, trugen ebenfalls zur Mythenbildung bei (vgl. Malson 1972; Bettelheim 1977).

Sprachlich kommt diese Tendenz zur Mythologisierung durch Formulierungen zum Ausdruck wie: Autisten leben in einem Schnekkenhaus; sie sind Gefangene in einer Festung; sie sind Fremde unter uns; sie sind Gefangene in ihrer eigenen Welt und unheimliche Fremdlinge; sie sind wunderschöne Kinder, die in einem Glashaus sitzen; sie leben in ihren Traumwelten, Muscheln und Schneckenhäusern; sie sind Gefangene in einer Welt der Fakten; sie leiden an einem Einsamkeitssyndrom; sie sind zur Einsamkeit geboren etc.

Neben der Mythenbildung auf der Symptomebene entstanden auch zunehmend Mythen die Ätiologie betreffend. So wird auch heute noch in Diskussionen immer wieder heftig darüber gestritten, ob die Mütter bzw. die Eltern schuld am Verhalten ihrer autistischen Kinder sind oder nicht (vgl. Kaufhold 1988). Ungeachtet der um mehr Sachlichkeit bemühten Arbeiten zu diesen Streitfragen, die inzwischen auch zur Genüge vorliegen, werden aber nach wie vor, insbesondere von Vertretern organzentrierter Theorien des Autismus, die alten Positionen gebetsmühlenartig, man kann auch sagen „stereotyp" wiederholt. Der Abwehrcharakter von diesen mythologisch gefärbten Positionen wird dadurch deutlich.

Ein verbreiteter Mythos bezüglich des Krankheitsbildes ist, dass dem autistischen Kind manchmal verborgene, außergewöhnliche Fähigkeiten zugesprochen bzw. unterstellt werden, die allerdings erst durch bestimmte exklusive Methoden und Verfahren sichtbar gemacht werden müssten. Unterstützt und genährt werden diese Phantasien und Projektionen durch spektakuläre Einzelfälle, die medienwirksam in Szene gesetzt werden (vgl. Sellin 1993). Im Zuge der Veröffentlichungen von Birger Sellin, die hierzulande die sogenannte *facilitated communication* (FC) populär gemacht haben, vermuteten nicht wenige Eltern plötzlich in ihren zum Teil schwer autistischen und sprachlosen Kindern unerkannte Genies. Auch der Film *Rain Man* hat neben seinem zweifelsohne vorhandenen aufklärerischen Wert ebenfalls zur Mythenbildung des Autismus beigetragen, indem in der Kunstfigur des Raymond Babbitt eine Reihe herausragender und jedermann beeindruckender Fähigkeiten vereint zur Darstellung gebracht wurde.[3]

Was ist Autismus?

Die Sichtung der Literatur zeigt, dass unterschiedliche Definitionen und Begriffsbestimmungen bezüglich Autismus z. B. in der Bundesrepublik, in Frankreich und im angelsächsischen Sprachraum mehr zur Verwirrung denn zur Klärung beigetragen haben. Nach Stork spielen bezüglich der Psychosen im Kindesalter Begriffe wie „frühkindlicher Autismus", „Autismus-Syndrom", „kindliche Psychose", „endogene Psychosen im Kindesalter" sowie „Schizophrenie im Kindesalter" eine besondere Rolle. So wird in der BRD gewöhnlich das „Autistische Syndrom" abgegrenzt vom Formenkreis der „endogenen Psychosen", worunter die „Schizophrenien" und „manisch-depressive" Erkrankungen im Kindesalter verstanden werden. Im angelsächsischen Sprachraum wird zwischen „frühkindlichem Autismus" und „kindlicher Psychose" bzw. „Schizophrenie" differenziert. Im Gegensatz zur französischen Kinder- und Jugendpsychiatrie finden psychodynamische Aspekte in der BRD überhaupt keine Beachtung (vgl. Stork 1994). Inzwischen wird zunehmend von Autismus-Spektrum-Störungen gesprochen (vgl. Bölte 2009).

Es drängt sich der Eindruck auf, bei dem Versuch, durchaus ähnliche, aber eben auch unterschiedliche bzw. verschiedenartige Zustandsbilder kindlicher Fehlentwicklungen in dem Begriff *Autismus* zusammenzufassen, seien eine Reihe von *Phantombildern* entstanden. Diese sind aber, je nach dem theoretischen Standpunkt des jeweiligen Betrachters, ganz unterschiedlich zusammengesetzt, auch wenn zum Teil dieselbe Terminologie benutzt wird. Das Problematische an Phantombildern ist nun aber, dass etwas eigentlich noch Unbekanntes sichtbar bzw. erkennbar gemacht werden soll, wobei man sich bemüht, aus bekannten Details Rückschlüsse auf ein Gesamtbild zu ziehen.

Es kann also festgehalten werden, dass im Umfeld des Autismus im Lauf der Jahre eine Reihe von Mythen entstanden sind. Diese Mythen beziehen sich zum Teil auf das Krankheitsbild selbst, aber auch auf bestimmte Mutterbilder, auf die Frage nach den Ursachen, nach der „Schuld" und, *last but not least*, auch auf die Rolle des Therapeuten bzw. professionellen Helfers. Die bewusste Auseinandersetzung mit diesen Mythen ist auch immer wieder ein wichtiger Bestandteil der Zusammenarbeit mit den Eltern autistischer Kinder.[4]

Besonders in den Blickpunkt geraten sind in letzter Zeit offensichtlich die autistischen Menschen mit Asperger-Autismus. Ich arbeite seit 1985 einzeltherapeutisch mit autistischen Kindern, Jugendlichen und Erwachsenen und habe inzwischen den Eindruck gewonnen, dass noch nie so häufig die Diagnose Asperger-Autismus gestellt wurde wie in jüngster Zeit. Ob das an einer verbesserten Situation z. B. hinsichtlich der Früherkennung oder an einem gesellschaftlich bedingt häufigeren Auftreten dieses Krankheitsbildes liegt, vermag ich nicht zu beurteilen. Das Erscheinungsbild der betroffenen Kinder und Jugendlichen ist aber keineswegs so einheitlich, wie man das vielleicht erwarten könnte. Vielmehr ist die Bandbreite sehr groß. „In der Regel sind es ja die ausgeprägten und oftmals verblüffenden isolierten Fähigkeiten im Hinblick auf die Spezialinteressen, die die Aufmerksamkeit der Öffentlichkeit erregen, die jedoch nur bei einem geringen Prozentsatz der Menschen mit Asperger-Syndrom auch tatsächlich vorliegen. Autistische Personen mit Asperger-Syndrom sind aber nicht nur die Kreativen oder Begabten, als die sie oft dargestellt werden. Sie leiden oft entsetzlich unter ihrer Situation, unter ihrer Andersartigkeit und Isolation" (Preißmann 2007, 14).

Was ist Asperger-Autismus?

Als „Extremvariante des männlichen Charakters" bezeichnete Hans Asperger die frühkindliche Störung, die er 1944 erstmals mit dem Begriff „Autistische Psychopathie" in die Literatur einführte. Das lag daran, dass er ausschließlich Jungen mit den spezifischen Auffälligkeiten vorgefunden hatte. Ein Hauptmerkmal der „Autistischen Psychopathie" ist die im Gegensatz zum Kanner-Autismus (frühkindlicher Autismus) vergleichsweise früh beginnende Sprachentwicklung, wobei die Sprache aber nicht im eigentlichen Sinne kommunikativ eingesetzt wird. Im motorischen Bereich wurden diese Kinder als ungelenk beschrieben. Asperger beschrieb sie zudem als „prinzenhaft“ im Aussehen mit „aristokratisch geschnittenen Gesichtszügen“ (wobei man sich natürlich fragen kann, an welches Königshaus er dabei gedacht haben könnte). Gemeint hat er damit aber sicherlich den Umstand, dass man autistische Kinder nicht an einem besonders auffälligen äußeren Erscheinungsbild erkennen kann. Zudem attestierte er ihnen einen „Hang zu Boshaftigkeit“, was aus heutiger Sicht eine eher unzulässige, moralisch getönte Beschreibung darstellt und als Resultat einer Gegenübertragung auf sadistische Regungen des Autisten verstanden werden kann. Ätiologisch führte Asperger diese Persönlichkeitsstörung, die „Autistische Psychopathie“, nicht auf umweltbedingte, ungünstige Erziehungseinflüsse, sondern auf genetische Ursachen zurück. Häufig hatten diese Kinder Väter, die zumindest in leichter Form ebenfalls autistische Züge zeigten. „Nein, daß diese Kinder autistisch sind, liegt nicht an den ungünstigen Erziehungseinflüssen, denen ein geschwisterloses Kind ausgesetzt ist, sondern ist in den von den ebenfalls autistischen Eltern ererbten Anlagen begründet“ (Asperger 1944, zit. nach Rödler 1983, 35).

Asperger-Autismus wird zu den „tiefgreifenden Entwicklungsstörungen“ gezählt, und es wird davon ausgegangen, dass er ebenso wie die anderen Erscheinungsformen des Autismus-Syndroms

- Kanner-/frühkindlicher Autismus
- atypischer Autismus
- High-functioning-Autismus

„multifaktoriell“ verursacht wird. Das bedeutet: Es müssen immer eine Reihe von unterschiedlichen Faktoren wie z. B.

- genetische Disposition
- organische Schädigung
- psychogenetische Faktoren

in besonders negativer Weise zusammenkommen, damit es zu einer solch extremen Entgleisung in der Persönlichkeitsentwicklung kommt.[5] Eine differentialdiagnostische Abgrenzung ist mitunter sehr schwierig, da die Übergänge zwischen den verschiedenen Formen des Autismus-Syndroms zum Teil fließend verlaufen.

Wie bereits erwähnt, ist es schwierig, die Störungen von Kindern mit „High-functioning“-Autismus von jenen mit einem Asperger-Syndrom zu unterscheiden. Unter „High-functioning“-Autismus (Autismus mit hohem Funktionsniveau) werden die Störungen von Kindern mit frühkindlichem Autismus (Kanner-Syndrom) zusammengefaßt, die über eine gute intellektuelle Begabung verfügen, aber gleichwohl die charakteristischen Symptome des frühkindlichen Autismus aufweisen. Wenn die Vorstellung von Gillbergs (1998) zutrifft, daß es in manchen Fällen angemessen ist, zu einem Zeitpunkt Autismus und zu einem anderen Zeitpunkt ein Asperger-Syndrom zu diagnostizieren, dann ist eine klare Differenzialdiagnose unmöglich (Remschmidt 2002, 46 ff.).

Behandlung und Therapie

Asperger empfahl zwei Grundprinzipien:

- Die Kommunikation mit dem Autisten solle mit „abgestelltem Affekt" erfolgen.
- Die Sonderinteressen sollten gefördert werden und auf Disziplinforderungen sollte möglichst verzichtet werden, um Konflikten aus dem Weg zu gehen.

Zudem sollten Regeln und Normen nicht persönlich begründet, sondern als gemeingültig vermittelt werden. Bei einer derartigen Vorgehensweise könnte sich allmählich eine Beziehung zum Autisten entwickeln.

Auch aktuell fallen die fachlichen Empfehlungen zur pädagogisch-therapeutischen Behandelbarkeit der Menschen mit Asperger-Syndrom üblicherweise sehr nüchtern aus. Psychotherapeutischen Ansätzen im Allgemeinen und psychoanalytischen Ansätzen im Besonderen wird mit großen Ressentiments und Skepsis begegnet. Es überwiegen die Empfehlungen, die Verhaltensmodifikationen als primäre Zielsetzung haben, sowie sogenannte Sozialtrainingsprogramme, die jedoch als ergänzende Maßnahmen im Einzelfall sehr sinnvoll sein können. Remschmidt (2002, 37) ist ein typischer Vertreter dieser Sicht:

> Derzeit gibt es keine wirksamen Therapiemethoden, mit denen die Ursachen der Störung behandelt werden könnten. Daher ist die Behandlung immer unterstützender und symptomatischer Art. Falls Medikamente angewandt werden, so richtet sich die Dosierung der Medikation nach den Maßgaben für die Behandlung des frühkindlichen Autismus unter Berücksichtigung des Alters, des Entwicklungsstandes und der individuellen Gegebenheiten des Einzelfalles.

Neuere Erkenntnisse der neurobiologischen Forschung korrigieren diese Einschätzung. Das Gehirn ist kein passives Verdauungs- und

Verarbeitungsorgan von Umwelteinflüssen, sondern ein aktives Aufnahmeorgan, das Umweltinformationen in eigener spezifischer Weise verarbeitet. „Wahrnehmungsstörungen" können somit ebenfalls als Ergebnis komplexer Rückkopplungs- und Neuorganisationsprozesse des Gehirns verstanden werden (vgl. Roth 1999). Die Bedeutung von zwischenmenschlichen Beziehungen nicht nur für körperliche Abläufe, sondern auch für die Regulation der Genaktivität, ist inzwischen hinlänglich erforscht und nachgewiesen worden. Gene spulen nicht unabhängig von Umweltfaktoren ihr determiniertes Programm ab, sie sind keine „Autisten" (vgl. Bauer 2002). „Gene steuern nicht nur, sie werden auch gesteuert" (Bauer 2002, 20). Bauer beschreibt, dass mithilfe von bildgebenden Verfahren, z. B. Positronen-Emissions-Tomographie (PET), die Auswirkungen von Psychotherapie neurobiologisch sichtbar gemacht werden konnten. „Wie hier ausführlich dargestellte Ergebnisse neuerer Studien zeigen, wirkt Psychotherapie nicht nur auf die Seele, sondern auch auf neurobiologische Strukturen. Psychotherapie kann dazu führen, dass sich neurobiologische Veränderungen, die sich begleitend zu einer seelischen Gesundheitsstörung entwickelt haben, zurückbilden. So gesehen, ist Psychotherapie eine Heilmethode, die nicht nur die Seele, sondern auch den Körper erreicht" (Bauer 2002, 220). Mit diesen Erkenntnissen wird eine Grundannahme der Psychoanalyse inzwischen neurobiologisch unterstützt und belegt. Bereits Balint hatte auf den curativen, d. h. heilenden Faktor der konkreten Interaktion zweier Menschen hingewiesen: „Alle Vorgänge, die schließlich zu therapeutischen Veränderungen in der Seele des Patienten führen, werden durch Geschehnisse in einer Zweier-Beziehung ausgelöst, d. h. durch etwas, was im wesentlichen zwischen zwei Menschen geschieht und nicht nur im Inneren des einen von ihnen" (Balint 1973, 18).

Was heißt das für die pädagogisch-therapeutische Arbeit?

Damit kommen wir jedoch zu einem zentralen Problem autistischer Menschen, nämlich deren Schwierigkeit, um nicht zu sagen Unfähigkeit, sich in andere Menschen einzufühlen bzw. sich in fremden, bedrohlich erlebten, angsterzeugenden Situationen an den erkennbaren Affekten von vertrauten Personen zu orientieren, wie dies, durch Ergebnisse der Bindungsforschung belegt, eigentlich zur Grundausstattung des Menschen gehört. Autistische Kinder sind möglicherweise bereits von Geburt an in ihren Kompetenzen derart beeinträchtigt und eingeschränkt, dass sie, unabhängig von ihrem jeweiligen sozialen und emotionalen Umfeld, ganz andere Grundbedingungen mitbringen als gesunde Kinder. Das könnte in einer Störung des Systems der Spiegelneuronen begründet sein, die das Lesen, Einfühlen und Verstehen der Gedanken, Gefühle und Intentionen anderer Menschen ermöglichen (vgl. Gerspach 2009). Möglicherweise ist das autistische Kind generell oder doch zumindest eine spezielle Gruppe von autistischen Kindern von Geburt an in dem Sinne inkompetent, dass es gar nicht die affektiv-kognitiven Voraussetzungen mitbringt, die notwenig sind, zur Verfügung stehende Bezugspersonen im Hinblick auf ein entwicklungs-förderndes Containment zu nutzen (vgl. Heilmann 2003). Die Fähigkeit zu sozialem Referenzieren – d. h. Sich-beziehen-Können – wird bei einer ungestörten Entwicklung bereits gegen Ende des ersten Lebensjahres erworben. Damit gemeint ist das Phänomen, dass sich Säuglinge etwa ab dem achten, neunten Monat in unvertrauten Situationen an den Verhaltensweisen, den erkennbaren affektiven Reaktionen ihrer Bezugspersonen orientieren. Das Kind kann sich bereits zu diesem frühen Zeitpunkt z. B. bei seiner Mutter rückversichern, wie die Unsicherheit erzeugende Situation oder ein Unsicherheit erzeugendes Objekt zu bewerten ist. Im Rahmen der Säuglings- und Kleinkindforschung konnte festgestellt werden, dass das Kind die jeweiligen Haltungen und Reaktionen übernimmt. Also ob die Mutter entweder ängstlich, verunsichert oder ruhig und gelassen in bestimmten Situationen reagiert. Das soziale Referenzieren ist ein wichtiger Bestandteil der emotionalen Entwicklung eines Kindes. Das Kind lernt durch das Beobachten der Reaktionen der Mutter Situationen zu bewerten. Das soziale Referenzieren spielt auch eine wichtige Rolle in der Entwicklung der *Theory of Mind*. Durch Mentalisierungsprozesse, d. h. die Fähigkeit, den Anderen und sich selbst als Wesen mit geistig-seelischen Zuständen zu verstehen, können Annahmen und Vorstellungen von Bewusstseinsvorgängen bei anderen Personen entwickelt werden. Dabei handelt es sich um die Fähigkeit, im Anderen Gefühle, Bedürfnisse, Absichten, Erwartungen etc. vermuten zu können, den Anderen und sich selbst als Wesen mit geistig-seelischen Zuständen zu verstehen. Diese Fähigkeit kann nicht nur als Reifungserrungenschaft verstanden werden, die sich aufgrund bestimmter Module im Gehirn unter normalen Umweltbedingungen irgendwann einstellt, sondern sie ist in hohem Maße von der Qualität der Primärbeziehung abhängig. Mentalisierung setzt voraus, dass der Säugling die Erfahrung machen kann, seine

Affekte von seinen Bezugspersonen gespiegelt zu bekommen. Der Säugling muss die elterlichen Äußerungen auf sich und seine Zustände beziehen können (vgl. Dornes 2006). Es geht um „Fähigkeiten also, die Individuen dazu befähigen, erfolgreich an sozialen Interaktionen teilzunehmen. Menschen mit Autismus zeigen hier in der Regel doch deutliche Defizite“ (Preißmann 2007, 13). Das bedeutet für jedes pädagogisch-therapeutische Herangehen, dass speziell an und mit diesen Defiziten gearbeitet werden muss.

Der psychoanalytisch-pädagogische Ansatz – oder: Wer nichts versteht, kann nichts verändern

Zahlreiche Veröffentlichungen von psychoanalytisch orientierten Autoren über ausführlich beschriebene Behandlungsverläufe von autistischen Kindern, Jugendlichen und Erwachsenen liefern wichtige und hilfreiche Hinweise dafür, dass die therapeutische Herangehensweise keineswegs auf technisch herbeigeführte Symptom- und Verhaltenskorrekturen beschränkt bleiben muss (vgl. Bettelheim 1977; Tustin 1989; Mahler 1992; Alvarez 2001). Ich habe in meiner Arbeit gute Erfahrungen mit analytisch orientierten gesprächs- und spieltherapeutischen Angeboten gemacht, die individuell allerdings modifiziert gehandhabt werden müssen. Die Spiel- und Symbolisierungsfähigkeit ist bei autistischen Kindern, Jugendlichen und auch noch bei Erwachsenen nur in Ansätzen vorhanden. Auch bei jüngeren Kindern mit Asperger-Autismus ist ein symbolisches Spielverhalten nur äußerst selten zu beobachten. Diese Spielunfähigkeit ist deshalb auch als ein wichtiges diagnostisches Erkennungsmerkmal beschrieben worden (vgl. Tustin 1988). Vorhandene Fähigkeiten und Anzeichen dafür sollten daher aufgegriffen und unterstützt werden, um das Kind in seiner Symbolisierungsfähigkeit zu fördern und damit das Handlungs- und Reaktionsspektrum zu erweitern. Häufig dominiert ein konkretistisches Denken und Erleben, und es lassen sich symbolische Gleichsetzungen beobachten. Damit ist der von Hanna Segal eingeführte Begriff gemeint, der beschreibt, dass das Symbol mit dem symbolisierten Objekt „gleichgesetzt und so behandelt wird, als sei es tatsächlich das Original“ (Hinshelwood 1993, 643 ff.). Ein sehr einfaches Beispiel: Schlägt man einem Autisten vor, wenn er müde ist, könne er sich doch aufs Ohr hauen, kann es passieren, dass er entsetzt antwortet: „Nicht aufs Ohr hauen!“ Oder als ich einmal einen jugendlichen Klienten aufforderte, er könne doch versuchen, bezüglich einer für den Deutschunterricht geforderten Interpretation eines Gedichts, „zwischen den Zeilen zu lesen", antwortete er mir mit den Worten: „Ha, der Heilmann spinnt. Zwischen den Zeilen steht doch gar nichts!" Die verbale Kommunikation mit diesen Kindern und Jugendlichen verläuft jedenfalls nach sehr autismusspezifischen Gesetzen ab und ist oft durch skurrile Dialoge gekennzeichnet. Ein weiteres Beispiel: Ein jugendlicher Asperger-Autist antwortete mir auf meine Frage, was er am vergangenen Wochenende gemacht habe, er habe einen „Cowboy-Film" gesehen. Ich fragte weiter: „Was ist in dem Film passiert?" Er: „Da hat einer einen Mann erschossen." Ich: „Warum hat er das gemacht?" Er: „Weil er ein Gewehr dabeigehabt hat." Auch dies ist ein Beispiel für sehr reduziertes und konkretistisches Denken und einer sehr eigenen Logik folgenden Argumentation.

Die Reflexion der Gegenübertragungsreaktionen ist neben dem Konzept des „Szenischen Verstehens" (vgl. Trescher 1985) für uns ein wichtiger Verstehenszugang. Dieses Konzept geht davon aus, dass unbewältigte frühkindliche Beziehungserfahrungen infolge des Wiederholungzwangs (Freud 1920) gerade auch in pädagogischen Situationen szenisch wiederbelebt werden.

Manchmal fühlt man sich in einem Dialog mit Asperger-Autisten wie plötzlich abgehängt, weil keine weiteren Antworten mehr kommen, eben noch stattgefundene Dialoge abrupt abgebrochen werden oder ein nicht nachvollziehbarer plötzlicher Themenwechsel stattfindet. Oder Gespräche können sehr ermüdend verlaufen, weil immer wieder dieselben Themen in bereits bekannter und oftmals wiederholter Weise angesprochen und behandelt werden. Eine anfängliche Faszination z. B. über beeindruckende Detailkenntnisse zu bestimmten Gebieten kann sehr schnell verfliegen, wenn sie in stereotyper und in scheinbar sinn- oder zusammenhangloser Weise oder auch sinnentfremdeter Art wiederkehren. Dasselbe gilt auch für bestimmte Fähigkeiten wie die prompte Zuordnung von Wochentagen zu bestimmten Daten (s. a. auch vorangestelltes SPIEGEL-Zitat über Daniel Tammet). In Anlehnung an den Begriff der Pseudo-Debilität könnte man hier sogar in manchen Fällen von einer Pseudo-Intelligenz sprechen, handelt es sich doch manchmal um ein „totes Wissen", d. h., es dient mehr einer momentanen Realitätsbewältigung, einem generellen Abwehrverhalten als dem Aufbau oder der Weiterentwicklung von sozialen und psycho-emotionalen Kompetenzen. Die autistische Symptomatik macht es erforderlich, dass wir uns in der pädagogisch-therapeutischen Situation weniger abstinent und viel strukturierender, eingreifender und aktiver verhalten müssen, als dies sonst üblich und angemessen ist. Autistische Menschen zeigen sich schnell überfordert, wenn man sich selbst zu zurückhaltend, zurückgenommen und passiv verhält. Man muss jedoch sehr stark darauf achten, dass das Handeln und Sprechen nicht im Dienste der eigenen Abwehr steht. Gefühle von Leere, Langeweile, Sich-überflüssig-Vorkommen, Rat- und Sinnlosigkeit, narzisstische Kränkungen stellen sich im Kontakt mit autistischen Menschen sehr schnell ein. Deren Verhalten kann sehr schroff, rigoros, rücksichtslos und verletzend sein, sodass es manchmal einiges an Überwindung kostet, das Beziehungsangebot, den fördernden Dialog, wie wir es in Anlehnung an Leber nennen, aufrechtzuhalten. Einen fördernden Dialog, der in einem dialektischen Wechselspiel zwischen Halten und Zumuten eingebettet sein muss (vgl. Leber 1988). Die häufig stark ausgeprägte Zwangssymptomatik (Kontrollzwang) stellt dabei ein manchmal nur schwer zu überwindendes und aushaltbares Hindernis dar. Im Gegensatz zum Zwangsneurotiker, der an Denkstörungen und Grübelzwang leidet und eine magische Grundeinstellung zu Zahlenkombinationen, Farben etc. entwickelt, leidet der Zwangscharakter, der ein affektiver Selbstversorger ist, bekanntlich nicht an seinen Verhaltensweisen. Diese werden von ihm Ich-synton, d. h. nicht wesensfremd, erlebt. Das bedeutet: Die Umwelt, nicht er selbst, leidet an seinem Verhalten. Einer meiner Klienten drehte den Spieß irgendwann einmal um und erklärte mich für „verrückt" und therapiebedürftig, als ich ihn zu stark mit kritischen Bemerkungen bezüglich seines Verhaltens konfrontierte. Anderen ehemaligen Klienten war ihr Leidensdruck allerdings durchaus bewusst.

Ein wichtiges Ziel in der pädagogisch-therapeutischen Arbeit mit autistischen Klienten besteht deshalb auch manchmal darin, zunächst einmal eine Einsicht in die Notwendigkeit zu Verhaltensänderungen zu bewirken oder sogar Leidensdruck erst aufzubauen. Dieser kann z. B. dadurch erzeugt werden, dass man sie in zwar erträglicher, aber auch beharrlicher Weise mit realen Anforderungen konfrontiert, sei es in verbaler Weise oder auch auf der Handlungsebene. Diese Konfrontationen dürfen aber auch wieder nicht zu massiv sein, damit sie nicht den gegenteiligen Effekt, nämlich massive Mobilisierung der Abwehr auslösen. Es bietet sich oft an, mithilfe von konstruktiven Irritationen, d. h. mit erkennbaren, aber noch erträglichen Abweichungen von den erwarteten Verhaltens- und Reaktionsmustern des autistischen Kindes bzw. Jugendlichen zu arbeiten. Ziel ist immer: so viel wie möglich mit „Normalität" zu konfrontieren, aber immer unter Berücksichtigung dessen, was erträglich und aushaltbar ist. Und das lässt sich eigentlich nicht verallgemeinern, sondern muss erst im unmittelbaren Kontakt, im gemeinsamen Erleben von bestimmten Situationen und Konflikten etc. herausgefunden werden. Hilfreich ist auch hier das Konzept des „Szenischen Verstehens“ (s. o.). Autismusspezifisches Wissen auf Seiten des Professionellen spielt dabei natürlich eine herausragende Rolle, ist jedoch für sich allein genommen nie ausreichend. Das Wissen über Zugangsmöglichkeiten zu einem bestimmten Kind, Jugendlichen oder jungen Erwachsenen muss immer erst im persönlichen und direkten Kontakt vom professionellen Helfer erarbeitet werden.

Hilfreich für das Verständnis von nicht immer sofort nachvollziehbaren Verhaltensweisen des autistischen Kindes bzw. Jugendlichen mag in diesem Zusammenhang der Ansatz von Tinbergen/Tinbergen sein, die davon ausgehen, dass das autistische Kind an einer „angstdominierten emotionellen Gleichgewichtsstörung“ leidet, d. h., sich in einem extrem ambivalenten Gefühlszustand bezüglich Nähe und Distanz befindet (vgl. Tinbergen/Tinbergen 1984). Dies trifft m. E. auch in vielen Fällen auf Asperger-Autisten zu. Auch hier wird wieder deutlich, wie wichtig es ist, die Symbolisierungsfähigkeit zu fördern, bildet diese doch eine wichtige Voraussetzung für die Bewältigung von Ängsten und adäquate Konfliktverarbeitungsmöglichkeiten. Wie ein Kind sich im Verlauf einer Therapie in sehr aktiver Weise seinen ambivalenten Gefühlen mithilfe einer beschützenden Begleitung nähern kann, soll folgendes Beispiel verdeutlichen: Ein sechsjähriger Vorschuljunge hatte eine starke Fixierung auf das Thema Kirchen und Glocken entwickelt. Er konnte z. B. einzelne Kirchen am Klang ihrer Glocken erkennen. Gleichzeitig zeigte er jedoch eine große Angst, wenn er zu sehr mit läutenden Glocken in Berührung kam. Interessanterweise verlangte er aber immer wieder, dass ich mit ihm zu bestimmten Kirchen fuhr. Dann konnte er energisch von mir verlangen, das Fenster herunterzulassen, damit er die Glocken besser hören konnte, um im nächsten Moment aber zu schreien: „Fahr weiter! Ich krieg eine Panikattacke!“ Man kann sagen, dieser Junge inszenierte im Grunde unbewusst sein eigenes Desensibilisierungsprogramm. Mit meiner Hilfe näherte er sich stufenweise dem angstauslösenden Objekt. Er initiierte damit praktisch ein verhaltenstherapeutisches Vorgehen, wie es zum Abbau von Phobien üblich und sinnvoll ist.

Die Dosierung der Zumutungen bzw. der schützenden und beschützenden Maßnahmen kann nicht in verallgemeinerbarer Weise vorgenommen werden. Was für das eine Kind zu viel ist, kann für das andere zu wenig sein. Was dabei ebenfalls eine große Rolle spielt und beim professionellen Handeln immer berücksichtigt werden muss, ist der Ort bzw. die Situation, in der dies geschieht. Eine Schulsituation ist etwas anderes als eine Therapiesituation. Eine Gruppensituation ist etwas anderes als eine Einzelsituation. Und: Einem Kind, das mich schon länger kennt und mich in verschiedenen Situationen erlebt hat, kann ich etwas anderes zumuten, als einem Kind, das erst seit Kurzem zu mir kommt.

Fallbeispiel

Biographischer Hintergrund

Herr U. wurde als uneheliches Kind geboren. Er glaubte, dass sein Vater bei seiner Geburt gestorben sei. Nach den Angaben der Mutter war der Vater jedoch an den Folgen eines Unfalls gestorben, als Herr U. sechs Jahre alt war. Die Mutter hatte nach Auskunft von Herrn U. in der Vergangenheit sämtliche Antworten auf Fragen nach seinem Vater verweigert. Sie habe ein Sprechen über den Vater kategorisch abgelehnt. Als Herr U. acht Jahre alt war, bekam er einen Stiefvater, der viele Jahre älter war als seine Mutter. Er hat sich mit dem Stiefvater nie gut verstanden. Dieser war sehr streng und hat ihn oft verprügelt. Herr U. wurde früh verhaltensauffällig und verbrachte mehrere Jahre außerhalb des Elternhauses in Heimen und Internaten. Damit verbunden waren auch diverse Schulwechsel. Bereits im Kindesalter wurde bei ihm die Diagnose Asperger-Autismus gestellt. Zum Zeitpunkt des Therapiebeginns arbeitete er in einer Werkstatt für Behinderte und wohnte in einem Wohnheim für Behinderte. Die Beziehung zu seiner Mutter war hoch ambivalent. Immer wieder traten seine Hassgefühle ihr gegenüber sowohl in offener als auch in verschlüsselter Weise in Erscheinung. Emotional war er noch sehr abhängig von ihr (vgl. Heilmann 2004).

Therapie

Zu Beginn der Therapie war Herr U. 23 Jahre alt. In Absprache mit seiner Mutter war vereinbart worden, dass er einmal pro Woche selbstständig mit öffentlichen Verkehrsmitteln zur Therapie kommen sollte. Nach einem Jahr musste die Therapie beendet werden, weil der Kostenträger eine weitere Finanzierung der Therapie ablehnte. Es handelte sich bei ihm um einen in vielerlei Hinsicht bereits *aufgebrochenen* Autisten, was sich besonders in seiner begonnenen aktiven Hinwendung zur äußeren Welt zeigte. Sein autistisches Rückzugsverhalten auf seine innere Welt war dagegen deutlich schwächer geworden.

In der Anfangsphase der Therapie sprach Herr U. in sehr verständlicher Weise, geordnet und zusammenhängend über seine Probleme, Symptome und Erlebnisse. Ungewöhnlich war sein Wunsch, dass während der Stunden immer ein Tonband mitlaufen sollte. Es genügte ihm zu wissen, dass ich die Bänder für ihn aufbewahrte. Nur in einigen wenigen Ausnahmen hörten wir uns bestimmte Passagen zu einem späteren Zeitpunkt noch einmal gemeinsam an. Der äußere Handlungsrahmen bezüglich der Einhaltung von Raum, Zeit und bestimmten Grundregeln war von mir festgelegt worden. Es war unvermeidlich, dass wir auch darüber immer neu verhandeln mussten. Bezüglich der inhaltlichen Gestaltung gestattete ich Herrn U. weitestgehende Freiheiten und stellte mich ihm zur Verfügung (soweit es ein für mich erträgliches Ausmaß nicht überstieg). Herr U. brachte zuerst fast jede Woche ein anderes Thema ein. Manchmal schrieb er in meiner Anwesenheit zunächst etwas auf. Dann las er mir seinen Text entweder vor, oder er verlangte von mir, dies für ihn zu tun. Dann wieder brachte er eine bestimmte Fragestellung ein, über die wir dann sprachen, z. B. Fragen bezüglich seiner Zwangssymptome, seines Andersseins, seiner Hundephobie, seiner Schwierigkeiten am Arbeitsplatz und im Wohnheim, seines Interesses für Sex- und Pornohefte etc.

Von der ersten Stunde an ging er in sehr engen, nahezu distanzlosen Kontakt zu mir und lotete so genau wie möglich seine Möglichkeiten und meine Bedingungen aus. Fragen meinerseits, die zu sehr von seinen eigenen Gedankenabläufen abwichen, irritierten und störten und überforderten ihn offensichtlich. Oft wurde er während der Gespräche sehr unruhig, musste aufstehen und umherlaufen und wiederholte immer wieder bestimmte Fragen. Aus seinen Fragen ließen sich leicht die emotional brisanten Themen herauslesen, die ihn beschäftigten. So fragte er einmal: „Kennen Sie auch Autisten, die laut schreien? Sind Sie schon einmal angegriffen worden? Es gibt Autisten, die suchen sich die privaten Telefonnummern ihres Therapeuten raus und reden dann sehr lange am Telefon. Haben Sie so etwas auch schon erlebt? Kennen Sie auch Autisten, die wie *Rain Man* immer eine bestimmte Fernsehsendung sehen wollen?“

Während einer Stunde im zweiten Drittel der Therapie brachen die in ihm aufgestauten Wut- und Hassgefühle gegen seine Mutter in geballter Form aus ihm heraus. Seine verbalisierten aggressiven Phantasien richteten sich jedoch gegen seine Kontakterzieherin im Wohnheim, von der er sich zurückgewiesen und im Stich gelassen fühlte. Diese Erzieherin hatte seinen idealisierenden Übertragungen nicht entsprechen können und dadurch barbarische narzisstische Wut und massive Gewaltphantasien in ihm ausgelöst. Seine positive Übertragung kippte um in eine negative, das zuvor idealisierte Objekt (die Erzieherin) konnte von ihm nur noch böse, verfolgend und zerstörerisch erlebt werden (vgl. Trescher 1985).

Da, wie bereits erwähnt, alle Stunden auf Tonband aufgenommen wurden, kann ich einige seiner hasserfüllten Äußerungen wortgetreu wiedergeben. Er brachte seine Hasstiraden wie ein amerikanischer TV-Prediger in verlogener und pathetischer Weise hervor und hatte dabei teilweise ein breites und selbstgefällig wirkendes Grinsen im Gesicht:

> Es geht genauer gesagt darum, dass ich – äh – im Heim eine bestimmte Erzieherin hab, und da hab ich glaub ich, ich weiß nich, ich glaub, ich hab letzte Stunde mit Ihnen darüber geredet, dass ich ne bestimmte Erzieherin hab, über die ich manchmal, die ich manchmal, die ich manchmal nicht, die ich überhaupt nicht gut finde. Nach außen hin tu ich aber freundlicher und, und in meiner Phantasie möchte ich sie am liebsten quälen ... Möchte ich, möchte ich sie am liebsten quälen, weil, äh, das hat damit zu tun, sie hat vor, als ich neulich vom ... gekommen bin, das war '92, da hat sie sich als Kontakterzieherin für mich angeboten, und da hat und da hat, war ich dann froh, ne Kontakterzieherin zu haben, da hab ich mich mit ihr gut verstanden, ich hatte eine Vertrauensbasis zu ihr aufgebaut, und von heute, von einem auf den anderen Tag hab ich dann so vom Heimleiter erfahren, dass sie gesagt hat, ja, er hätte jetzt, er hätte mich jetzt zu betreuen, das ginge deswegen nicht, dass diese Erzieherin mich weiterhin betreut, weil sie, ähm, weil diese Erzieherin halt noch etliche andere Jugendliche zu betreuen hat. Deswegen war für mich dann kein Platz mehr da. Das genau ist der Punkt, worüber ich mich dann meistens, äh, innerlich verletzt fühle ..., dass ich dann irgendwie von Leuten, in die ich Vertrauen gesetzt hab, dass werd ich dann von derartig enttäuscht werde, dass ich dann denke, dass ich dann denke, die haben meine Freundschaft nicht verdient, die müssten dafür, dass sie sich, dass sie sich so link und hinterhältig verhalten haben, müssten sie bestraft werden ... Das ist so wegen dem Qualgedanken. Ich stell mir manchmal auch blöde Situationen, ich stell mir dann auch manchmal gemeine Situationen vor, indem ich mir z. B. vorstelle, indem ich mir z. B. vorstelle, dass diese Person sich halt kindisch benimmt oder dass ich in meiner Phantasie mir vorstelle, dass sie mit irgendeinem Benehmen in der Öffentlichkeit auffällt, dass sich alle Leute umgucken.

Die möchte ich am liebsten in die Hölle schicken, die soll in der Hölle schmoren, in der Hölle braten soll se. Soll, soll, soll von Sünden geplagt werden, von quälenden Gedanken geplagt werden, dass sie, dass sie nicht mehr schlafen kann. So was soll mit ihr passieren, genau das!

Sie soll leiden (lauter). Sie soll leiden! Leiden soll sie. Leiden, leiden, leiden! Leiden wie der Jesus am Kreuz gehangen hat ... Das ist wie im Mittelalter (predigend, lauter werdend) ... Der Mensch muss Buße tun, für das, was er Schlechtes verbrochen und anderen, einem anderen Menschen getan hat. Dafür muss er Buße tun, Buße tun muss er dafür!

Diese Frau muss das spüren, ganz gnadenlos spüren muss sie das! ... Mit körperlicher Strafe, seelischer Strafe und Leiden. Diese drei Sachen zusammengemischt, daran soll sie leiden! Damit soll sie sich quälen.

In der Seele muss es brennen. Erst wenn sie sich soweit gequält hat, bis sie sagt: Ich halt's nicht mehr aus, hör ... dann lass ich davon ab. Aber vorher möchte ich nicht aufhören, da muss der Mensch Buße tun, das muss genauso laufen, so muss es dann machen!

Meine Reaktion auf die Stunde

Nach der oben geschilderten Stunde blieb ich mit einem sehr mulmigen Gefühl zurück. Die Art und Weise, in der Herr U. seine Hasstiraden und seine sadistischen Phantasien bei mir abgeladen hatte, hatte mich genauso stark berührt wie deren Inhalte. Die Heftigkeit seiner Äußerungen traf mich völlig unvorbereitet, da Herr U. bis dahin überwiegend überlegt, sachlich und kontrolliert über seine verschiedenen Themen gesprochen hatte. Nun fragte ich mich, wie sehr seine deutlich hervorgetretenen Hassgefühle gegen seine Erzieherin, seine brutalen Phantasien und die Gnadenlosigkeit und Selbstgerechtigkeit, in der er sie zum Ausdruck gebracht hatte, auch als ein ernst zu nehmender Hinweis darauf zu sehen wären, dass die betroffene Erzieherin in wirklicher Gefahr sein könnte.

Ich war dermaßen geschockt über seine Äußerungen, dass ich mir vorstellen konnte, dass seine Kränkung so stark war, dass er seine sadistischen Phantasien auch in die Tat umsetzen könnte. Es war mir nur ein schwacher Trost zu glauben, dass er es vielleicht nur deshalb nicht machen müsste, weil er seine aufgestauten Hass- und Wutgefühle bei mir abgeladen hatte.[6] Hilfreich war mir in der Situation, dass ich bald die Möglichkeit hatte, meinerseits den Druck im Rahmen einer Einzelsupervision abgeben zu können. Ich entschied mich dafür, zunächst einmal die nächste Woche abzuwarten und nicht meinem Impuls zu folgen, der darin bestand, die Erzieherin zu warnen. Mir war damals auch klar, dass dies gleichbedeutend mit dem Ende der Therapie gewesen wäre. Glücklicherweise zeigte der weitere Verlauf, dass ich mich richtig entschieden hatte. Zum damaligen Zeitpunkt trug ich den Konflikt aber noch tagelang mit mir herum. Im Nachhinein hat sich gezeigt, wie wichtig es war, dass es mir möglich gewesen war, das mir zugemutete Wissen für mich zu behalten und den damit verbundenen Druck und die Verantwortung auszuhalten.

In den nächsten Therapiestunden konnten wir seine Enttäuschung und seinen Hass zumindest in Ansätzen besprechen. Dabei wechselten sich bei Herrn U. einsichtige Momente mit zum Teil noch heftiger geäußerten Rachephantasien gegen die Erzieherin ab. Ich erfuhr später auch noch einige wichtige Details, welche die Entscheidung der Erzieherin, ihn „abzugeben“, plausibel und nachvollziehbar werden ließ. So hatte Herr U. sie u. a. gefragt, ob sie mit ihm schlafen wolle und ob sie sodomistische Neigungen habe. Darauf habe sie pikiert und ablehnend reagiert.

Während er mit mir darüber sprach, lächelte er plötzlich mild, und sein Gesichtsausdruck wurde weich. Er wirkte auf mich wie ein kleiner Junge, der sich bei etwas Verbotenem ertappt fühlt und ängstlich und verlegen die Reaktion eines Erwachsenen abwartet. Wir sprachen dann über das Inzesttabu und ich machte ihn darauf aufmerksam, wie verantwortungsvoll die Erzieherin gehandelt hatte, als sie sein Ansinnen, sein sexuelles Begehren, zurückgewiesen hatte.

Der offensichtliche Bezug zu seiner Mutter blieb ihm jedoch verschlossen. „Es gehört zu den zentralen psychoanalytischen Einsichten, daß logisch-rationale Ableitungen im allgemeinen nicht greifen oder an dem vorbeigehen, worauf es im konkreten Fall ankommt“ (Leber 1985, 153).

Herr U. war später aber erkennbar fähiger, sich in symbolischer Weise mit seinem psychotisch anmutenden Ausbruch und den tief in ihm sitzenden Gefühlen von Wut und Aggression auseinanderzusetzen. Dies zeigte sich z. B. darin, dass er mir in einer der folgenden Stunden zwei Träume präsentierte, die verdeutlichten, dass er Teile seiner unerträglichen und heftigen Affekte in nun zumindest anverdautem Zustand an mich weitergeben konnte.

Die Verschiebung seiner Gefühle auf die Erzieherin, die eigentlich seiner Mutter galten, kamen schließlich unverhohlen zum Vorschein. Nachdem wir uns mit Unterbrechungen noch einige Male diesem Thema genähert hatten, wurde Herr U. zunehmend milder und nachdenklicher und begann sich ansatzweise konstruktiver damit auseinander zu setzen. Schließlich kam es zu folgendem Ereignis: Herr U. malte zwei „Träume“.

1. Traum: *Er malte zuerst eine im Bett liegende Frau. Durch das Fenster schien ein bedrohlich blickender (Mond-)Mann herein. Dann kam eine riesige Hand und griff nach der zu Tode erschrockenen Frau. Herr U. malte nun das ganze Monster, dem die zupackende Hand gehörte. Das Monster hatte drei Augen, zwei Vampirzähne, sechs Arme und ein Horn auf dem Kopf. Aus dem weit aufgerissenen Maul des Monsters floss Blut. In der einen Pranke hielt es die entsetzt schreiende Frau, in einer anderen Hand ein phallusartig, steil nach oben gerichtetes Messer. Daneben malte er nun ein verlassenes, leeres Haus. Am unteren Bildrand malte er drei „Gespenster“. Den beiden linken Gespenstern ließ er Blut aus dem Körper fließen (er malte dies auf die gleiche Art wie das Blut, das aus dem Maul des Monsters floss). Die beiden linken Gespenster bekamen zudem jeweils ein Kreuz mit der Aufschrift „Tot“. In die Bildmitte schrieb er: „Ende“.* Er sagte, das Monster stelle das „Verlangen“ dar. Die Frau im Haus sei die Erzieherin. Das, was mir sofort als Phallus ins Auge gestochen war, nannte er „Messer“. Später fügte er dem „Ende“ noch zwei

Fragezeichen hinzu. Auch dem dritten Gespenst malte er erst nachträglich ein Kreuz sowie das Wort „Tot“ auf. Er nannte die Gespenster „Hoffnungen, Wünsche“.

Wir sprachen darüber, dass er möglicherweise bereits zweimal in seinem Leben ein heftiges Verlangen enttäuscht begraben musste, und dass das zunächst noch von ihm weggelassene Todessymbol auf dem dritten Gespenst, ebenso wie die später hinzugefügten Fragezeichen hinter dem Ende, ein Symbol für die Hoffnung darauf sein könnten, dass sein Verlangen doch noch irgendwann einmal befriedigt werden könnte.

2. Traum: *Den zweiten Traum stellte Herr U. in sieben Bildern dar. Auf einem Bild sah man einen eingekerkerten, angeketteten jungen Mann. Auf den beiden nächsten Bildern ließ Herr U. den jungen Mann seine Ketten zerreißen und kommentierte dies mit den Worten: „Das Verlangen nach einer Frau lässt ihn seine Ketten sprengen.“ Er wurde auf den folgenden Bildern so stark, dass er Gitter einschlagen und einer Frau hinterherlaufen konnte. Er wäre nun auch in der Lage, ihr seine Liebe zu gestehen. Ab nun verfiel Herr U. endgültig in die Ich-Form. „Das Verlangen macht aus mir ein Monster.“ Seine Schlussvorstellung bestand darin: „Dass ich sie kralle, dass ich sie wegnehme.“* Ich antwortete ihm: „Dass Sie sie sich gewalttätig nehmen!“ *Er: „Wünsche.“* Ich: „Wünschen Sie sich, dass Sie sie sich gewalttätig nehmen, oder können Sie sich das nur *so* vorstellen?“ *Er: „Ich kann mir das nur so vorstellen.“* Ich: „In Ihrer Phantasie steckt aber auch bereits die Vorstellung in Ihnen drin, dass diese Frau auf der Flucht vor Ihnen ist.“ *Er: „Ja.“* Ich: „Und dass Sie der Verfolger *sind.“ Er: „Ja.“ Er ver-*

folge sie, obwohl er ihre Angst spüre, sein Verlangen lasse ihn zum Monster werden, vielleicht sogar zerstörerisch. Das letzte Bild seines zweiten Traumes kommentierte Herr U. wie folgt: „Da greife ich sie mir!" Ich: „Mit Ihren großen Pranken." *Er: „Ja."* Ich: „Und sie schreit vor Entsetzen." *Er: „Ja."* Danach folgte eine lange Pause des Schweigens. Ich beendete dieses Schweigen schließlich und fragte ihn: „Wieso befanden Sie sich angekettet im Kerker?" *Er: „Das soll so eine Vorstellung davon sein, dass ich von etwas zurückgehalten werden soll." Sein Gewissen würde ihm sagen, er solle „es lassen".* Ich fragte weiter: „Wer muss denn normalerweise angekettet werden?" *Er: „Raubtiere und Schwerverbrecher."*

Es war für Herrn U. sehr typisch, dass er oft zwischen naiven, kleinkindhaften und märchenhaften Erzählungen über konkretes Beziehen auf aktuelle Ereignisse und Konflikte aus seinem sozialen Umfeld bis hin zu primitiven Sexualphantasien (er war dabei sehr auf lesbische Szenen fixiert) und harten pornographischen Phantasien hin- und herschwankte. Dabei wurde die Zerrissenheit seiner Persönlichkeit ebenso deutlich wie seine unterschiedlichen Entwicklungsalter. Manchmal schien es, als sei er ganz dicht an seiner „Wahrheit", an seiner persönlichen „Geschichte". So dichtete er einmal ausgerechnet zur Weihnachtszeit:

Warum hast du mich geboren?
Lang bevor ich da war
War ich schon verloren.

Dann wieder wirkte er wie abgespalten von seinen Gefühlen. Seine große Sehnsucht nach einer verlässlichen und liebevollen Beziehung kam besonders in seinen unermesslichen und letztlich unerfüllbaren Erwartungen an seine Kontakterzieherin ebenso zum Ausdruck wie der Leidensdruck, unter dem er durch seine aufgestauten sexuellen Bedürfnisse litt.

Durch ihre sehr professionelle Wahrung von Distanz fügte die Erzieherin ihm gleichzeitig eine schier unerträgliche narzisstische Kränkung zu, die seine positiven Gefühle ihr gegenüber in heftigste negative Gefühle wechseln ließ.

Als wir einige Wochen später noch einmal rückblickend über diese Stunden sprachen, teilte ich Herrn U. auch mit, dass ich eine Zeitlang in großer Sorge gewesen war, dass er seiner ehemaligen Kontakterzieherin real Gewalt hätte antun können.

Darüber zeigte er sich sehr erstaunt und sagte in fast schon gönnerhafter Weise: „Das haben Sie doch nicht wirklich geglaubt, dass ich so etwas tun könnte!" Und er fügte noch eine Frage hinzu, in der ich einen Anflug von Mitgefühl und Besorgtheit bei ihm über meine Empfindungen zu spüren glaubte: „Sie sind mir doch nicht böse?!"

Fazit

Für die pädagogisch-therapeutische Arbeit mit autistischen Menschen, deren Grundproblematik ja gerade darin besteht, dass sie in ihrer Beziehungsfähigkeit stark eingeschränkt sind, gilt es nicht, dem Aspergerschen Postulat zu folgen – ihnen mit abgestelltem Affekt zu begegnen –, sondern ganz im Gegenteil: Man muss sich einlassen, verwickeln und nicht abstoßen lassen.

Dies setzt voraus, in einem geschützten Rahmen bereit und in der Lage zu sein, sich auf Konflikte einzulassen.

Auf dieser Grundlage können mittels gezielter oder auch spontaner konstruktiver Irritationen alternative, im besten Falle korrigierende emotionale Erfahrungen ermöglicht und vermittelt werden.

Meine Erfahrungen zeigen, dass eine psychoanalytisch-pädagogische Herangehensweise, ein Handeln auf der Grundlage des psychoanalytischen Theorienspektrums, sehr wohl zu Veränderungen im Erleben, Wahrnehmen und Handeln der autistischen Klienten beitragen kann.

Es müssen jedoch immer wieder individuelle, in jedem Falle aber klare und überschaubare Settings entwickelt und ausgehandelt werden, um auf die spezifischen Schwierigkeiten angemessen reagieren zu können.

Ist im einen Fall eine stark fordernde Haltung notwendig und sinnvoll, kann in einem anderen Fall eine eher schützende und schonende Vorgehensweise angezeigt sein.

Diese Settings machen fließende Übergänge von pädagogischen und therapeutischen Grundhaltungen, von offenen und stärker strukturierten Angeboten möglich.

Die Einbeziehung des psychosozialen Umfeldes ist unverzichtbar.

Eine intensive Elternarbeit und interdisziplinäre Zusammenarbeit mit anderen pädagogisch-therapeutischen Fachkräften ist dabei unerlässlich.

Bei Fremdunterbringungen, anderen Wohn- und Lebensformen wie z. B. Betreutem Wohnen, ist ein enger Kontakt mit den professionell Beteiligten unumgänglich.

In der pädagogisch-therapeutischen Arbeit mit Asperger-Autisten ist schon viel erreicht, wenn ihnen – und ihrem Umfeld – zu einem flexibleren, emotionaleren und weniger zwanghaften Verhalten, was das Erleben und Aushalten-Können auch von Konflikthaftem und Unlustvollem ausdrücklich mit einschließt, verholfen werden kann. Auch geht es darum, in gewissem Maße ihre Eigenheiten zu tolerieren, ohne dabei jedoch durch eine falsch verstandene Akzeptanz und unangemessene Schonung zur Zementierung der sie selbst und ihre Umwelt belastenden – und letztlich die Isolation verursachenden bzw. verstärkenden – Symptome beizutragen.

Anmerkungen

1 Brauns 2002, 10.

2 Der SPIEGEL 10/2009.

3 Als Vorlage für die Figur des Raymond Babbitt diente u. a. der 2009 verstorbene Kim Peek, der als „Mega-Savant" galt.

4 Betroffene Eltern sind häufig nicht in der Lage, sich mit dem Trauma auseinanderzusetzen, Vater oder Mutter eines autistischen Kindes zu sein. Der Zugang zu Schuldgefühlen ist m. E. dagegen eher möglich. Die Bearbeitung von Schuldgefühlen ist nicht gleichzusetzen mit Schuldzuweisung. Eltern autistischer Kinder stellen sich jedoch immer wieder selbst Fragen einer eigenen Beteiligung an der Behinderung ihres Kindes. Für die einen mag es entlastend sein, wenn sie von Professionellen aus Pädagogik, Psychologie und Medizin pauschal für unschuldig erklärt werden. Meiner Erfahrung nach bleiben aber Schuldgefühle für viele Eltern dennoch über Jahre ein Thema.

5 Auch Vertreter einer psychodynamischen bzw. psychoanalytischen Sicht des Autismus haben schon immer auf genetische und organische Faktoren hingewiesen, die bei der Ätiologie des Autismus zugrunde gelegt werden müssten. Bettelheim (1977) sprach von einer „autistischen Anlage", Mahler (1992) führte die „konstitutionelle Prädisposition" an, und Tustin (1989) unterschied den „psychogenen Autismus" vom „organisch bedingten Autismus".

6 Unerwartete oder spontan eintretende Ereignisse in der Therapie nennt Stern „*now-moments*". In diesen Momenten befindet sich gerade der Therapeut in einem besonders aufgeladenen Zustand und sein Angstpegel ist erhöht. „Dieser Jetzt-Augenblick wird oft als Bedrohung oder als Herausforderung für die übliche Arbeitsweise empfunden. [...] Der Therapeut entdeckt, daß sowohl ein großes Risiko als auch gleichermaßen eine große Chance vorhanden ist. Es gibt eine große Chance für eine positive therapeutische Veränderung, und es gibt auch das Risiko, daß die ganze Therapie den Bach runter geht, daß die Auswirkungen sich als sehr schädlich erweisen" (Stern 1998, 91).

Literatur

Alvarez, Anne (2001): Zum Leben wiederfinden. Psychoanalytische Psychotherapie mit autistischen, Borderline-, vernachlässigten und mißbrauchten Kindern. Frankfurt a. M. (Brandes & Apsel).

Asperger, Hans (1974): Formen des Autismus bei Kindern. In: Deutsches Ärzteblatt 14/1974, S. 1010-1012.

Balint, Michael (1973): Therapeutische Aspekte der Regression. Hamburg (Rowohlt).

Bauer, Joachim (2002): Das Gedächtnis des Körpers – wie Beziehungen und Lebensstile unsere Gene steuern. München (Piper).

Bettelheim, Bruno (1977): Die Geburt des Selbst. München (Kindler).

Bölte, Sven (Hg.) (2009): Autismus – Spektrum, Ursachen, Diagnostik, Intervention, Perspektiven. Bern (Hans Huber).

Brauns, Axel (2002): Buntschatten und Fledermäuse – Leben in einer anderen Welt. Hamburg (Hoffmann und Campe).

Dornes, Martin (2006): Die Seele des Kindes – Entstehung und Entwicklung. Frankfurt a. M. (Fischer).

Freud, Sigmund (1919): Jenseits des Lustprinzips. GW 8, Frankfurt a. M. (Fischer) 1999.

Gerspach, Manfred (2009): Psychoanalytische Heilpädagogik. Ein systematischer Überblick. Stuttgart (Kohlhammer).

Heilmann, Joachim (1999): „Kein Grund zu schreien" – Szenisches Verstehen in der heilpädagogisch-therapeutischen Arbeit mit autistischen Menschen. In: Zeitschrift für Heilpädagogik 2/99, S. 66-70.

— (2003): Die Beteiligung des Kindes an der Entstehung von Bindungsmustern und Beziehungsstrukturen. In: Finger-Trescher, U., und Krebs, H. (Hg.): Bindungsstörungen und Entwicklungschancen. Gießen (Psychosozial).

— (2004): „Sie sind mir doch nicht böse!" Zumutungen in der psychoanalytisch-pädagogischen Behandlung eines jungen Erwachsenen mit der Diagnose Asperger-Autismus. In: Heilpädagogische Initiativen e. V. (Hg.): Heilpädagogische Initiativen in der Beziehungsarbeit und Entwicklungsförderung (Groß-Umstadt). S. 75-100.

Hinshelwood, Robert (1993): Wörterbuch der kleinianischen Psychoanalyse. Stuttgart (Verlag Internationale Psyhoanalyse).

Kaufhold, Roland (1988): Bruno Bettelheim und der „Mythos" der Schuldfrage. In: Zeitschrift für Heilpädagogik 33, 12/88, S. 820-826.

Leber, Aloys (1985): Wie wird man „Psychoanalytischer Pädagoge"? In: Bittner, G., und Ertle, Ch. (Hg.): Pädagogik und Psychoanalyse – Beiträge zur Geschichte, Theorie und Praxis einer interdisziplinären Kooperation. Würzburg (Königshausen und Neumann), S. 151-165.

-- (1988): Zur Begründung des fördernden Dialogs in der psychoanalytischen Heilpädagogik. In: Iben, G. (Hg.): Das Dialogische in der Heilpädagogik. Mainz (Mathias Grünewald), S. 41-61.

Mahler, Margaret (1992): Symbiose und Individuation. Psychosen im Kindesalter. Stuttgart (Klett-Cotta).

Malson, Lucien, et al. (1972): Die wilden Kinder. Frankfurt a. M. (Suhrkamp).

Preißmann, Christine (2007): Psychotherapie bei Menschen mit Asperger-Syndrom – Konzepte für eine erfolgreiche Behandlung aus Betroffenen- und Therapeutensicht. Stuttgart (Kohlhammer).

Remschmidt, Helmut (2002): Autismus – Erscheinungsformen, Ursachen, Hilfen. München (C. H. Beck), S. 42-62.

Rödler, Peter (1983): Hans Asperger: Die autistischen Psychopathen. In: Rödler, P.: Diagnose: Autismus. Ein Problem der Sonderpädagogik. Frankfurt a. M. (AFRA-Druck/KA-RO), S. 34-39.

Roth, Gerhard (1999): Das Gehirn und seine Wirklichkeit. Frankfurt a. M. (Suhrkamp).

Sellin, Birger (1993): Ich will kein inmich mehr sein. Botschaften aus einem autistischen Kerker. Köln (Kiepenheuer & Witsch).

Stern, Daniel (1998): „Now moments", implizites Wissen und Vitalitätskonturen als Basis für psychotherapeutische Modellbildungen. In: Trautmann-Voigt, S., und Voigt, B. (Hg.): Bewegung ins Unbewußte. Beiträge zur Säuglingsforschung und analytischen KörperPsychotherapie. Frankfurt a. M. (Brandes & Apsel).

Stork, Jochen (1994): Über autistische und psychotische Kinder. Versuch einer Einführung in das Thema. In: Kinderanalyse 2, Juni 1994.

Tinbergen, Nico, und Tinbergen, Elisabeth (1984): Autismus bei Kindern. Berlin, Hamburg (Paul Parey).

Trescher, Hans-Georg (1985): Theorie und Praxis der Psychoanalytischen Pädagogik. Frankfurt a. M., New York (Campus).

Tustin, Frances (1988): Psychotherapy with Children who Cannot Play. In: Int. Rev. Psycho-Anal, S. 93-106.

Tustin, Frances (1989): Autistische Zustände bei Kindern. Stuttgart (Klett-Cotta).

Michael Kaschek

„Ich bin sowieso bald wieder weg von hier ..." Biographische Skizze eines Jugendlichen im Spannungsfeld von Schule, Wohngruppe und therapeutischer Einzelstunde

A Einleitung

Der junge Mensch, von dem dieser Satz stammt – ich will ihn Josef nennen –, lebte etwa fünfeinhalb Jahre im Therapeutischen Heim unseres Vereins, war in dieser Zeit Schüler der „Schule am Ufer" und ging zwei- bis dreimal wöchentlich zur Einzelstunde in unsere Tübinger Ambulanz.

Gegen Ende seiner Zeit in Rottenburg und Tübingen waren auch das Arbeitsprojekt, die Wohngruppe Hagenwört und zunehmend die Geschäftsführung mit ihm befasst, sodass für ihn schließlich galt, was Jahre zuvor eine Klinik an anderem Ort berichtet hatte: Er war (aufgrund seines auffälligen Verhaltens) „nahezu jedem in Schule und Klinik [Verein] bekannt".

Aber eben nicht nur jedem bekannt, sondern: Jeder Teilbereich unseres Vereins hatte sich mit ihm und über ihn auseinandergesetzt, in jedem Bereich hatte er seine Spur hinterlassen.

Die Perspektive meiner Darstellung ist durch die Schule geprägt, doch da unsere Schule konzeptionell auf die enge Zusammenarbeit mit Heim und Therapie ausgerichtet ist, um arbeitsfähig zu bleiben, werden Aspekte der außerschulischen Betreuung in Schlaglichtern aufscheinen, um diesen Zusammenhang zumindest anzudeuten.

Josefs Lebens- und Schulgeschichte bis zu seiner Aufnahme im Therapeutischen Heim und der Schule am Ufer ist von einer ganzen Reihe zum Teil gravierender (Um-)Brüche gekennzeichnet.

Dieses Muster der Diskontinuität wirkte auch während der Zeit in Rottenburg fort.

Dass Josef mehr als fünf Jahre bei uns bleiben und dabei sowohl äußere als auch innere Entwicklungen vollziehen konnte, scheint dieser Diskontinuität zumindest an der Oberfläche zu widersprechen.

Wir werden aber sehen, dass die Kontinuität des Lebensraumes und die damit verknüpfte Kontinuität begleitender Beziehungen in Heim, Schule und therapeutischer Einzelstunde immer wieder schweren Belastungen ausgesetzt war, die die Betreuung bzw. Beschulung an den Rand des Abbruchs brachten.

Eine wesentliche Voraussetzung für die Kontinuität der Betreuung war m. E. die Bewältigung von massiven Abbruchsdrohungen und Entwertungen sowie das Ertragen von Teilabbrüchen.

Dass diese ertragen und bewältigt werden konnten, war substanziell an die Möglichkeit geknüpft, innerhalb unseres Teams im Wechsel mit ihm in Beziehung gehen zu können – und dadurch auch immer wieder Abstand zu ihm gewinnen zu können.

Ebenso substanziell waren die tägliche Kooperation und die gemeinsame Reflexion mit den KollegInnen des Heims sowie dem Therapeuten in der Supervision. Ich betone dies vorab, weil die Funktion der Supervision im Folgenden nicht expliziert wird, sie ist aber wesentliche, unabdingbare Basis der Arbeit.

B Ankunft

(Vignette zu meiner ersten Begegnung mit Josef)

Das erste Mal traf ich mit Josef in unseren alten Schulräumen in der Niedernauer Straße zusammen, als er mit seiner Stiefmutter von einem Kollegen aus dem Heim zum Kennenlernen der Schule herübergebracht wurde.

Dabei kam mir ein auffällig modisch und adrett gekleideter mittelgroßer Jugendlicher entgegen, der mit schweren Schritten seinen massigen Körper die Treppen zur Schultür hinaufwuchtete, an der wir auf ihn warteten, wobei die Längsachse seines Rumpfes bei jedem Schritt von links nach rechts schwankte, der darauf sitzende, etwas zu klein wirkende Kopf aber eine betonte Vor-Rück-Bewegung beschrieb. Der Gesichtsausdruck des Jungen schien unablässig zwischen Furcht, Grimm, Neugier und Ablehnung hin und her zu wechseln. Aus seinen schmalen, leicht schräg stehenden Augen musterte er meinen Kollegen und mich auf eine Art, die ich nicht einschätzen konnte: Josefs Blick wirkte zunächst eher stumpf und desinteressiert, dann zeigte sich darin unverhohlene Ablehnung – doch zwischendurch blitzte es auf eine verschmitzte Weise aus diesen kleinen dunklen Äuglein hervor, die mich überraschte und meine Neugier darauf, wer dieser Junge sei, unmittelbar steigerte ...

Ungewöhnlich erschien mir bei der Begrüßung auch seine Sprechstimme: mit eingeschränkter Schwingung in der Satzmelodie, etwas leiernd, doch nicht völlig monoton – etwa wie ein musikalisch unambitionierter Priester, der nach vielen Jahren die ihm eigentlich wohlvertraute Liturgie leidenschaftslos und noch immer etwas unsicher aus seiner Kehle entlässt.

Mein Kollege zeigte Josef die Schulräume und berichtete über das Schulleben. Die Stiefmutter wirkte währenddessen sehr bemüht, Josef die Vorzüge des Beschriebenen zu verdeutlichen. Der Junge hingegen wirkte eher unwillig bis ablehnend.

Schließlich langte die Führung in der Küche an: Josef, von der Situation offenkundig zunehmend genervt und überfordert, lässt sich auf einen Stuhl fallen, wendet sich in weinerlich-jammerndem Tonfall an seine Stiefmutter: „Ich will nicht in diese Schule, hier gefällt es mir ganz und gar nicht", und öffnet währenddessen eine Schranktür nach der anderen, um nachzusehen und nachzufragen, was sich darin befindet.

Zeitgleich sucht die Mutter Blickkontakt zu mir und dem Kollegen, rollt mit den Augen, doch so, dass Josef es nicht sehen kann, hat dabei ein leichtes Lächeln – oder doch eher ein Grinsen? – im Gesicht. (Mir wird unwohl bei dem Gedanken, mich mit ihr gegen ihn verbünden zu sollen.)

Kurz darauf ist der Besuch zu Ende, die Gäste sind gegangen. In der sich ausbreitenden Stille atmen wir kurz durch, auf meinen fragenden Blick antwortet mein Kollege mit ruhiger Überzeugung: „Der kommt." Und so geschah es.

C Entwicklung bis zur Aufnahme bei uns

Als Josef im Frühjahr 2004 im Therapeutischen Heim und an der Schule am Ufer aufgenommen wird, ist er vierzehneinhalb Jahre alt, hat bereits mehrere Wechsel seiner Hauptbezugspersonen, seiner Lebensorte, des Sprachraums erlebt. Es ist sein siebtes Schulbesuchsjahr, der Wechsel an unsere Schule ist der insgesamt fünfte Schulwechsel in den letzten vier Jahren.

Vorschulzeit

Josef wird im Herbst 1989 in einer Großstadt im Süden Deutschlands geboren. Sein Vater, ein aus Osteuropa stammender junger Handwerker, war Mitte der Achtzigerjahre in die BRD gekommen. Seine Mutter, Anfang 40, lebte schon länger in der Großstadt, war verheiratet gewesen und hatte schon Kinder (der älteste Halbbruder ist 18 Jahre älter). Sie trank während der Schwangerschaft – später wurde bei Josef ein Alkoholdysplasiesyndrom festgestellt. Über die Art der Partnerschaft der Eltern konnten keine zuverlässigen Informationen gewonnen werden.

Gewiss ist jedoch, dass Josef nach der Trennung seiner Eltern im Alter von etwa anderthalb Jahren (laut Stiefmutter, März 2008: zehn Monaten) ins Herkunftsland seines Vaters gebracht und dort die nächsten drei Jahre ohne die Eltern von den Großeltern väterlicherseits versorgt und aufgezogen wurde.

Wie und weshalb es dazu kam, ob mit oder ohne Einverständnis der Mutter, darüber ist uns nichts Gewisses bekannt geworden, auch nicht über die Umstände, unter denen die Mutter das Sorgerecht für Josef abgab oder verlor.

Aktenkundig ist wiederum, dass Josef 1994 im Alter von etwa viereinhalb Jahren nach Deutschland in seine Geburtsstadt zurückkehrt und fortan bei seinem Vater und dessen neuer Partnerin lebt.

Im selben Jahr beginnt er einen Regelkindergarten zu besuchen, im Lauf des nächsten Jahres wechselt er in einen Integrationskindergarten.

Einschulung

Josefs Einschulung erfolgt mit erheblicher Verzögerung:
Zunächst beantragt der Vater (im Frühjahr 1996) Josefs Aufnahme in eine „Diagnose- und Förderklasse“. Der Rektor der Schule stimmt Josefs Einschulung zu. (Im Anmeldebogen erscheint Josefs Geburts-Nachname gedruckt, ist aber von Hand durchgestrichen und durch den Nachnamen des Vaters ersetzt. Die neue Ehefrau des Vaters erscheint hier erstmals als „Erziehungsberechtigte“ und „Mutter“.)

Im Sommer wird Josefs Nachname geändert: Er heißt nun wie sein Vater und seine Stiefmutter.

Die Mitteilung an die Schule über die Namensänderung ist das erste von der Stiefmutter unterschriebene Dokument, das uns vorliegt. Alle weiteren Dokumente sind fortan nur von ihr – und nicht mehr vom Vater – unterzeichnet.

Im Herbst wird Josef dann doch (nach einer kurzen Probebeschulung) als „körperlich, geistig und sozial nicht schulreif“ vom Schulbesuch zurückgestellt.

Josef besucht somit für ein Jahr die Vorschulklasse (SVE) der Förderschule.

Im darauffolgenden Jahr wird er als knapp Achtjähriger eingeschult und besucht für drei Jahre die Förderschule.

Zum vierten Schulbesuchsjahr beantragen die Eltern den Wechsel in die Klassenstufe 3 einer Schule für Körperbehinderte. Als dies nicht möglich ist, wechselt Josef in die dritte Klasse einer Regelgrundschule.

Nach knapp einem Jahr beantragt seine Stiefmutter erneut die Umschulung in eine Schule für Körperbehinderte.

Die KBS stimmt nach einer eintägigen Probebeschulung zu mit der Begründung, Josef könne „in der Regelschule nicht seinen Anlagen entsprechend gefördert werden". (16. 7. 01)

Ein Jahr später erfolgt die Rückschulung in seine erste Förderschule.

Fazit seitens der KBS (Abschlussbericht, 31. 7. 02): „Mit körperbehinderten Kindern und Rollstuhlfahrern kommt er nicht zurecht."

Die KBS würdigt ausdrücklich das Engagement der Stiefmutter, empfiehlt jedoch die Vorstellung in einer kinder- und jugendpsychiatrischen Ambulanz.

Josef kehrt also in seinem sechsten Schulbesuchsjahr an die Förderschule zurück und besucht dort die Klassenstufe 5.

Zehn Monate später stellt die Klassenlehrerin in ihrem Jahresbericht fest, dass – trotz begleitender (Ergo-)Therapien und der diversen Schulwechsel – „der richtige Lernort noch nicht gefunden ist".

Eine Einweisung in eine Klinik wegen „massiver psychosozialer Probleme und fehlender Verhaltenssteuerung" hält sie für „dringend erforderlich".

Daraufhin besucht Josef im nächsten Schuljahr die Klinikschule an einer Tagesklinik seiner Heimatstadt. Im Halbjahresbericht bilanziert die Klassenlehrerin im Februar 2004 (zwei Monate vor der Aufnahme bei uns):

„Josef wurde aufgrund mangelnder Steuerungsfähigkeit des Verhaltens ausschließlich im Einzelunterricht beschult. Die Eingliederung in eine Klasse war nicht möglich."

Keine Benotung möglich.

Zwei Monate später wird Josef in unsere Schule aufgenommen.

D Entwicklungen im Rückblick

Im Rückblick auf Josefs Schullaufbahn bis zum Eintritt in unsere Schule zeichnen sich Entwicklungen ab, die auf unterschiedlichen Ebenen zunehmend problematisch werden:

Der Vater verschwindet rasch aus dem Blickfeld (der Berichte), die Stiefmutter wird bald zur zentralen Bezugsperson, welche die Erziehungsverantwortung trägt, ohne Josef adoptiert zu haben.

Die (psycho-)sozialen Schwierigkeiten treten – trotz diverser ambulanter therapeutischer Hilfen – immer stärker in den Vordergrund, sodass zunächst die Vorstellung in einer kinder- und jugendpsychiatrischen Ambulanz vorgeschlagen, danach ein Klinikaufenthalt angeraten und schließlich seitens der Klinik eine dauerhafte Fremdunterbringung in einem stationären pädagogisch-therapeutischen Setting empfohlen wird.

Josef wurde keineswegs „gemobbt". Grundschule wie Schule für Körperbehinderte heben hervor, dass er in der Gruppe akzeptiert war bzw. dass diese immer wieder von Neuem bereit war, auf ihn einzugehen.

In der Entwicklung der (psycho-)sozialen Schwierigkeiten lässt sich folgende Linie beschreiben:

Ganz zu Beginn seiner Schulzeit erscheint er fast integriert, nur etwas übersensibel und zurückgezogen, doch ab dem zweiten Schulhalbjahr der ersten Klasse wird eine Entwicklung beschrieben, die das Misslingen sozialer Bezüge in Zweierbeziehungen und in Gruppensituationen herausstellt:

In der Gruppe zeigt sich dieses Misslingen zunächst im Rückzug, in der Absonderung, die nach und nach in Provokationen und offene Aggressionen umschlägt, bis er schließlich als nur noch im Einzelunterricht beschulbar erscheint.

(Aus Josefs zu Beginn eher aktivem Rückzug entwickelt sich also mehr und mehr ein von ihm zwar provozierter, letztlich aber von außen gesetzter Rückzug.)

In Zweierbeziehungen zeigt sich die Tendenz, dass Josef zunehmend die Einzelbegleitung durch seine Lehrerinnen einzufordern und diese zu vereinnahmen versucht.

Dieselben Lehrerinnen, die mit deutlichen Worten die Belastung der Gruppe durch ihn beschreiben, können ihn zugleich als „netten Schüler" bezeichnen (z. B. in der KBS) ...

Obwohl Josefs soziale und emotionale Schwierigkeiten zunehmend seine schulische Arbeits- und Lernfähigkeit beeinträchtigen, gelingt es ihm, (Schul-)Leistungen zu erzielen, die seine stete Weiterversetzung in die nächste Klassenstufe als gerechtfertigt erscheinen lassen. Für ihn intellektuell wie motorisch schwierige Unterrichtssituationen jedoch versucht er zunehmend zu sprengen. Je älter Josef wird, umso mehr scheint sich außerdem die Spannung in seinem Verhältnis zu beiden Geschlechtern zu verschärfen:

(Gleichaltrige) Jungen und Männer lehnt er mehr und mehr ab, wie er auch die männliche Geschlechterrolle für sich abzulehnen beginnt; vor allem jüngere Mädchen erschreckt er, gleichaltrigen Mädchen gegenüber zeigt er sich distanzlos; erwachsene, „mütterliche“ Frauen versucht er auf unterschiedlichste Weise für sich zu gewinnen oder zu vereinnahmen (was ihm zumindest teilweise auch gelingt).

(Erst unmittelbar vor seiner Aufnahme bei uns beginnt er sich gegenüber Männern in der Tagesklinik zu öffnen.)

Zunehmend taucht in den Berichten der Verweis auf „Spezialinteressen“ Josefs auf: S-Bahn-Züge und -Fahrpläne, aber auch Filme und Serien, in denen das Töten von Menschen im Zentrum steht (z. B. *Chucky, die Mörderpuppe*).

Mit der Tatsache seiner eigenen Behinderung gerät er zunehmend in Konflikt und versucht sie über die Ablehnung von Mitschülern mit – zumindest körperlich – noch offenkundigerer Behinderung abzuwehren.

Bei den „Fachleuten“ wiederum scheint über seine Behinderung durchaus Uneinigkeit zu bestehen: Mit knapp neun Jahren erhält er zwar einen Ausweis, der ihn als zu 80 Prozent schwerbehindert ausweist (vermutlich wegen des Alkoholdysplasiesyndroms, das bei der Beantragung der Aufnahme in die KBS erstmals in den Akten auftaucht), doch als er 14 Jahre alt ist, erklärt die ihn über Monate behandelnde Tagesklinik dezidiert (November 2003): „Josef ist weder geistig noch körperlich behindert“ – trotz der gerade von dieser Klinik beschriebenen „deutlichen Dysmorphie-Zeichen“, der „nicht altersgemäßen Koordination der Grob- und Feinmotorik“, einer „leichten Hirnfunktionsbeeinträchtigung“ und sehr heterogener testpsychologischer Untersuchungsergebnisse!

Allerdings diagnostiziert dieselbe Klinik (auf Achse 1) eine „tiefgreifende Entwicklungsstörung mit autistischen Zügen“ sowie (auf Achse 2) „kombinierte umschriebene Entwicklungsstörungen“.

Die Klinikschule jener Tagesklinik wiederum schreibt in ihrem Abschlussbericht: „Durch seine ungelenke Grobmotorik, seine Distanzlosigkeit, sein Verharren bei Themen, die ihn bewegen, seine geringe Umstellungsfähigkeit auf neue Situationen und sein insgesamt auffälliges Verhalten wirkt Josef auf den ersten Blick wie ein Geistigbehinderter."

(„Sicherlich auch dank der intensiven Förderung durch seine engagierte Stiefmutter verfügt er jedoch über solide Grundkenntnisse und über ein gutes Arbeitsverhalten, wenn er motiviert ist.")

Josef wirke wie ein Geistigbehinderter, sei es aber nicht – so der Tenor. Und doch schreibt eben diese Schule im selben Bericht:

„Es erhob sich immer wieder die Frage, ob er in der Schule zur Lebensbewältigung *(=G-Schule)* besser aufgehoben wäre, auch im Hinblick auf seinen nachschulischen Werdegang, wo vermutlich am ehesten die Unterbringung in einer beschützenden Werkstätte vorstellbar wäre. Wir wollten diese gewichtige Entscheidung aber nicht fällen, bevor nicht sein weiterer Lebensweg klar ist [...]"

Mit anderen Worten: Die Klinikschule verneint zwar eine geistige Behinderung Josefs, stellt jedoch aufgrund der mit Josef gemachten Erfahrungen die Frage, ob nicht doch perspektivisch eine Schule für Geistigbehinderte am ehesten bieten könne, was der Junge braucht.

Mit dieser offenen, ungelösten Frage kam Josef bei uns an, sie blieb auch bei uns über mehr als fünf Jahre virulent und sorgte für zeitweise heftige Auseinandersetzungen *mit* ihm und auch *in* unserem Schulteam.

Als Josef seinen Rottenburger Schul- und Lebensort im Herbst 2009 verließ, wechselte er in eine betreute Wohngruppe für Erwachsene und begann, in einer beschützenden Werkstätte zu arbeiten – wie das jene Tagesklinik-Schule (mehr als fünf Jahre zuvor) als wahrscheinlich und sinnvoll/angemessen vermutet hatte.

Der Weg dorthin führte jedoch nicht über die Integration in eine Schule für Geistigbehinderte durch uns, sondern zunächst über die Integration in unsere Schule und von dort aus über die schrittweise Erprobung einer Beschulung in einer Förderschule zur weitgehenden Integration in eine berufsvorbereitende Schule des IB, an der er schließlich die Hauptschulabschlussprüfung mit dem Gesamtergebnis „Befriedigend" ablegte.

Den schwierigen, von diversen Um- und Abbrüchen bedrohten Weg dorthin möchte ich im Weiteren skizzieren.

E Schulzeit in der „Schule am Ufer"

Probleme/Schwierigkeiten der Integration

Vorab

Josef wurde in einer Umbruchsituation aufgenommen. Wenige Wochen nach seinem Einzug zog er mit dem Heim von der Niedernauer Straße in die Hagenwörtstraße um. Ein halbes Jahr später zog auch die Schule in die Hagenwörtstraße um und wurde so zur „Schule am Ufer".

Vignette: Erster Schultag

An seinem ersten Schultag bei uns gab er an, aus Düsseldorf zu kommen, und als mein Kollege ihm provokativ entgegnete, er komme doch aus Köln, schien er sich diebisch über die beginnende Diskussion über seinen wahren Herkunftsort zu freuen. (In Wahrheit kam er aus keiner der genannten Städte oder deren Umgebung.)

Die Integration in unsere Schülergruppe (vier Jungen und ein Mädchen im Alter von 8 bis 16 Jahren) verlief undramatisch. Zwar hatte er schnell einen etwas älteren, doch ihm körperlich wie geistig unterlegenen Mitschüler als vermeintlich Schwächsten ausgeguckt und begann, diesen massiv zu entwerten („Der stinkt. Der ist Abschaum"), doch es gelang uns, durch die Vermittlung klarer Regeln und deren konsequente Umsetzung Josefs Angriffe auf ein erträgliches Maß zu begrenzen.

Schulräume als Begrenzung, klare zeitliche/inhaltliche Strukturierung

Die Enge unserer alten Schulräume (drei Unterrichtsräume, Pausenraum, Küche und Toilette auf einem Stockwerk) sowie die klare zeitliche und inhaltliche Strukturierung der Abläufe wirkten haltgebend und begrenzend auf ihn. Die Möglichkeit, durch ein weitverzweigtes Gebäude zu streifen, ungefragt überall einzudringen wie in seiner letzten Schule im Tagesklinikum, war schlicht nicht gegeben.

(Allerdings zeigte er zunächst ausgeprägte Zwänge, u. a. häufiges, ausgedehntes Händewaschen, dabei Selbsteinschluss auf der Toilette, vor allem in Situationen des Übergangs. Er musste mit Entschiedenheit unterbrochen werden, was meist gelang.)

Nicht-ankommen-Wollen (Nicht-angekommen-sein-Wollen)

Obwohl er oft von Heimweh geplagt wurde, schien er sich binnen weniger Wochen bei uns recht wohl zu fühlen. Zeitweilig präsentierte er sich charmant, in den Herzen der Mitarbeiter unseres Schul-Teams sicherte er sich rasch einen Platz. Zugleich tat er einiges dafür, diesen Platz wieder infrage zu stellen.

So reagierte er konsequent auf jegliche ihm unangenehme Anforderung mit: „Das kann ich nicht!“ Und da wir in der Regel standhaft blieben in unseren Anforderungen, fuhr er fort: „Lassen Sie mich doch in Ruhe. Ich brauche das nicht. Ich bin sowieso bald wieder weg von hier!“

Doch anschließend ließ er sich mehr und mehr motivieren, die Aufgabe wenigstens zu versuchen – und wenn sie ihm dann gelang, sei es mit, sei es ohne Hilfe, so war seine Freude darüber unverkennbar.

Bevorzugung von Frauen als Bezugspersonen

Durch die langfristige Erkrankung einer Kollegin war nur eine Lehrerin in der Schule – gegenüber drei Männern: (Haupt-)Lehrer, einem Schulassistenten und einem stundenweisen Vertretungslehrer (Rektor!).

Josef blieb gar nichts anderes übrig, als sich in seinen ersten Monaten bei uns mit dem Überhang an männlichen Lehrkräften zu arrangieren.

Wie zum Ausgleich dafür trug er gerne seine Vorlieben die Betreuerinnen des Heims betreffend in die Schule hinein. So konnte er während des Unterrichts triumphierend durchs Klassenzimmer rufen: „Magda gibt mir Kuchen, Magda gibt mir alles!“, im offenkundigen Wissen darum, damit seine Mitschüler gegen sich aufzubringen und die Lehrer zum Eingreifen zu nötigen.

Allgegenwärtig im seinem Reden waren auch ehemalige Lehrerinnen und Betreuerinnen, deren Namen samt Vornamen bis heute in meinem akustischen Gedächtnis nachhallen.

Seine neuen männlichen Betreuer hingegen suchte er zunächst verbal weitestgehend zu ignorieren. Wurden sie Thema, dann in negativer Form: „Der Florian ist mir egal. Ich kann den nicht ausstehen. Überhaupt mag ich Frauen viel lieber als Männer.“

Provokationen dieser Art brachte er bevorzugt bei den männlichen Lehrkräften an. Dabei beobachtete er stets sehr interessiert die Wirkung seiner Worte. Über schärfere Reaktionen schien er sich zu freuen oder er nutzte sie, um in (gespielter?) Naivität seine Haltung zu bekräftigen: „Frauen sind viel besser als Männer – das ist nun mal meine Meinung. Warum darf ich das nicht sagen?“

Reagierten wir mit Gleichmut oder Gelassenheit, so schien ihn das nicht zu befriedigen, und er steigerte seine Entwertungen, wobei er vom Allgemeinen zur persönlichen Beleidigung übergehen konnte: „Männer stinken. Sie stinken, Herr Kaschek – ich kann Sie nicht leiden.“

Josef schien zwar einerseits ein klares Bewusstsein davon zu haben, wie er die Wirkung seiner Attacken steigern konnte, um die beabsichtigte, von ihm offenbar als lustvoll erlebte Reaktion seines Gegenübers zu steigern – andererseits schien jedoch sowohl das Gespür als auch die bewusste Einsicht dafür zu fehlen, was er seinem Gegenüber eigentlich zumutete und dass er damit potentiell die Grundlage der Beziehung überhaupt angriff und somit den totalen Abbruch der Beziehung provozierte.

Lange Zeit war es kaum möglich, ihm diesen, sein Leben in sozialer Gemeinschaft insgesamt gefährdenden Aspekt seines kommunikativen Tuns/Treibens verständlich zu machen.

Verhalten in der Öffentlichkeit

Zum Konzept unserer Schule gehört das Hinausgehen der Schüler an andere soziale Orte.

Josefs Distanzlosigkeit vor allem gegenüber fremden Frauen – auf der Straße, beim Einkaufen, im Schwimmbad, bei Lerngängen – stellte uns vor die Aufgabe, ihn wirkungsvoll zu begrenzen, ohne seiner Lust am Eklat ausgeliefert zu sein. Dies konnte nur durch eine personelle Besetzung gelingen, in der eine Lehrkraft dafür eingeteilt war, bei Bedarf mit Josef aus der Situation heraustreten und diese für ihn und mit ihm beenden zu können.

Stereotype Fragen Josefs waren u. a.: „Wie heißen Sie? Wo wohnen Sie? Arbeiten Sie hier schon lange? Kann ich Sie mal besuchen?“

Als problematisch für uns erwies sich der offenkundige „Behindertenbonus“, den viele Fremde Josef zugestanden, meist wohl aufgrund seiner auffälligen Erscheinung.

Er wiederum schien sich an unserem streng begrenzenden Eingreifen ebenso zu ergötzen wie an seiner distanzlosen Kontaktaufnahme zu Fremden.

Auf die Bewältigung bzw. Überwindung der Schwierigkeiten der sozialen Integration legen wir deshalb so großes Gewicht, weil diese (Un-)Fähigkeiten nach unserer Einschätzung in mindestens ebenso großem Maße als limitierende Faktoren für den Besuch öffentlicher Schulen und anderer Bildungseinrichtungen wirken wie die Qualität der erworbenen Kulturtechniken, von prozeduralem wie von Speicher-Wissen. Das heißt, der Erwerb basaler sozialer Fähigkeiten ist unerlässlich für die Erreichung des Ziels der (Re-)Integration in eine (Regel-)Schule.

Die beschriebenen Schwierigkeiten Josefs kehrten bei den Integrationsversuchen an externen Schulen wie bei den beruflichen Praktika in unterschiedlichen Spielarten wieder.

Im Folgenden sollen nun die Anfänge in der Wohngruppe und in den therapeutischen Einzelstunden skizziert werden.

Zur Anfangszeit im Heim (2004)

Noch stärker als in der Schule sind die ersten Monate im Heim geprägt von der Ambivalenz zwischen dem Wunsch nach Rückkehr vor allem zur Stiefmutter und dem Wunsch nach Beheimatung an seinem neuen Lebensort.

Unvermittelt sucht er immer wieder den Kontakt insbesondere zu den Betreuerinnen, die seine Annäherungen teils als zudringlich, teils als durchaus charmant erleben. Regelmäßig taucht die – in der Schule nur gelegentlich geäußerte – stereotype Frage auf: „Magst du mich?“

Zugleich versucht Josef in den für ihn schwer erträglichen Pausenzeiten oft mehrmals täglich den Kontakt zur (Stief-)Mutter über ein vor den Betreuern lange verborgen gehaltenes Handy herzustellen. Die symbiotische Verbindung mit der (Stief-)Mutter („meine Mama“) wirkt als starkes Hemmnis, Beziehungen zu den BetreuerInnen entwickeln zu können. Für die Beziehung zum Vater wiederum scheint es kaum einen Raum zu geben – an den Heimfahrwochenenden verbringt er seine Zeit fast ausschließlich mit der Mutter (und deren Freundinnen).

Immerhin sucht Josef öfter den Kontakt zu den männlichen Betreuern – doch meist um ihnen im Lauf des Gesprächs mitzuteilen, dass er alles Männliche verabscheue und für sich selbst eine Geschlechtsumwandlung wünsche. Er liest die *Brigitte* und verehrt Uschi Glas – wie seine „Mama“.

Bei (endgültigen) Abschieden von Betreuern zeigt er große Verlustängste, seine Trauer kann er formulieren.

Die Integration in die Gruppe gelingt zunächst gut, doch bald tauchen Konflikte mit seinen Mitbewohnern auf, die er durch sein Verhalten verschärft. Josef fühlt sich abgelehnt („niemand kann mich leiden"), im Gegenzug bezichtigt er andere u. a. des Diebstahls. Nachforschungen bringen ans Licht, dass er selbst die betreffenden Gegenstände hat verschwinden lassen ...

Beginn der therapeutischen Einzelstunden (2004)

Josef musste zunächst damit zurechtkommen, seine therapeutischen Einzelstunden in der Tübinger Ambulanz unseres Vereins bei einem Mann wahrzunehmen – in der Schule äußerte er anfangs wiederholt, viel lieber zu einer Frau gehen zu wollen, und war diesbezüglich neidisch auf seine Mitschülerinnen.

Nach einigen Monaten gab er diese Klagen auf, mehr noch: Wann immer andere ihre Einzelstunden thematisierten, hielt er sich auffällig zurück. Es schien, als habe er Gefallen daran gefunden, das Geschehen dort und die Person, mit der er es erlebte, dezidiert für sich zu behalten.

In den gemeinsamen Supervisionen erfuhren wir, dass ein Unterrichts-Impuls meines Kollegen aus der Anfangszeit in unserer Schule sich in den Einzelstunden als wesentlicher Bestandteil etabliert hatte: Josef dachte sich Geschichten aus und schrieb sie auf, wobei er Formulierungshilfen von seinem Therapeuten erhielt. Dieses Schreiben von Geschichten blieb über fast fünf Jahre hinweg Josefs „Hauptbeschäftigung" in den Einzelstunden.

Die ersten Geschichten spielen in der S-Bahn oder im Bus, Züge bleiben im Tunnel stecken, Fahrgäste erleben Angst bis zur Rettung, ein Fahrgast oder der Fahrer wird ermordet.

Ab der Papstwahl im April 2005 (Josef ist nun ein Jahr in Rottenburg) kreisen die Geschichten monatelang um dieses Thema. In der ersten Geschichte dazu wird Ratzinger vom Bus überfahren, denn: „Er hat nicht aufgepasst, als er über die Straße ging." Josef wird nun an seiner Statt neuer Papst als „Innozenz XIV." Seine Regentschaft sei vom ersten Tag an „denkwürdig", denn noch auf dem Balkon des Petersdoms habe er sich „genüsslich einen Glimmstängel angezündet". Alle Raucher seien darüber begeistert gewesen, die Nichtraucher hätten es nicht fassen können.

Die nachfolgenden Geschichten kreisen weiter um den Komplex Vatikan, verbunden mit Motiven aus *Star Wars* oder *Harry Potter*, meist mit katastrophischem Ausgang.

Zwei Lebensläufe des Papstes Innozenz XIV. heben sich davon ab: Nach einer Mischung aus Ereignissen, die einerseits nur für die „Yellow Press“ interessant wären (der Papst lässt sich die Haare färben), und revolutionären Handlungen andererseits (Abschaffung des Zölibats, der Papst heiratet und bekommt ein Kind etc.) gelangen beide Lebens-Entwürfe zu einem versöhnlichen Ende: Variante 1 endet mit der Heiligsprechung einer Nonne durch den Papst, in Variante 2 stirbt der Papst im Alter von 125 Jahren auf seinem Sommersitz am Mittelmeer, betrauert von der ganzen Welt ...

Zur weiteren Entwicklung in der Schule

Nach knapp einem Jahr stellte sich die Situation so dar: Josef kam regelmäßig und offenbar auch gerne, äußerte aber immer wieder, endlich in eine „richtige“ Schule gehen zu wollen, möglichst in seine frühere Schule.

Zunehmend wirkte er traurig, von Heimweh geplagt, konnte dies auch verbalisieren, sich trösten lassen und anschließend meist weiterarbeiten.

Zugleich schien er emotional stark vom Wohlwollen der Meinungsführer in der Klasse abhängig zu sein, er selbst konnte kaum sozial empathische Seiten zeigen.

„In allen Fächern präsentierte er sich mit wenig Selbstwertgefühl“ (Schulbericht Februar. 05), er brauchte viel Motivationshilfe, arbeitete dennoch langsam, konnte sich über Erreichtes jedoch freuen. Fast durchweg benötigte er dafür eine erwachsene Person an seiner Seite.

Als wesentliches Lernziel für das nächste Schulhalbjahr wurde deshalb gesetzt, dass er sich „auch unabhängig von der Lehrperson mit Unterrichtsinhalten beschäftigen“ solle (vgl. Schulbericht Juli 2005) – als wesentliche Voraussetzung für einen begrenzten Schulversuch an einer externen Förderschule.

In einem Elterngespräch der Schule in dieser Zeit brachte Josefs Vater deutlich zum Ausdruck, dass er Josef schlicht für faul halte – dies sei schon immer so gewesen, auch wenn er ihm Hilfsangebote gemacht habe. Die Lehrer verwiesen im Gegenzug ebenso entschieden darauf, dass es bei Josef nicht allein um ein Nicht-Wollen, sondern eben auch um ein Nicht-Können gehe und dass es darauf ankomme, Josefs real verfügbare Möglichkeiten zu akzeptieren und geduldig auf dem Vorhandenen aufzubauen.

Der Vater konnte mit dieser Sicht überhaupt nichts anfangen, beharrte auf Josefs Faulheit als Ursache der Probleme und wollte vor allem wissen, ob sich Josefs Schulschwierigkeiten irgendwann bessern könnten und wie lange das nach unseren Erfahrungen denn dauere. Die Stiefmutter wiederum verwies darauf, dass Josef in den ersten Grundschuljahren problemlos habe Schritt halten können, ohne viel für die Schule zu tun, erst nach dem Eintritt in die Körperbehindertenschule hätten die Probleme angefangen ...

Es schien, als ob beide Eltern auf ihre eigene Weise die Tiefe von Josefs Problemen zu leugnen versuchten:

Der Vater, indem er sie auf ein Motivations- oder Willensproblem zu reduzieren suchte, die Stiefmutter, indem sie sie als erst durch die Begegnung mit körperbehinderten Kindern ausgelöst zu betrachten suchte.

Auf Unterstützung der Eltern konnten wir zumindest kurzfristig nicht setzen.

Dennoch starteten wir ein Dreivierteljahr später den ersten Versuch einer Außenbeschulung.

Exkurs: Grundsätzliche Anmerkungen zu unserem Konzept von „Schulversuchen"

„Schulversuch" an einer „öffentlichen" Schule heißt bei uns, dass wir versuchen, den Rahmen für das Gelingen zu sichern über Vorbereitung des Schülers wie auch der Lehrkräfte und gegebenenfalls auch der Schülergruppe, in der unser Schüler unterrichtet werden soll, sowie durch Begleitung auf den Wegen und bei den Übergängen in die neue Situation.

Die Situation selbst jedoch sollte der Schüler zumindest nach einer Übergangszeit ohne uns zu bewältigen im Stande sein.

Eine dauerhafte Einzelbegleitung in der Gruppensituation einzurichten, um soziale Defizite oder Defizite in der Aufmerksamkeitssteuerung zu kompensieren, halten wir nicht für sinnvoll. Lieber begrenzen wir zu Beginn den Zeitraum, den der Schüler ohne uns zurechtkommen muss, recht eng, um positive Bewältigungserfahrungen zu ermöglichen und das gegenseitige Vertrauen/Zutrauen von Schüler und Lehrer der gastgebenden Schule zu stärken, dass das Miteinander gelingen kann.

Schulversuch in der Förderschule (ab Dezember 2005)
Voraussetzungen und Vorüberlegungen

Josef war inzwischen anderthalb Jahre bei uns und schien mittlerweile „gut angekommen“ zu sein – in den Beziehungen zu Lehrkräften beiderlei Geschlechts schien er zunehmend sicherer zu werden und konnte deren Hilfe auch in Konfliktsituationen besser nutzen. Sicherheit schien ihm zu geben, dass wir die Auseinandersetzungen mit ihm stets von Neuem mit großer Entschiedenheit führten.

Josef konnte nun in einigen Fächern auch ohne eine(n) LehrerIn an seiner Seite arbeiten – Deutsch, Mathe, Kochen –, insbesondere wenn es Routinen gab, innerhalb derer er sich bewegen konnte und wenn er sich nicht überfordert fühlte.

Die Anfangs-Haltung des „Das kann ich nicht“ war hinter der Haltung des „Das interessiert mich nicht“ zurückgetreten – immer noch ein großes Handicap beim Erschließen neuer Lernfelder mit ihm.

Speziell anlässlich des Wochenanfangsunterrichts gab er regelmäßig kund, nicht mitmachen zu wollen, weil er grundsätzlich nicht an dem interessiert sei, was diese Schule zu bieten habe – und ließ sich dann doch zu Ansätzen der Mitarbeit bewegen ... In einzelnen Fächern wie z. B. Musik zeigte er jedoch eine „unerschütterliche Verweigerungshaltung“ (Schulbericht Juli 2005).

Mit seinen MitschülerInnen kommunizierte er weitgehend über Provokation, Nachahmung oder negative Beurteilung; der jüngsten gegenüber zeigte er sich oft überschwänglich und distanzlos.

In der Öffentlichkeit, bei Lerngängen und Exkursionen agierte er weniger distanzlos, artikulierte stattdessen lautstark sein Desinteresse am präsentierten Inhalt, um so die Aufmerksamkeit auf sich zu ziehen. Trotz der erkennbaren Fortschritte konnten wir also keineswegs davon ausgehen, dass selbst ein auf nur eine Unterrichtsstunde pro Woche begrenzter Versuch an einer externen Schule erfolgreich verlaufen würde.

Doch angesichts seines Alters (er war nun fast 16!), seines anhaltenden Wunsches und unserer Einschätzung, dass eine weitere äußere Instanz die Chance auf mehr Entwicklung für ihn biete (und evtl. auch uns im Suchen und Ringen mit ihm um eine realistische Einschätzung seiner Möglichkeiten zu Klärung und Entlastung verhelfen könnte), wagten wir den Versuch in einer siebten Klasse der Förderschule in Rottenburg. (Seine Mitschüler waren durchweg mindestens ein Jahr jünger als er.)

Aus einer therapeutischen Einzelstunde in dieser Zeit

Ein Schlaglicht auf Josefs Selbsteinschätzung kurz vor diesem Schulversuch wirft der tabellarische Lebenslauf von Papst Innozenz XIV., den er in der Einzelstunde in der Tübinger Ambulanz entwarf:

2004 Umzug nach Rottenburg

2004 bis 2010 Einzelstunde bei Andreas Schiller in Tübingen.

2004 bis 2006 Schüler in Rottenburg.

2006 bis 2010 Ausbildung zum S-Bahn-Fahrer.

3. 10. 2010 zum Papst gewählt. (Begründung: „Weil die Kardinäle einmal endlich einen einfachen Mann aus dem Volk wählen wollten.")

Noch bevor er also überhaupt mit dem Schulversuch an der Förderschule begonnen hatte, phantasierte er schon dessen Ende mit Ablauf desselben Schuljahres und den anschließenden Einstieg in eine Berufsausbildung.

Zugleich schien er jedoch eine Ahnung davon zu haben, dass die „Einzelstunde bei Andreas Schiller" eine Bedeutung für ihn haben könnte, die über seine Schulzeit hinausreicht.

Hinsichtlich der konkreten Dauer erwies er sich als ziemlich guter Prophet: Seine letzte Einzelstunde fand im November 2009 statt ...

Durchführung des Schulversuchs

Da es ihm bei uns inzwischen gelang, auch mit männlichen Lehrpersonen unambivalent zu arbeiten, schickten wir ihn für eine Stunde pro Woche zu einem Lehrer in den Mathematikunterricht. Der Kollege hatte Josef bald in sein Herz geschlossen, Josef wiederum zeigte sich ihm gegenüber bald recht anhänglich. Die Mitschüler akzeptierten Josef, ohne dass sich ein näherer Kontakt entwickelt hätte. An die Regeln in der neuen Umgebung hielt er sich zunächst. Da er nur eine Stunde pro Woche am Unterricht teilnahm, wurde er in der leistungsschwächeren Gruppe der Klasse unterrichtet, kam dort auf dem Niveau der Grundrechenarten gut zurecht. Seine Aufmerksamkeit im Unterricht hing allerdings stark von der Zuwendung des Lehrers ab.

An dem beschriebenen Zustand änderte sich bis zum Schuljahrsende fast nichts – abgesehen davon, dass, wenn wir Josef abholten, sein Verhältnis zum Klassenlehrer zunehmend distanzlos anmutete.

Parallel dazu zeigte er bei uns in der „Schule am Ufer" einen „deutlichen Zuwachs an sozialen Fähigkeiten" (Schulbericht Juli 2006) – sowohl im Unterricht selbst als auch bei Lerngängen in der Öffentlichkeit. Er wirkte etwas selbstsicherer, äußerte zunehmend seine eigene Meinung und interessierte sich auch unabhängig von der Beziehung zur Lehrperson mehr für Unterrichtsinhalte.

In den fortgesetzten Auseinandersetzungen mit uns zeigte er jedoch eine zunehmende Aggression, immer wieder musste er deshalb auf Zeit das Schulzimmer verlassen.

Dennoch schätzten wir die Gesamtentwicklung so positiv ein, dass wir im Einvernehmen mit der Förderschule im neuen Schuljahr eine Ausweitung des externen Unterrichts auf drei Stunden pro Woche vornahmen.

Schullandheim Bruckfelden Mai 2006

Das viertägige Schulpraktikum in einer anthroposophischen Einrichtung am Bodensee, an dem Josef zusammen mit zwei Mitschülern teilnahm, begleitet von meinem Kollegen und mir, erscheint in mehrfacher Hinsicht als bedeutsame Erfahrung:

Josef nahm an einem fremden Ort jeweils den ganzen Vormittag am Unterricht teil. Er kam gut zurecht, obwohl er nur zu Beginn von meinem Kollegen begleitet wurde.

Nachmittags arbeitete er in der „Kräuterwerkstatt", ebenfalls ohne Begleitung durch uns. Dies war seine erste vorsichtige Begegnung mit „Arbeit" in dem Sinne, dass dort über den schulischen Stundentakt hinaus gearbeitet sowie Produkte erstellt wurden, die verkaufstaugliche Qualität erreichen sollten. Josef meinte zwar, sich ein längeres Arbeiten dort nicht vorstellen zu können, schien aber uneingeschränkt stolz auf die Dinge zu sein, die er mit hergestellt hatte.

Ab dem späten Nachmittag unternahmen wir kleine Ausflüge an den Bodensee oder ins Hinterland. Josef erlebte dabei sowie abends vor dem Zubettgehen – wir logierten miteinander in einer kleinen (separaten) Ferienwohnung im Dorf – seine „Lehrer" in quasi familiärer Atmosphäre, was er sehr genoss. Wir meinten dabei zu spüren, wie sehr dieser junge Mensch vergleichbare Erlebnisse mit seinen Eltern, insbesondere aber mit seinem Vater, in seinem Leben bisher vermisst hatte und wie er unser Angebot nun aufzusaugen schien wie eine durstige Pflanze ... Diese Erfahrungen der Nähe und des Gehaltenseins in der Nähe, ohne dass Grenzen oder Rollen verwischt oder verwechselt wurden, waren m. E. zentral für seine weitere Beziehung zu uns und für das Vertrauen, das er vor allem zu meinem Kollegen entwickelte, der ihn am engsten begleitete.

Erweiterter Schulversuch in der Förderschule (ab September 2006)

Der Start ins neue Schuljahr gelang Josef ausgezeichnet. In unserer Schule zeigte er Fortschritte sowohl im Sozial- als auch im Arbeitsverhalten. In Streitsituationen zeigte er sich belastbarer, Einzelgespräche konnte er gut nutzen. Die Beziehungen zu seinen Mitschülern gewannen für ihn an Gewicht, er war nicht mehr so stark auf die Lehrer fixiert.

Im Unterricht zur Vorbereitung eines Berufspraktikums arbeitete er konstruktiv mit. Er brachte seine Wünsche ein, fing an, sich mit deren Realisierbarkeit auseinanderzusetzen, verabschiedete sich von den Berufswünschen „Papst“ und „Fußballprofi“ (Buchhändler taucht neu auf) und entwickelte den Wunsch, einen Schulabschluss zu machen.

Auch in der Förderschule erschien die Entwicklung stabil: Seine auf zwei Tage verteilten drei Unterrichtsstunden pro Woche bewältigte er. Zwar musste er noch immer hingefahren werden (mein Kollege und ich teilten uns die frühmorgendlichen Dienste), doch machte er nun einen Rückweg selbständig. Im Mathe-Unterricht akzeptierte er problemlos einen weiteren Lehrer. Seine Mitschüler zeigten sich ihm gegenüber verständnisvoll, obwohl er weiter keinen Kontakt zu ihnen suchte und in einer Sonderrolle blieb.

Nach etwa zwei Monaten kam es zu einer schweren Krise an beiden Schulen.

In unserer Schule konnte er weder zu Lehrern noch zu Mitschülern adäquate Distanz halten, war schwer zu ertragen und wurde mehrfach vorzeitig ins Heim gebracht.

In der Förderschule verunsicherte ihn die schwere Erkrankung des ihm vertrauten Lehrers stark. In der Folge mündeten einige kleinere Konflikte in eine wüste Beschimpfung seiner Mitschüler und des zweiten Lehrers dort. Der Unterricht wurde für drei Wochen ausgesetzt. Nach mehreren Vermittlungsgesprächen, die mein Kollege mit Josef und der Klasse führte, konnte Josef schließlich wieder als Gastschüler den Unterricht besuchen.

Parallel dazu geschieht in der Wohngruppe und im familiären Kontext Folgendes:

Vater und Stiefmutter sind nach einer Phase der Trennung wieder als Paar zusammen; Josef macht Fortschritte in der Akzeptanz seines Mann-Seins, die anlässlich der WM entzündete Fußball-Begeisterung hält an, er beteiligt sich am Fußballspiel der Gruppe im Heim, kann (erstmals?) unterschiedliche Interessen auf beide Eltern verteilen, z. B. Sport, Musik-CDs; er beginnt, eine freundschaftliche Beziehung zu einem gleichaltrigen Mitbewohner zu entwickeln – ohne dass er diese so hätte nennen können oder wollen.

Zurück zur Schule:

Im weiteren Verlauf des Schuljahrs dauerten die Probleme mit Nähe und Distanz in unserer Schule an, in der Förderschule hingegen verhielt er sich angepasst und kam auch fachlich zurecht. Das von uns organisierte Berufspraktikum im Lager einer großen Buchhandlung missglückte. An den ersten beiden Tagen schien es, dass er den Anforderungen sowohl intellektuell als auch praktisch gewachsen sein könnte: Er begriff das Etikettiersystem und es gelang ihm, die Bücher korrekt auf die Paketwagen für die verschiedenen Filialen zu verteilen und dabei zeitweise selbständig zu arbeiten. Doch im Verlauf der Praktikumswoche traten Interesse und Motivation für die Arbeitsaufgabe rasch hinter dem Interesse an persönlichen Beziehungen zu den ihn anleitenden MitarbeiterInnen zurück: Er arbeitete Tag für Tag weniger und wurde immer aufsässiger und penetranter. Gegen Ende des Schuljahres wurden uns drei Dinge immer deutlicher:

1. Die Unmöglichkeit, dass Josef weiterhin weitgehend an unserer Schule den Unterricht besuchen würde: Er wurde zunehmend unaushaltbarer, war nur schwer zu begrenzen und arbeitete so wechselhaft mit, dass wir nicht mehr der Meinung waren, er profitiere von unserem Angebot in ausreichendem Maße, trotz Fortschritten etwa in Musik und Sport/Schwimmen (Körperintegration). Zugleich war jedoch klar, dass wir ihn keinesfalls würden ausschulen können, ohne eine weiterführende Perspektive mit ihm entwickelt zu haben.

2. Das Angebot der Förderschule schien ausgereizt: Seine dortigen Mitschüler gingen durchweg von der Schule ab – nochmals die Integration in eine neue, jüngere Gruppe anzustreben, machte ohne konkrete weiterführende Perspektive keinen Sinn.

3. Das gescheiterte Berufspraktikum hatte aber auch gezeigt, dass Josef mit der Integration in eine berufliche Tätigkeit noch deutlich überfordert sein würde. Wir mussten also nochmals nach einem neuen schulischen Ort suchen.

Als Anknüpfungspunkt blieb sein Wunsch nach einem Schulabschluss. Gespräche mit der Förderschule ergaben, dass einige von Josefs dortigen Mitschülern im neuen Schuljahr ein BVJ an der Förderberufsfachschule beim Internationalen Bund für Sozialarbeit (IB) in Tübingen-Bühl besuchen würden, um sich aufs Berufsleben vorzubereiten und den Hauptschulabschluss zu erwerben.

Wir kamen überein, dort anzufragen, ob eine stundenweise Beschulung für Josef möglich sei.

Die Situation im Heim zu jener Zeit ist geprägt durch die Vorbereitung auf seinen 18. Geburtstag und die damit zusammenhängenden ihn ängstigenden Fragen nach möglicher Selbständigkeit, geprägt aber auch durch die endgültige Trennung der Eltern, in deren Inszenierung Josef zum Teil hineingezogen wird, verbunden mit großen Verlustängsten, geprägt durch Penetranz im Umgang mit den Bezugsbetreuern, die den Kontakt zu den getrennten Eltern pflegen.

Heftige Aggressionen und destruktive Energien entladen sich: Einmal schlägt er die Haustür des Heims ein; ein anderes Mal muss eine Betreuerin sich im Büro einschließen, um sich vor ihm zu schützen.

Zurück zur Schule: Schulversuch im BVJ des IB (2007/08)

Nachdem mein Kollege ein weiteres Mal als „Türöffner" erfolgreich war, besuchte Josef ab Oktober 2007 zunächst für einen Vormittag in der Woche den kaufmännischen Zug („Fachpraxis Wirtschaft und Verwaltung") des BVJ der Förderberufsfachschule beim IB in Tübingen-Bühl als „Gast auf Probe".

Neu war, dass er die Wege nun selbständig mit dem Bus bewältigte.

Im BVJ traf er wieder einmal auf eine Lehrer*in* (und auf Sekretä*rinnen*) ... Er zeigte seine bekannten Stärken im Fach Deutsch, die Anforderungen im Umgang mit dem PC bewältigte er. Insgesamt benötigte er weiterhin viel Unterstützung im Unterricht, um bei der Arbeit bleiben zu können. Neu war auch, dass er sich in den Pausen mit Mitschülern zu unterhalten begann – die anderen akzeptierten ihn (vgl. Elterngespräch März 2008).

Im zweiten Halbjahr erhöhten wir die Belastung: Zu dem einen Vormittag kam der anschließende Nachmittagsunterricht hinzu. In der Mittagspause ging mein Kollege mit ihm essen, um ihn von überfordernden Situationen mit seinen Mitschülern zu entlasten.

Auf die Erhöhung der Belastung sowie die bei seinen Mitschülern (aber noch nicht bei ihm) anstehende Prüfung reagierte Josef mit zunehmenden Auffälligkeiten des Verhaltens.

Er erklärte, er wolle sein wie die anderen – sie würden aber nicht seine Freunde werden ...

Auch bei uns in der „Schule am Ufer" gab es Situationen, in denen er zu entgrenzen drohte. Das Thema der Ungewissheit seiner Zukunft – mittlerweile war auch ein Umzug nach Hagenwört im Gespräch – begann, alles andere zu überlagern.

Dennoch zeigten sich Fortschritte im Arbeits- und Lernverhalten, er arbeitete selbständiger, konstanter und motivierter.

Kurz vor Ende des Schuljahres wurde ein (von uns initiiertes) zweiwöchiges Praktikum in der Werkstatt für psychisch kranke Menschen zu einem vollen Erfolg: Er arbeitete täglich vier Stunden zur Zufriedenheit der Werkstattleitung und bekam viel Anerkennung von den anderen Mitarbeitern. Josef wirkte stolz und erleichtert – hatte er doch im Vorfeld über Wochen hinweg das anstehende Praktikum schlechtzureden versucht und seinen Unmut darüber ausgedrückt, zusammen mit „Behinderten" arbeiten zu sollen.

Das zweite Jahr im BVJ des IB (2008/09)

Aufgrund der Gesamtentwicklung schien es uns gerechtfertigt, im neuen Schuljahr den Unterricht am IB auf drei Tage inklusive Nachmittagsunterricht auszuweiten. Wenn ihm dies gelänge, müsste er auch den Hauptschulabschluss erreichen können – so unsere Hoffnung. Wir vereinbarten die weitergehende Beschulung probeweise für zwei Monate, um die Lehrkräfte am IB zu entlasten und Josef deutlich zu machen, dass er zum Gelingen des Projekts seinen Anteil beitragen müsse.

In den Mittagspausen wurde er im Wechsel von meinem Kollegen und mir begleitet, um ihm eine Struktur in dieser Zeit anzubieten und ihm die Möglichkeit zu geben, Schwierigkeiten direkt mit uns zu besprechen.

Josef zeigte sich entschlossen, den Abschluss schaffen zu wollen, und war auch bereit, dafür zu arbeiten. *Fachlich* bewältigte er das Schuljahr – von massiven Schwierigkeiten bei der mathematischen Operation des Dividierens abgesehen – dann auch ohne größere Probleme. Im Abschlusszeugnis erreichte er in Deutsch eine 2, in „Fachpraxis Wirtschaft und Verwaltung" sowie in Technologie eine 3, in Mathematik immerhin noch eine 4.

Dennoch stand das Projekt mehrmals auf Messers Schneide, insbesondere da Josef erneut Nähe und Distanz vor allem zu den Mädchen in seiner Klasse nicht angemessen regeln konnte. Freundlichkeit verwechselte er mit Freundschaft, in der Folge kam er einzelnen zu nahe, wurde zurückgestoßen, reagierte verletzt und aggressiv – und schien trotz vermittelnder Hilfe seitens der LehrerInnen den Grund für die Zurückweisung nicht begreifen zu können oder zu wollen. Seine Naivität und Unbeholfenheit wiederum animierte einige Mädchen, erotisch getönte Spielchen mit ihm zu treiben, die er nicht durchschaute.

So bedurfte es mehrfacher Interventionen meines Kollegen (und großer Kooperationswilligkeit und Duldsamkeit der KollegInnen im IB), um nach aufgeladenen Situationen zwischen Josef und der Klasse zu vermitteln und eine Fortführung des Schulbesuchs zu ermöglichen.

Für uns wesentlich schwerer zu ertragen waren jedoch die zwei Vormittage, an denen er noch die „Schule am Ufer" besuchte. Die für ihn zentralen Fragen: „Schaffe ich den Hauptschulabschluss?", und: „Was wird mit mir nach der Schule?" versuchte er permanent bei sämtlichen Lehrkräften und in sämtlichen Unterrichten so penetrant unterzubringen, dass er häufig den Unterricht verlassen musste.

Er schien es regelrecht darauf anzulegen, ausgeschlossen zu werden, und nannte dafür drei Gründe (26. 11. 08, schriftlich, vgl. Zeugnisakte):

1. Die Anwesenheit seines Namensvetters, mit dem er nichts mehr zu tun haben wolle, der häufig mit ihm verwechselt und der von den Lehrern ihm gegenüber bevorzugt werde; außerdem die Anwesenheit von „Kleinkindern", die er nicht möge und denen begegnen zu müssen, er „unangemessen" finde.
2. Bei uns wolle er „nicht mehr so viel lernen", nur den Unterricht vom IB aufarbeiten, um
3. „eines Tages jeden Tag ins IB gehen" zu können, dort „den Hauptschulabschluss machen und dann aus dem Heim ausziehen und an einem neuen Ort eine Lehre machen zu können".

So erfreulich diese Progressionswünsche erscheinen mögen – sie stießen sich hart mit dem, was für ihn angesichts der beschriebenen Probleme mit der Regelung von Nähe und Distanz tatsächlich realistisch war.

Aus unserer Perspektive hatten sich jedoch die Vorzeichen verkehrt: Ein Jahr zuvor hatten wir ihn auch deshalb für einen Tag in der Woche ins IB geschickt, um ihn an den übrigen Tagen bei uns besser ertragen zu können – und nun spürten wir, dass wir ihn mindestens einen Tag in der Woche weiter bei uns ertragen mussten, damit er an den anderen Tagen im IB erträglich und letztlich schulisch erfolgreich sein konnte.

Vignette zur Zeit im IB aus meinen Spaziergängen
mit Josef in dessen Mittagspause

Josef verzieht das Gesicht und meckert über den Leberkäswecken, den ich ihm mitgebracht habe (Kollege Rahns Döner am Dienstag ist viel besser), beißt im nächsten Moment gierig hinein, hat ihn verschlungen, noch ehe wir die hundert Meter entfernten Bahngleise im Neckartal erreichen (ich habe von meinem LKW maximal die Hälfte gegessen), schimpft, dass wir nicht im Restaurant sitzen, sondern über die Felder gehen, zieht sein Getränk in wenigen Zügen durch den Strohhalm, erklärt, noch nicht satt zu sein, die Portion sei zu klein gewesen, ich ziehe die Kekse aus meiner Jackentasche, er isst noch etwas weiter. Während wir gehen, kommt er immer mehr von schulischen Themen ab, er beginnt über seine Eltern, den Konflikt der Eltern zu reden und positioniert sich dabei (auf Seiten seiner Mutter), schließlich erscheint ein alter Satz in neuem Gewand und in veränderter, nachdenklich-besorgter Tonlage: „Die Betreuer haben gesagt, dass sie nach einer anderen Einrichtung für mich suchen. Ich werde bald weggehen von hier. Wissen Sie das?"

Das Drama seines Abschieds ist bereits in vollem Gang und spitzt sich über Monate zu, noch ehe er den Schulabschluss geschafft hat: Schier unerträgliche Penetranz trotz erhöhter Medikation besonders gegenüber den Betreuerinnen im Heim, regelmäßige „Zukunftsgespräche" unter Einbeziehung der Geschäftsführung des Vereins, regelmäßige Überflutung durch Angst vor dem Verlust der Stiefmutter bei zunehmender Erkenntnis, dass diese ihr Leben ohne ihn einzurichten beginnt. Verzweiflung und Schmerz über sein „So-Sein" und darüber, dass er ins Heim musste, kann er jetzt benennen und Tränen darüber vergießen, durchsetzt von verbalen und auch körperlichen Drohungen und Attacken gegen Mitbewohner wie Betreuer.

Mit dem Schulabschluss verabschieden wir, das Schulteam, ihn im Juli 2009 dennoch in der Hoffnung auf einen zügigen Übergang an einen neuen Lebens-, Lern- und Arbeitsort.

Letzte Einzelstundengeschichte

Einen Tag vor seinem letzten Schultag schreibt er in der therapeutischen Einzelstunde in Tübingen unter dem Titel „2014 – Apocalypse Total“ folgende – seine letzte – Geschichte:

Tobias Lanig arbeitet bei den Verkehrsbetrieben in München. Seit Jahren schon träumt er von einem Urlaub in den USA. Besonders die Nationalparks im Südwesten haben es ihm angetan. Für diesen Urlaub hat er seit über fünf Jahren gespart. Und nun steht der große Tag plötzlich vor der Tür. „Morgen geht es tatsächlich los“, sagt er zu sich selbst und schüttelt dabei immer noch etwas ungläubig den Kopf. Am nächsten Morgen hebt die Boeing 737 pünktlich um 9.00 Uhr vom Münchner Franz-Josef-Strauß-Flughafen nach San Francisco ab. Der Flug verlief ohne Zwischenfälle und er landete sicher in der Stadt an der Westküste der Vereinigten.Staaten.

Epilog: Der Abschied

Jedoch: Nach den großen Ferien ist Josef immer noch da – nicht bei uns, wohl aber im Heim; mittlerweile kümmert sich auch das Arbeitsprojekt des Vereins um seine Zukunft.

Als (ehemalige) Insider sehen wir von außen: Er will nicht gehen – und es findet sich kein Platz für ihn.

Eine aufnahmebereite Einrichtung zieht sich zurück, Hagenwört ist aus dem Spiel, zurück zur Mutter ist – auch übergangsweise – keine Perspektive mehr, der Vater hat den Kontakt vor einem Jahr (an Josefs 18. Geburtstag) endgültig abgebrochen.

Er ist hin und her gerissen, macht Aussagen wie: „Es wird nichts fehlen, wenn ich aus dem Heim ausgezogen bin“, und: „Ich weiß jetzt, was ich an dem scheiß Heim habe.“

Zwei Monate später ist es dann so weit: Josef zieht – nach Kämpfen, in denen er die Frage des Überlebens (in zum Teil höchst destruktiver und bedrohlicher Art und Weise) nochmals stellt – aus dem Therapeutischen Heim aus in eine neue Wohngruppe am Fuß der Schwäbischen Alb und beginnt in einer beschützenden Werkstätte zu arbeiten.

Dies ist nun genau ein Jahr her.

Nach allem, was man hört, geht es ihm dort gut.

Wesentliche Elemente für die Ermöglichung der Arbeit

- Manpower, Teamarbeit, Supervision (kontra „Spaltpilz"),
- dass wir uns und Josef *Zeit* geben konnten, eine Entwicklung auch mit Rückschlägen, Rückschritten, Stagnationen machen zu können,
- dass es gelang, ein *Ziel* zu entwickeln, *das er selbst bejahte* (Schulabschluss),
- dass wir *flexible Koop-Partner* (Personen wie Institutionen) im „Außen" fanden, die zu intensiver Zusammenarbeit bereit waren, ohne dass sie davon als Institution profitiert hätten,
- dass die Koop-Partner Bereitschaft zeigten, sich auf *längerfristige Prozesse* einzulassen,
- dass die Koop-Partner dazu bereit waren, sich trotz der Längerfristigkeit auf *Etappen* einzulassen,
- dass unsere *Schulleitung* damit einverstanden war, ihn auch über den 18. Geburtstag hinaus als unseren Schüler zu behalten,
- dass *Heim und Einzelstunde kooperativ und supervisorisch mit uns verbunden* waren und insbesondere am Thema der *Identitätsbildung* auf unterschiedlichen Ebenen mit ihm arbeiteten.

Achim Perner

Asperger-Autismus und Empathie

1944 hat der österreichische Psychiater Hans Asperger ein Krankheitsbild beschrieben, das er als *autistische Psychopathie* bezeichnet und das später als *Asperger-Autismus* in die psychiatrischen Lehrbücher Eingang gefunden hat. Zwei Jahre zuvor hatte Stefan Zweig in der *Schachnovelle* einen Mann beschrieben, der alle charakteristischen Züge eines Asperger-Autisten an den Tag legte. Mirko Czentovics, so wurde er von Zweig genannt, wurde als Zwölfjähriger von dem Pfarrer des abgelegenen Ortes in Obhut genommen, in dem er aufgewachsen war. „Der Pfarrer", so beginnt Zweigs Charakterisierung, „bemühte sich redlich, durch häusliche Nachhilfe wettzumachen, was das maulfaule, dumpfe, breitstirnige Kind in der Dorfschule nicht zu erlernen vermochte. Aber die Anstrengungen blieben vergeblich. [...] Dabei konnte man Mirko keineswegs unwillig oder widerspenstig nennen. Er tat gehorsam, was man ihm gebot, [...] und erledigte verläßlich, wenn auch mit verärgernder Langsamkeit, jeden geforderten Dienst. Was den guten Pfarrer an dem querköpfigen Knaben am meisten verdroß, war seine totale Teilnahmslosigkeit. Er tat nichts ohne besondere Aufforderung, stellte nie eine Frage, spielte nicht mit anderen Burschen und suchte von selbst keine Beschäftigung, sofern man sie nicht ausdrücklich anordnete; sobald Mirko die Verrichtungen des Haushals erledigt hatte, saß er stur im Zimmer herum mit jenem leeren Blick, wie ihn Schafe auf der Weide haben, ohne an den Geschehnissen rings um ihn den geringsten Anteil zu nehmen." Der Pfarrer pflegte jeden Abend mit dem Dorfpolizisten Schach zu spielen, Mirko hockte „stumm daneben und starrte unter seinen schweren Lidern anscheinend schläfrig und gleichgültig auf das karierte Brett." Als einmal der Pfarrer mitten aus einer Partie fortgerufen wurde, fragte der Polizist Mirko spaßeshalber, ob er die Partie zuende spielen wolle. Zu seiner Verwunderung nahm Mirko wortlos an, um die Partie und auch eine folgende zu gewinnen. Als der Pfarrer zurückkam, schlug er auch diesen „mit Leichtigkeit. Er spielte zäh, langsam, unerschütterlich, ohne ein einziges Mal die gesenkte breite Stirn vom Brette aufzuheben. Aber er spielte mit unwiderlegbarer Sicherheit." Wenige Jahre später hatte Mirko es zum Schachweltmeister gebracht. Aber es gab doch einen bemerkenswerten Unterschied zwischen ihm und den Schachgrößen, die er schlug: „Denn Czentovics brachte es nie dazu, auch nur eine einzige Schachpartie auswendig – oder wie man fachgemäß sagt – blind zu spielen. Ihm fehlte vollkommen die Fähigkeit, das Schachfeld in den unbegrenzten Raum der Phantasie zu stellen. [...] Dieser an sich unbeträchtliche Defekt verriet einen Mangel an imaginativer Kraft. [...] Aber diese merkwürdige Eigenheit verzögerte keineswegs Mirkos stupenden Aufstieg. [...] Die verwegensten Champions, jeder einzelne an intellektueller Begabung, an Phantasie und Kühnheit ihm unermeßlich überlegen, erlagen ebenso seiner zähen und kalten Logik wie Napoleon dem schwerfälligen Kutusow, wie Hannibal dem Fabius Cunctator, von dem Livius berichtet, daß er gleichfalls in seiner Kindheit derart auffällige Züge von Phlegma und Imbezillität gezeigt habe." Dem Versuch des Icherzählers, die Abgründe von Mirkos Seelenleben auszuloten, gibt ein Freund, mit dem er sich über ihn unterhält, wenig Chancen: „'Soviel ich weiß, ist es noch keinem gelungen, aus Czentovics das geringste an psychologischem Material herauszuholen.[...] Wo er einen gebildeten Menschen spürt, kriecht er in sein Schneckenhaus, so kann niemand sich rühmen, je ein dummes Wort von ihm gehört oder die angeblich unbegrenzte Tiefe seiner Unbildung ausgemessen zu haben.'"[1]

Als ich die Geschichte in der Ferien wiederlas, musste ich an Markus denken, den ich in der Schule des Vereins kennenlernte, nachdem er als Zwölfjähriger mit der Diagnose *Asperger-Autismus* in das Rottenburger Heim aufgenommen worden war. Markus interessierte sich nicht besonders für Schach, aber als er in seinem ersten Jahr bei uns von einem zweiwöchigen Italienurlaub mit seinen Eltern zurückkam, verblüffte er uns mit seinen stupenden PC-Kenntnissen, die er uns Computeranalphabeten auf eine unerträglich besserwisserische Art unter die Nase hielt. Wir schlugen uns damals mit der ersten *Windows*-Version herum, und Markus hatte das dicke Handbuch in die Ferien mitgenommen, das er auswendig zu können schien, als er aus den Ferien wiederkam, wo ihm übrigens kein Computer zur Verfügung stand. Markus machte uns damit schlagartig klar, wofür er unsere Schule in erster Linie brauchte und wofür nicht: für das soziale und nicht für das intellektuelle Lernen. Die größte Schwierigkeit dabei war, dass er einfach keine Vorstellung davon hatte, was in den anderen Menschen vorging, mit denen er zu tun hatte. Die Folge war, dass diese anderen nichts mit ihm zu tun haben wollten und er sich resigniert damit abfand, natürlich ohne zu verstehen, warum das so war. Man könnte sagen, dass er kein Sensorium für jenes schwer greifbare Phänomen des kommunikativen Austauschs hatte, das wir in der Alltagssprache meinen, wenn wir sagen, dass „die Chemie“ nicht stimmt. Was hat es mit diesem Phänomen auf sich, das wir als so selbstverständlich voraussetzen wie die Luft zum Atmen?

Eine Unterscheidung der Kommunikationstheorie kann uns helfen, diese Frage zu präzisieren. Jeder kommunikative Akt hat demnach einen Inhalts- und einen Beziehungsaspekt, die sich überlagern, wobei je nach Gesprächssituation der eine oder der andere Aspekt im Vordergrund stehen kann. Aber auch in vollkommen sachlichen Gesprächen erwarten wir doch Beziehungsaspekte wie Freundlichkeit, Verbindlichkeit, Zustimmung oder Höflichkeit, die sich im Ton, im Blick, durch die Körpersprache ausdrücken. In der Kommunikation von Asperger-Autisten fällt der Beziehungsaspekt weitgehend aus, sie erscheint uns auf den Inhaltsaspekt reduziert. Sie kommunizieren wie Informationstheoretiker, die sich damit beschäftigen, die Kommunikation von Inhalten zu optimieren, und darum können sie es auf den Gebieten, auf denen das möglich ist, weit bringen. Bei anderen Menschen ruft das Verstörung und Befremden hervor.

Im DSM-IV wird der Asperger-Autismus als eine qualitative Beeinträchtigung der sozialen Interaktion beschrieben, die folgende Merkmale aufweist:

1. merkliche Beeinträchtigung mehrerer nicht-verbaler Verhaltensweisen, die die soziale Interaktion steuern, wie Blickkontakt, Gesichtsausdruck, Körperhaltung und Gesten,
2. Beziehungen zu Gleichaltrigen werden nicht oder nicht so entwickelt, wie sie dem Entwicklungsstand entsprechen würden,
3. Mangel an spontaner Hinwendung zu anderen, um mit diesen Freude, Interessen oder Stolz über eine Leistung zu teilen,
4. Mangel an sozialer oder emotionaler Gegenseitigkeit.

Es ist leicht zu erkennen, dass diese vier Merkmale um das gleiche Phänomen kreisen, dem ich nun endlich einen Namen geben will: die fehlende Empathie, verstanden als die Fähigkeit, spontan zu erfassen, was im anderen vorgeht (die Autismusforschung bezeichnet das, was den Autisten fehlt, als *Theory of Mind*). Die meisten Forscher und Kliniker gehen heute davon aus, dass der Asperger-

Autismus eine angeborene und unheilbare Störung der Informationsverarbeitung ist, und die Entdeckung der 2005 erstmals beschriebenen Spiegelneuronen scheint diese Annahme zu bestätigen. Worum geht es dabei? Um es gleich zu sagen: Die Theorie Spiegelneuronen kann das Problem der fehlenden Empathie beim Asperger-Autismus nicht erklären, aber sie kann uns dabei helfen, die Fragen, die sich hier stellen, zu präzisieren und unser Verständnis damit ein gutes Stück voranzubringen. Sehen wir sie uns darum ein wenig näher an.

Die neuropsychologische Forschung ging wie die psychologische bisher davon aus, dass die Wahrnehmung und die Handlung unterschiedlichen psychischen und neurologischen Systemen angehören. Die Entdeckung der Spiegelneuronen hat diese als selbstverständlich angenommene Trennung hinfällig gemacht. Denn Laborversuche mit Affen haben gezeigt, dass die Wahrnehmung der Handlung eines anderen (z. B. des Ergreifens von Nahrung) beim Betrachter einen Teil derselben motorischen Neuronen aktiviert, die beim Akteur aktiviert sind und beim Betrachter aktiviert werden, wenn er die gleiche Handlung ausführt.[2] Die Beobachtungen und Daten dieser Versuche sind oft genug reproduziert worden, um als gesichert zu gelten, die Frage ist, wie sie zu verstehen bzw. zu interpretieren sind, und darüber gehen die Meinungen der Forscher inzwischen weit auseinander.[3] Die vorherherrschende, aber nicht unbestrittene Interpretation besagt, dass bei Affen (und auch bei Menschen, bei denen allerdings weniger genaue Messtechniken zum Einsatz kommen) die Wahrnehmung einer Handlung zu einer neuralen Spiegelung, d. h. zu einer direkten Transformation der visuellen Information in potenzielle motorische Akte führt, die beim Beobachter ein inneres Bewegungsbild der beim anderen wahrgenommenen Handlung erzeugt:

> Ob Affe oder Mensch – beim Beobachter führt der Anblick von Akten, die von anderen ausgeführt werden, zur unmittelbaren Einbeziehung jener motorischen Areale, deren Aufgabe die Organisation und Durchführung dieser Akte ist. Dank dieser Einbeziehung ist es dem Affen wie dem Menschen möglich, die Bedeutung „motorischer Ereignisse" zu entschlüsseln, sie also als Handlungen zu verstehen, wobei das Verstehen keiner Vermittlung durch Denken, Begriffe und/oder Sprache bedarf, denn es beruht einzig und allein auf dem Wörterbuch der Akte und dem motorischen Wissen, von denen unsere Fähigkeit zu handeln abhängt.[4]

Dieser Gedanke ist nicht ganz neu, denn er wurde schon Ende des 19. Jahrhunderts von dem amerikanischen Psychologen William James und später von dem französischen Philosophen Maurice Merleau-Ponty geäußert, und in Bezug auf das Verstehen von Worten übrigens auch von Sigmund Freud[5], aber er ist bis zur Entdeckung der Spiegelneuronen kaum beachtet worden. Er besagt, dass das Verstehen dessen, was wir einen anderen tun sehen, kein ausschließlich kognitiver Akt ist, sondern auf einer automatisch bei uns ausgelösten neuralen Spiegelung beruht. Die Konsequenzen dieser – wie ich finde überzeugenden – Theorie für unser Verständnis nicht nur von Verstehens-, sondern auch von Kommunikations-, Entwicklungs- und Lernprozessen sind zu weitläufig, um hier im Einzelnen dargelegt zu werden. Sie läuft auf einen wirklichen Paradigmenwechsel (im Sinne Thomas Kuhns) hinaus, weil sie die individualpsychologische Forschung im intersubjektiven Geschehen fundiert und nicht, wie es bisher meist der Fall war, umgekehrt.[6] Ich muss mich hier auf die für uns wichtigsten Gesichtspunkte beschränken.

Weitere Versuche haben dann gezeigt, dass bereits die Wahrnehmung eines Handlungsabschnitts genügt, um beim Betrachter das gesamte motorische Bewegungsbild des Handlungsablaufs hervorzurufen. Auf dieser Tatsache beruhen zwei wesentliche intersubjektive Funktionen: das Erkennen von Intentionen (also dessen, was der andere dabei ist, zu tun), und zum anderen liegt darin die Möglichkeit zur Entwicklung von Gesten, eben weil der Teil einer Handlung das gesamte Bewegungsbild hervorrufen und somit wie ein Zeichen funktionieren kann.

Ein anderer Gesichtspunkt ist für unseren Zusammenhang von noch größerer Wichtigkeit, denn es werden nicht nur Handlungen, sondern auch Affekte und Emotionen neural gespiegelt, die wir beim anderen wahrnehmen, soweit sie sich durch Mimik, Gestik, Tonus, Blick, Stimme etc. wahrnehmbar ausdrücken (wobei sich bekanntlich auch die Unterdrückung des Ausdrucks von Affekten häufig wahrnehmbar ausdrückt – wir wissen dann nicht, was, spüren aber, dass etwas unterdrückt wird). So ruft z. B. der Ausdruck von Furcht oder Ekel, den wir bei anderen sehen, diese Regungen in abgeschwächter Intensität bei uns hervor. Dieser Mechanismus erzeugt z. B. die intensive Erlebensqualität von Kinofilmen, die auf zwei wesentlichen Voraussetzungen beruht: zum einen auf Schauspielern, deren Stimme, Körpersprache und Mienenspiel innere Regungen gut zum Ausdruck bringen, und zum anderen auf einer Kameraführung, die das für den Zuschauer gut sichtbar macht. Hitchcock war ein Meister dieser Kunst.

Ein weiter Punkt ist noch zu erwähnen: Die Fähigkeit zur neuralen Spiegelung ist angeboren, auf ihr beruht das pantomimische Wechselspiel zwischen der Mutter und dem Säugling, dessen früheste Anzeichen sich vom dritten Tag nach der Geburt an zeigen, aber sie muss, wie alles andere, im interaktiven Austausch entwickelt werden, wenn sie nicht verkümmern soll. Darauf wird noch zurückzukommen sein, denn zuvor müssen wir uns die Grenzen der neuropsychologischen Forschung vor Augen führen, die uns zu dem, was uns eigentlich interessiert, bisher nicht viel sagen kann.

Die Untersuchungen der Neuropsychologen finden schon aus messtechnischen Gründen in einer abgeschotteten und interaktiv stillgestellten Laborsituation statt, in der einem gegenüber der Umwelt isolierten Probanden kurze und klar definierte Handlungssequenzen vorgeführt werden. Zum einen werden dabei gar nicht Interaktionen, sondern Rezeptionen und Reaktionen untersucht (weil der Proband mit niemandem interagiert), und zum anderen sind lebensweltliche und therapeutische Interaktionsprozesse ein sehr viel komplexeres dynamisches Geschehen als ein definierter Versuch im Labor. Die Neuropsychologie kann uns zwar Bausteine für ein Verständnis interaktiven Geschehens liefern, aber nicht dieses Verständnis selbst. Sie kann uns ein Alphabet, vielleicht auch ein Wörterbuch und sogar eine Grammatik interakativen Handelns liefern, aber keine Sätze oder Erzählungen, aus denen das interaktive Sprechen und Handeln besteht.

Wir müssen die dort gewonnenen Erkenntnisse, wenn wir sie für ein besseres Verständnis unserer Arbeit fruchtbar machen wollen, mit gebührender Vorsicht auf wirkliche Interaktionen übertragen.[7] Dafür müssen wir zunächst einen grundlegenden Perspektivenwechsel vornehmen und die distanzierte Beobachterrolle des Versuchsleiters im Labor aufgeben, um die eines Teilnehmers im interaktiven Geschehen einzunehmen. Mit diesem Perspektivenwechsel ist zugleich ein Wechsel der erkenntnisleitenden Frage verbunden: Es geht dann nicht (wie in der neuropsychologischen Forschung) darum, bestimmte isolierbare Phänomene objektiv zu erklären, sondern darum, ein intersubjektives Geschehen zu erfassen, in das wir selbst verwickelt sind. Das folgende Schema soll das wiedergeben:

Schema der intersubjektiven Begegnung

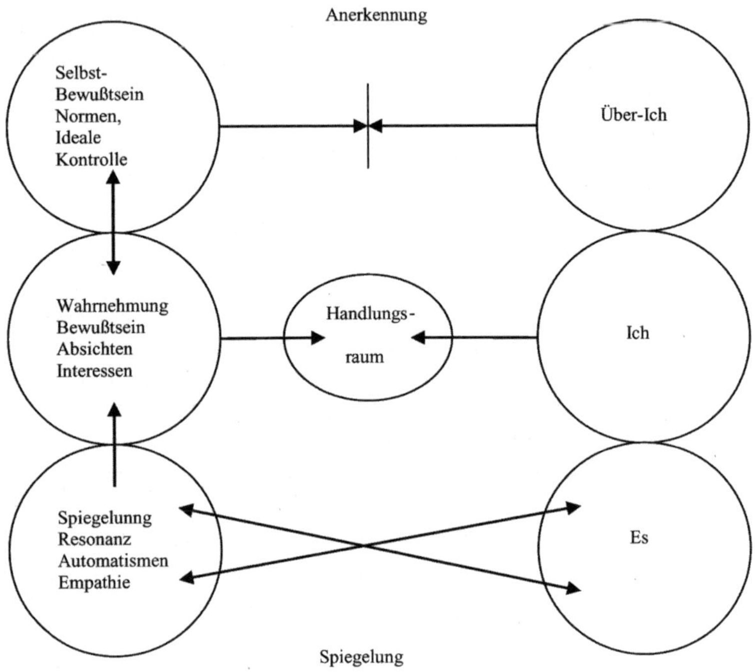

Dieses Schema gibt die Struktur des intersubjektiven Geschehens wieder, wie wir es tatsächlich erleben.

– Dieses Geschehen spielt sich für uns vor allem auf der mittleren Ebene unseres registrierenden und intendierenden Bewusstseins ab, das bestimmte Absichten oder Interessen verfolgt. Bei einem zwanglos einvernehmlichen interaktiven Geschehen entsteht zwischen den Akteuren ein gemeinsamer Handlungsraum, der ein gewisses Maß an situativen Übereinstimmungen (Konventionen) zur Voraussetzung hat, deren Parameter, zu denen die Verwendung geteilter kommunikativer Codes gehört, hier nicht aufgezählt werden können. Das Maß an Übereinstimmung/Nicht-übereinstimmung bestimmt den dabei vorhandenen interaktiven Spielraum. Ein großes Maß an Übereinstimmung führt zu identifikatorischen Prozessen, ein sehr großes zur Verschmelzung, ein situativ zu kleines zum Konflikt oder zum Abbruch der Interaktion oder dazu, dass der eine Akteur dem anderen seine situativen Definitionen auf die eine oder andere Weise als Bedingungen aufzwingt. Das regulative Moment dieses Geschehens ist der Tausch, sein Kriterium ist die Gerechtigkeit.

- Parallel läuft dabei „oberhalb" des eigentlichen Geschehens ein fortlaufender Prozess gegenseitiger Anerkennung auf der Ebene unseres Selbstbewusstseins mit, der ziemlich störanfällig ist. Denn das Selbstbewusstsein ist unsere „empfindliche Stelle", es ist das, was wir für den anderen sein und als das wir von ihm respektiert, anerkannt und bestätigt werden wollen. Es ist das, worum es uns letztlich bei allem geht, was wir tun und lassen.[8] Dieser Ebene wohnt immer eine gewisse aggressive, konfrontative und rivalisierende Spannung inne, die durch die permanente gegenseitige Versicherung in Schach gehalten wird, dass ich dir nichts tue, wenn du mir nichts tust. Ein Selbstbewusstsein, hat Hegel bündig zuspitzend geschrieben, zielt immer auf den Tod (oder die Unterwerfung) des anderen Selbstbewusstseins. Das regulative Moment dieses Geschehens ist die Balance, ihr Kriterium ist die Angemessenheit.
- Auf der Ebene des Es findet unterhalb des interaktiven Austauschs von Ich zu Ich permanent etwas statt, das wir nicht willentlich regulieren, sondern nur konstatieren können, das wir als „Bauchgefühl" empfinden und als „Chemie" bezeichnen. Wir können das nur spüren und registrieren, aber meist tun wir das nicht, jedenfalls nicht bewusst, sondern lassen es vorbewusst im Hintergrund unserer Wahrnehmung, weil unser Bewusstsein in der Regel auf das Geschehen zwischen Ich und Ich fokussiert ist. Bewusst nehmen wir die Effekte dieses grundierenden und für uns unerschließbaren Geschehens nur wahr, wenn auf dieser Ebene etwas Unerwartetes oder Irritierendes geschieht. Das regulative Moment dieses Geschehens ist jenes wechselseitige Einschwingen (Resonanz), das wir als Empathie bezeichnen, sein Kriterium ist die Stimmigkeit.[9]

Die Theorie der Spiegelneuronen kann unser Verständnis dessen, was sich im interaktiven Austausch zwischen Es und Es abspielt, um einen wesentlichen Punkt erweitern. Prozesse im Es laufen automatisch ab. Sie sind unserer Wahrnehmung nicht zugänglich und darum prinzipiell unbewusst. Das unbewusste Es bestand schon bei Freud nicht nur aus dem verdrängten Unbewussten.[10] Unbewusst waren für ihn alle psychischen Prozesse, von denen er nur annehmen konnte (und die die bildgebenden Aufzeichnungsverfahren heute zeigen können), dass sie ablaufen, aber nicht bewusst wahrgenommen werden können. Das Es ist für den Psychoanalytiker wie für die Neuropsychologen eine interaktive Verarbeitungsmaschine, deren Arbeitsweise sie auf unterschiedliche Weise erforschen. Beide sind sich darin einig, dass das eigentliche psychische Geschehen unbewusst abläuft und dass das Bewusstsein, das die Wirkungen und Resultate unbewusster Prozesse nur registrieren kann, ein Oberflächenphänomen ist. In unser kommunikatives Handeln von Ich zu Ich gehen so neben unseren bewussten Absichten und Intentionen (die ihrerseits unbewusste Motive haben können) die kontrollierenden Wahrnehmungen des Über-Ichs und vom Es empfangene Empfindungen in unterschiedlicher Ausprägung ein. Wir können dann beschreiben, was in einer Psychoanalyse (und in der psychoanalytischen Sozialarbeit) geschieht: Die Psychoanalyse ist ein kommunikativer Austausch von Ich zu Ich wie jeder andere auch, aber die gleichschwebende Aufmerksamkeit des Psychoanalytikers erfasst dabei den Einfluss, den das Über-Ich und das Es darauf haben, und greift diesen fragend, kommentierend und deutend auf. Im Unterschied zu den neuropsychologischen Untersuchungen handelt es sich dabei um ein offenes interaktives Geschehen, das aber, wie der neuropsychologische Versuch, gegen Umwelteinflüsse abgeschirmt ist. In dicsem Puukt unterscheidet sich die psychoanalytische Sozialarbeit, die in das Alltagsleben eingebettet ist, von der Psychoanalyse; ein anderer Unterschied ist, dass die psychoanalytische Sozialarbeit kein „Normal-Ich" zur Voraussetzung hat, wie Freud es als Bedingung einer Psychoanalyse beschrieben hat.[11]

Was heißt das nun für unser Verständnis des Asperger-Autismus und der fehlenden Empathie, die dabei im Vordergrund steht? Bevor wir eine vorschnelle Hypothese wagen, sollten wir der Tatsache unsere Aufmerksamkeit schenken, dass wir alle von unserer mehr oder weniger entwickelten Fähigkeit zur Empathie nicht immer Gebrauch machen, es auch gar nicht sollen: Ein empathischer Arzt kann keinen Bauch aufschneiden, ein empathischer Soldat nicht kämpfen, ein empathischer Richter nicht bestrafen usw. Es muss also so etwas wie einen „Schalter" geben, der es uns erlaubt, unsere Bereitschaft zur Empathie in bestimmten Situationen willentlich ein-

oder abzustellen, was dann zur Folge haben kann, dass dies nach einiger Übung automatisch geschieht. Es mag dann auch Situationen geben, in denen das Abschalten der Empathie von selbst geschieht, ohne dass wir das absichtlich wollen (z. B. im Streit). Empathie hat, können wir daraus schließen, zwar subjektive Voraussetzungen, aber sie ist als Phänomen und von ihrer Entwicklung her kein subjektives, sondern ein intersubjektives, d. h. ein soziales und situatives Phänomen.[12] Wir müssen dann im Hinblick auf das interaktive Empathiegeschehen unterscheiden zwischen:

- den neuralen Spiegelprozessen, die angeboren und eine zwar notwendige, aber bei weitem nicht hinreichende Voraussetzung der Empathie sind;
- dem Erleben intersubjektiver Spiegelresonanzen, das zur weiteren Entwicklung der zunächst nur rudimentären Fähigkeit zur neuralen Spiegelung führt (die Entwicklung von Empathie setzt die Erfahrung von Empathie voraus);
- der subjektiven Fähigkeit zur Verarbeitung der neuralen Spiegelprozesse und zur Aktualisierung intersubjektiver Resonanzen auf der Ebene des Ichs, die an bestimme kognitive und emotionale Bedingungen geknüpft ist (starke Affekte können unsere Fähigkeit, empathisch zu sein, einschränken, sogar zum Erliegen bringen);
- der situativen Bereitschaft, überhaupt empathisch zu sein (die nur in dem Maß gegeben sein wird, in dem ich mit Empathie rechnen kann); und
- dem wechselseitigen empathischen Geschehen, das vom Erleben beider Beteiligten abhängt. (Empathie antwortet auf das Erleben empathischer Appelle des anderen. Begegnen wir Asperger-Autisten, die nicht an unsere Empathie appellieren, empathisch?)

Auf mindestens einem dieser fünf Punkte wird die Empathiestörung, der wir bei Asperger-Autisten begegnen, dann wohl zurückzuführen sein. Es fragt sich dann, auf welchen, wobei wir nicht davon ausgehen müssen, dass es in allen Fällen nur einer und immer derselbe sein muss, denn zu einer Störung empathischen Verhaltens kann ja jeder von ihnen führen.

Sehr schnell war dann in der Forschung durch neurophysiologische Messungen die These „untermauert“, dass der Autismus auf eine angebore Störung der Spiegelneuronen zurückzuführen sei, andere Messungen haben sie dann widerlegt. Der schwierige Punkt dabei ist, dass einerseits die beim Menschen verwendeten Kernspin-

und Magnetresonanztomographen viel zu langsam arbeiten und zu grob sind, um hinreichend genaue Daten bzw. Bilder zu liefern (bei Affen werden Elektroden in das Gehirn eingeführt, die sehr viel präzisere und detailliertere Ergebnisse liefern), und dass andererseits der spektakuläre Wirbel, den ein Forscher macht, sich günstig auf die finanziellen Mittel auswirkt, die ihm zur Verfügung gestellt werden. Tatsächlich wissen wir darüber bislang so gut wie nichts. Es ist eine Möglichkeit neben anderen, und es ist sehr fraglich, ob sie auch die wahrscheinlichste ist. Einiges spricht dagegen. So hat etwa Christopher Gillberg 1999 über eine neurobiologische klinische Studie an 23 Asperger-Autisten berichtet, die er an sechs exemplarischen Fällen näher dargestellt hat. Dabei wurden pathologische Störungen der Eltern- und teilweise auch der Großelterngeneration und der Geschwister einbezogen, die es Gillberg erlaubten, Patho-Genogramme der Familien von Asperger-Autisten zu erstellen. Neurobiologisch ist bei diesen Untersuchungen, wie Gillberg schreibt, nichts Greifbares herausgekommen, aber die Patho-Genogramme zeigen, das in allen untersuchten Fällen in den vorangehenden Generationen mindestens ein Elternteil entweder selbst autistisch war, autistische Züge aufwies oder, was nicht selten der Fall war, an einer schweren, medikamentös behandelten Depression litt, und dass in den meisten (aber nicht allen) Fällen auch die Geschwister dieser Kinder gravierende psychische Störungen unterschiedlicher Art hatten.[13] Viel naheliegender als die These einer angeborenen Dysfunktion der Spiegelneuronen ist daher der Gedanke, dass die gravierenden Störungen der vorangehenden Generation(en) sich auf den kommunikativen Austausch zwischen der Mutter/den Eltern und dem Kind ausgewirkt und die Entwicklung empathischer Fähigkeiten auf Seiten des Kindes behindert haben.[14] Es bedarf also keiner biologischen Hypothese, um die Weitergabe psychischer Störungen von einer Generation an die andere zu erklären, denn die angeborene Fähigkeit zur neuralen Spiegelung muss doch, wie Joachim Bauer schreibt, entwickelt werden, wenn sie nicht verkümmern soll:

> Die Spiegelresonanz ist die neurobiologische Basis für spontanes, intuitives Verstehen, die Basis dessen, was als „Theory of Mind" bezeichnet wird. [...] Ohne Spiegelneurone kein Kontakt, keine Spontaneität und kein emotionales Verstehen. Die genetische Grundausstattung stellt dem Säugling ein Startset von Spiegelneuronen zur Verfügung, die ihm die Fähigkeit verleihen, bereits wenige Tage nach der Geburt mit seinen wichtigsten Bezugspersonen

erste Spiegelungsaktionen vorzunehmen. Es ist jedoch von entscheidender Bedeutung, ob ihm die *Chance* gegeben wird, solche Aktionen zu realisieren, denn eine Grundregel unseres Gehirns lautet: „Use it or loose ist." Nervenzellensysteme, die nicht benutzt werden, gehen verloren. Spiegelaktionen entwickeln sich nicht von allein, die brauchen immer einen Partner.[15]

Was heißt das für den alltäglichen und therapeutischen Umgang mit Asperger-Autisten?

Zunächst und vor allem, dass das klassische analytische Verständnis psychischer Störungen und die darauf aufbauende Deutungstechnik bei Asperger-Autisten vollkommen fehl am Platz ist, weil sie anders funktionieren. Wenn und solange wir sie und die Schwierigkeiten, die wir mit ihnen haben, durch die Brille der analytischen Theorie wahrnehmen, die wir gelernt haben, erleben wir im Umgang mit ihnen nur jene kommunikative Grundstörung, die wir ihnen als ein Defizit zuschreiben. Dabei fehlt es in diesen Begegnungen dann nicht nur ihnen, sondern auch uns an Empathie. Wir verhalten uns dann ihnen gegenüber genauso unempathisch, wie wir sie erleben, und spiegeln damit nur, was uns von ihnen entgegenkommt. Geholfen ist ihnen damit nicht. Ein fruchtbarer Ansatz wäre es, wenn wir zunächst das, was durch die Begegnung mit Asperger-Autisten in uns ausgelöst wird, nicht spiegelnd agieren, sondern als eine Spiegelreaktion im Sinne der Gegenübertragung verstehen, die uns zu erfassen erlaubt, was im anderen vorgeht. Daraus dann Deutungen zu machen, würde aber nicht viel bringen. Die Frage ist vielmehr, ob und wie sie in der Begegnung mit uns jene frühkindlichen Resonanzerfahrungen nachholen können, die so etwas wie einen inneren Klang- und Echoraum entstehen lassen. Wie weit und auf welche Weise das möglich ist, hängt dann von mehreren Punkten ab, vor allem von ihrem Lebensalter, ihren Lebenserfahrungen, ihren Kompensationsstrategien und nicht zuletzt davon, an welche Resonanzen, wie verborgen und rudimentär entwickelt sie auch sein mögen, wir dabei anknüpfen können.

Dazu ist zweierlei erforderlich: Wir müssen, anstatt uns auf ihre Defizite zu fixieren, diese rudimentären Fähigkeiten bei ihnen empathisch suchen, und es bedarf, um sie wiederzuerwecken und ihre Entwicklung zu fördern, einer spielerischen und kreativen Phantasie, die Bion mit dem schönen Wort *laughing environment* bezeichnet hat.

Anmerkungen und Literatur

1 Stefan Zweig: Die Schachnovelle, Frankfurt a. M. 1910, S. 10-20.

2 Giacomo Rizzolatti, Corrado Sinigaglia: Empathie und Spiegelneuronen. Die biologische Basis des Mitgefühls, Frankfurt a. M. 2008.

3 Vgl. *Die Zeit* Nr. 51 v. 16. 12. 2010 (online nachlesbar unter www.zeit.de).

4 Ebd. S. 131 f. Unter dem „Wörterbuch der Akte“ versteht Rizzolatti die einzelnen synaptischen Schaltungen, die bei bestimmten Handlungen aktiviert werden, und mit dem „motorischen Wissen“ ist kein kognitives, sondern ein neurales Wissen gemeint. Die Verwendung kognitiver Metaphern zur Beschreibung neuraler Vorgänge ist natürlich äußerst problematisch, weil so eine im Prinzip bestreitbare und darum begründungsbedürftige Interpretation von Messdaten auf der Datenebene eingemogelt wird. Vgl. dazu kritisch Peter Janich: Kein neues Menschenbild. Zur Sprache der Hirnforschung, Frankfurt a. M. 2009.

5 Sigmund Freud (1891): Zur Auffassung der Aphasien, Frankfurt a. M. 1992, S. 116 ff.

6 Ich will hier nicht unerwähnt lassen, dass Lacan, der mit Merleau-Ponty befreundet war, diesen Paradigmenwechsel von einer monadischen Subjektzentrierung zur konstitutiven Intersubjektivität lange vor der Entdeckung der Spiegelneuronen auf dem Gebiet der Psychoanalyse vorgenommen hat. Seine berühmten Formeln wie *Ich ist ein anderer* oder *Das Begehren des Menschen ist das Begehren des Anderen* bringen das prägnant zum Ausdruck.

7 Vgl. z.B. Joachim Bauer: Warum ich fühle, was Du fühlst. Intuitive Kommunikation und das Geheimnis der Spiegelneurone, München 2006.

8 Heidegger hat geschrieben, der Mensch sei das Daseiende, dem es um sein Sein geht. Ich würde eher mit Hegel sagen, dass der Mensch das Daseiende ist, dem es um sein Selbstbewusstsein geht, für das er bereit ist, sein Sein aufs Spiel zu setzen.

9 Nicht ohne Grund benutzen wir hier eine musikalische Metapher. Es geht dabei um so etwas wie die Stimmung (die Ein- und Abstimmung) von Instrumenten, die zusammenspielen sollen. Wenn das nicht gelingt, kommt es dabei zu Mißtönen. Mit dem Vokabular der Musikwissenschaft kann man am besten beschreiben, was auf dieser Ebene geschieht, weil die Musik unmittelbarer als die anderen Künste auf diese Ebene wirkt. Darum fällt es uns so schwer, die Wirkungen, die Musik auf uns hat, in Worte zu fassen.

10 Vgl. Sigmund Freud (1923): Das Ich und das Es, StA Bd. III, S. 288 ff.

11 Sigmund Freud: (1937): Die endliche und die unendliche Analyse, StA EB, S. 375.

12 Vgl. dazu Aaron Ben-Ze'ev: Die Logik der Gefühle. Kritik der emotionalen Intelligenz, Frankfurt a. M. 2009.

13 Christopher Gillberg: Clinical and neurobiological aspects of Asperger syndrome in six family studies. In: Uta Frith (Hg.): Autism and Asperger Syndrome, Cambridge 1999, S. 122-146.

14 Vgl. dazu etwa Daniel Stern (1998): Die Mutterschaftskonstellation. Eine vergleichende Darstellung verschiedener Formen der Mutter-Kind-Psychotherapie, Stuttgart. Das ist keinesfalls als ein an die Adresse der Eltern gerichteter Vorwurf zu verstehen, die ihren Kindern ja nicht mehr geben können, als sie haben.

15 Joachim Bauer, a. a. O., S. 56 f.

Peter Müller

Ruinen der menschlichen Kommunikation. Zur Psychoanalyse des Autismus. Eine Lektüre.

1. Einleitung

Der folgende Beitrag ist aus der Lektüre von drei Monographien französischer Psychoanalytiker zur Klinik des Autismus hervorgegangen: Marie-Christine Laznik-Penot (P), Jean-Claude Maleval (M) und Henri Rey-Flaud (R).[1] Eine Übersetzung dieser Arbeiten liegt bisher leider nicht vor. Daher der Versuch, dem deutschen Leser etwas aus der französischen Psychoanalyse näher zu bringen, soweit dies im Rahmen einer Skizze möglich ist.

Die Bücher von Maleval und Rey-Flaud studieren zum einen die Schriften so genannter Asperger-Autisten. Ihre Kenntnis der Psychoanalyse Jacques Lacans gibt ihrer Lektüre dieser Berichte eine interessante und lebendige Orientierung. Überdies werden ihre sorgfältigen Studien der vorwiegend aus der Schule von Klein und Bion stammenden Analysen autistischer Kinder um entscheidende Gesichtspunkte aus der Lacanschen Psychoanalyse erweitert. Penot schreibt von eigenen psychoanalytischen Behandlungen autistischer Kleinkinder.

Es geht den Autoren erfreulich wenig um die Erklärung einer Pathologie oder gar deren Vereinheitlichung, sondern um die Frage, was das leitende Element in der Wahrnehmung dieser „auf der Schwelle zur Sprache Verhafteten" (R) ist: „Williams ist gespalten: zwischen einerseits ihrem Intellekt, der ihr versichert, dass ihr Spiegelbild aus Lichtstrahlen besteht, die ihr von einem Spiegel reflektiert werden, und andererseits ihrem Genießen (*jouissance*), das ihre Wahrnehmung beherrscht, ihren Intellekt untergräbt und das Bild belebt" (M, 276).[2] Lassen wir Donna Williams selbst zu Wort kommen: „Ich schaute ihm in die Augen. Ich versuchte seine Haare zu berühren. Dann sprach ich mit ihm. Aber es blieb für immer auf der anderen Seite und ich konnte nicht in es eindringen. [...] Die Logik sagte mir, dass ich nicht in Gesellschaft meines Spiegelbildes war, aber die Wahrnehmung dieses anderen, beweglichen Ichs forderte die Logik heraus. Beide hoben sich nicht gegenseitig auf und ich konnte sie nicht miteinander versöhnen."[3] Mit ihrer Logik kann sie nicht fassen, dass dieses Bild lebendig ist. Was Williams Erfahrung beherrscht und was ihr Spiegelbild beleben könnte, nennt Maleval „Genießen". In diesem von Lacan entwickelten Begriff steckt vor allem die unmittelbare Erfahrung mit dem eigenen Körper und allem, was belebt ist. Autisten sind Zeugen der Vorherrschaft dieser grenzenlosen *jouissance*, die ich zunächst einmal mit „Unlust" übersetze: Eine Überschwemmung mit erlittener Erregung.

Die Beziehung zum Spiegelbild ist die andere Seite, von der hier die Rede sein wird. Der Appell an ihre Erinnerungen in ihrer ersten analytischen Behandlung erschien Williams „erstaunlich und gefährlich". Nur ein kleiner Schritt und wir kommen vom „Erinnern" aufs Innere: auf Einschreibung, die Eins, die Einheit des Spiegelbildes und den Körper.

Ist die therapeutische Arbeit mit Autisten der Versuch einer Versöhnung dieses unversöhnlichen Verhältnisses zwischen Sprache und Genießen? Wie sprechen diese „in ihre Welt Eingeschlossenen?" Wie ihr Benehmen und ihr Reden „übersetzen", wenn sie zwar "gerne reden" aber "unter der Bedingung, dabei nichts zu sagen" (M, 77), wenn also „Kommunikation" ausbleibt? Es ist eine Sprache, für die unsere Bilder nicht taugen. Die Klinik des Autismus liefert uns keine Rebus oder *hidden agendas*: Es geht nicht darum, bei Autisten Hintergedanken zu erschließen. Und dennoch gilt es, sprachliche Verbindungen herzustellen: „Die autistischen Kinder, von denen ich sprechen werde, haben mich gelehrt, dass analytisches Hören ihrer lautlichen Produktionen – so bedeutungslos sie erscheinen mögen – das Aufkommen eines Sprechens erlaubt, das vom Kind nachträglich als sein eigenes erkannt werden kann" (P, 14). Wie können die in ihre Welt eingesperrten Autisten den Anderen „hören"? Welche Verbindung stellen sie zu uns her? Je näher sie dieser Frage kommen, umso mehr ziehen sie sich zurück. „Es gelingt ihnen insofern nicht, das zu hören, was Sie Ihnen zu sagen haben, als Sie sich darum bemühen", sagt Lacan[4]: „Zweifellos führt es zu einem verstärkten Rückzug, wenn man etwas zu affirmativ von ihnen will" (M, 251). Ähnlich empfahl Asperger, „dass man zu ihnen sprechen solle, ohne sich ihnen allzu sehr persönlich zu nähern, ruhig und leidenschaftslos" (zit. nach Maleval).

„Die Psychoanalyse befasst sich nicht damit, was jemand *ist*, sondern, was jemand *sagt*." Dieser knappe Leitspruch von Jean Clavreul, übertragen auf autistische Subjekte – nach Lacan doch „eher redselige Leute" – stellt uns vor die Aufgabe, uns (in jedweder Hinsicht) um ihr Sagen zu kümmern, um darüber etwas von ihrem „Sein" zu erfahren. Wie wirkt sich dieses „ontologische" Interesse auf autistische Menschen aus?

Hierzu drei Fragen:

- Welchen Platz nimmt der Begleiter autistischer Menschen ein? Befassen wir uns eingehender mit ihnen, so nähern wir uns der Frage, wie *wir* zur Sprache fanden. Ein exquisit psychoanalytisches Unternehmen also, wie man es für eine Lehranalyse wünscht. Unvermeidlich begegnen wir hier wie dort etwas Unabgeschlossenem in uns.
- Die Arbeit mit Autisten ist für beide Beteiligte eine radikale Konfrontation. Für den Begleiter mit seiner Verdrängung, die ihm erlaubt, den Verlust der Sache anzunehmen. Für den Autisten, der sich von jeder Bewegung, Veränderung, durch einen Verlust bedroht sieht, weil er sich diesseits des Verlustes situiert. Diese Ablehnung des Verlusts ist „keine Abirrung der *conditio humana*, sondern liefert im Gegenteil deren verkannte ontologische Wahrheit"(R, 44). Dessen „Praktiken des Erhaltens" zeugen von der „allertiefsten Leidenschaft der Ignoranz". Hier Verdrängung eines Verlusts, dort „Mechanismen des Behaltens". Der Verlust der Sache, des Dinglichen über das Wort ist für Autisten toter Buchstabe. Dennoch erlaubt die Klinik des Autismus, den Moment zu erfassen, wo der Mensch im Feld des Symbolischen auftaucht" (R, 46). Dieser Moment ist ein einschneidender Verlust. Zur innerpsychischen Bejahung dieses Verlusts sind nach Freud „mehrere Umschriften" notwendig, „die [...] verschiedenen Registern der Schrift angehören: ‚Erinnerungsbilder', ‚Erinnerungsspuren', schließlich ‚Objektvorstellungen' womit sich erst die volle psychische Realität konstituiert, die sich durch den Einsatz von Wortvorstellungen auszeichnet".[5]
- Freud verknüpft in seinem *Entwurf einer Psychologie* drei topische Elemente: Die „uranfängliche Hilflosigkeit", den „Nebenmenschen" und eine „Vorzeit." Mit diesem Dreigestirn sind die Grenzen markiert, denen wir in der Arbeit mit autistischen Menschen begegnen.

2. Zur Klinik des Autismus

Dem Umfang dieser Arbeit entsprechend können hier nur einige Gesichtspunkte betrachtet werden. Zum Einstieg eine These zur Bildung einer psychischen Struktur von Henri Rey-Flaud: Die beim Autismus „zweifellos im Embryonalzustand befindliche konservierte Subjektivität birgt – wie das Samenkorn virtuell die künftige Pflanze – potenziell die vollständigen psychischen Vorgänge, wie sie die

Realität der Person normalerweise konstituieren" (R, 28). Diese konservierte Subjektivität bei den „immobilen" (Kanner) Autisten lässt an eine potenzielle Sprachenergie denken, die nicht in kinetische Energie mobilisiert werden kann. Vielleicht erleichtert diese These einer „konservierten Subjektivität" den Zugang zum Autismus. Mehr noch entsteht aber das Bild eines zusammengeballten, unerreichbaren Kerns von Subjektivität, eines nicht gespaltenen Subjekts, dessen Weiterentwicklung vor einer Grenze aufgehalten und quasi bewahrt ist. Psychische Fort-Schritte werden nicht kontinuierlich, sondern stets in Brüchen vollzogen, wobei mit jeder auch minimalen Einschreibung Verluste verbunden sind, was sich im späteren Leben z. B. im Umgang mit kleinsten Überraschungen bemerkbar macht. Mit diesem Thema sind wir schon beim „Anderen": Nicht nur „psychoanalytische", auch andere Überraschungen bedrohen Autisten existenziell. Überrascht werden zu können verdanken wir der Tatsache, dass wir sprechende Wesen sind, *„parlêtres"*, wie Lacan diese Verfassung nannte. Keine Sprache ohne Überraschung. Zumindest keine menschliche. Aber nicht um die willentliche Herbeiführung von Überraschung geht es. Denn nicht wir bringen sie hervor, die Überraschung bringt uns hervor, unser Subjekt des Unbewussten: in unserem Lachen, unserem Erstaunen, auch unserer Fragilität. Bis in unseren Körper bringt sie uns durcheinander. Durcheinen-Anderen. Worin das Thema der diesjährigen Tagung des Vereins für Psychoanalytische Sozialarbeit anklingt: „Misslingen des Anderen". Dieser Gesichtspunkt erfordert zugleich eine Rückbesinnung auf die Sprache: Mit ihr ist uns nicht einfach ein Werkzeug gegeben, das uns, nach früh erlebtem Durcheinander des *infans*, des „Nicht-Sprechenden", nach dem sogenannten Spracherwerb eine von Missverständnissen freie Kommunikation bescherte. Grund, Wesen und Schöpfung der Spracherfahrung liegen nicht ein für allemal hinter uns. Das Durcheinander verlässt uns ebenso wenig wie der Andere. Ihn lassen wir insofern zurück, als wir ihn verdrängen. Vielleicht kann diese Vorstellung eher eine Brücke in der Arbeit mit autistischen Patienten sein, wenn es gilt, mit ihrer erschütternden Ferne umzugehen.

Muss daran erinnert werden, dass es schon „Gesunde" irritiert, dass in ihnen ein Anderer spricht, sei es in Träumen, Fehlleistungen, Symptomen? Was aber passiert bei Autisten? „Autistische Kinder leben in einem Universum, das erstarrt und angehalten zu sein scheint, und an eine Routine ausgeliefert ist, deren Unterbrechung oder Störung sofort gewaltige Wutausbrüche auslöst, die nichts zu beruhigen vermag" (R, 34). Autisten sind mit Rückzügen oder gewaltigen Erregungen konfrontiert, was sich zerstörerisch auswirkt oder eine riesige Angst vor Zerstörung hervorruft. Woher kommt diese Zerstörung? Das Schema vom liebevollen Anderen, der freundlich begrüßt wird, und vom Aggressiven, der als Gefahr gemieden wird, funktioniert nicht: „Die Überraschung besteht darin, dass beim Autisten lustvolle Situationen schlimmer als die anderen zu sein scheinen" (R, 40). „Liebe und Freundlichkeit, Zuneigung und Sympathie lösten bei mir die größten Ängste aus", schreibt Donna Williams.[6] Diese Furcht vor Nähe besteht darin, in ein intersubjektives Netz hineingezogen zu werden, was das Kind gegen seinen Willen dazu zwingt, sich aus seinem Sein loszureißen und aus sich selbst herauszugehen, um durch seine Liebe Gott weiß wohin mitgenommen zu werden" (R, 42).

Von solchen Erfahrungen berichtete mir ein Patient, dessen rätselhafte Umgangsformen immer mehr an Autismus denken ließen. Ein junger Techniker mit dem hohlen Gesichtsausdruck eines dauerhaft Verdutzten, der sich aber im Test als hochintelligent erwies. Schon mit einem Jahr habe er sprechen können.

Oft stehe er neben sich, finde, dass er das nicht selbst sei, das sei, „wie wenn man ein Auto abmontiert". Schon früh hätte er eine Stimme in sich vernommen, die „nicht meine war". Mit etwa vier Jahren hätte er seinem Spiegelbild gegenüber gestanden und wie perplex seine Mutter gefragt: „Wer ist das?" Er betrachte sich heute oft lange im Spiegel. Dann kämen ihm seine Augen tot vor. Das sei, als ob er das Spiegelbild festhalten wolle. Anlässlich einer Röntgenaufnahme sei er über die Darstellung seines Knochengerüsts erschrocken: „Dass da etwas bleibt, was man nicht sehen kann." Sein Körper sei ein Teil von ihm, „aber ich mag *es* nicht." Ein Distanzierungsversuch vom Körper, dieses „Es".

Jahrelang litt er darunter, in verschiedenen Firmen als Dummkopf und Trottel behandelt zu werden. Nicht enden wollten seine Berichte über diese Erfahrungen, für die er in seiner stets unterwürfigen Dienstbarkeit nie ein passendes Wort fand. So sprach er meist in Fakten, Ergebnissen und Techniken ..., wie man etwas Unangenehmes verbessern oder vermeiden könne. Seine gut gemeinten Verbesserungsvorschläge wurden in den Betrieben, zumindest nach seinem Bericht, nicht begrüßt. Autist oder Ingenieur, dachte ich manchmal, wenn ich seine ungelenke, unbeholfene Rede hörte. Von wegen Ingenieur: „Ich habe immer die Arschkarte."

Ungeachtet seines unablässigen Strebens nach Korrektheit erfährt er stets neue Herabsetzungen, dann folgt die Kündigung. Er fühlt sich geradezu angesaugt von denen, die ihn nicht gut finden. Es gelingt ihm schließlich, zu meiner Überraschung, eine Stelle im Ausland zu finden. Dort macht er eine verblüffende Erfahrung: „Nie hätte ich erwartet, wie schlecht ich die Freundlichkeit meiner neuen Kollegen vertrage. Ständig suche ich mich zu entschuldigen, zu rechtfertigen ... Nie hat man mir irgendeinen Vorwurf gemacht. Ich komme mit dieser Situation nicht zurecht." Er spricht von Depression! Kaum erträgt er diese Freundlichkeit. Dennoch ist bei ihm etwas vorhanden, was man bei Asperger-Autisten kaum antrifft: das „Universum der Schuld", wie sich Lacan ausdrückt. Aber seine Schuld hört sich eher an wie Schulden, die man tilgen kann: Er findet kein Äquivalent an Leistung, das er zurückgeben könnte, wenn er etwas bekommt. Ähnlich wie er nie einen Zweck in seinem Denken und Tun aus den Augen verliert: „Helfen Sie mir da heraus, mich überall minderbemittelt zu fühlen ..., damit ich minderbemittelt bleiben kann." Zuneigung versteht er als Äquivalent der von ihm erbrachten Leistung.

a) Reden

Haben frühkindlicher „Kanner-Autismus" und Asperger-Autismus, „sprechende" und „nicht sprechende" Autisten die gleiche Struktur? Nähern wir uns dem Thema von einer schlichten Seite her: Ist jemand, der kein Wort sagt, ohne Sprache? „Wenn eine Frau schweigt, soll man sie nicht unterbrechen", schlägt der Kabarettist vor.

Vorsichtig äußert sich Lacan: „Man nennt das Autismus. [...] Das sind einfach Leute, für die das Gewicht der Worte etwas sehr Ernstes ist und für die es nicht einfach ist, es sich mit diesen Worten leicht zu machen."[7] Was soll es heißen, dass Autisten ihre „Emotionen" nicht zur Sprache bringen können? Birger Sellin, einer der schreibenden Autisten, sagt: „Die Behauptung, wir würden nichts empfinden, ist absurd." Mit welcher Sprache kann etwas benannt werden, wenn von Kindheit an die (metaphorische) Sprache fremd bleibt? Und inwiefern „fremd"? Rey-Flaud schreibt zur Sprache bei Autisten von „Buchstaben, die wie eingefroren sind." Konserviert. Und Donna Williams „liebte Buchstaben und lernte sie schnell. Weil die Art, wie sie zu Wörtern zusammenpaßten, mich faszinierte, lernte ich diese Wörter auch."[8] Eine andere sogenannte hochbegabte Autistin,

Temple Grandin, die sich mit ihren Halteapparaten für Tiere nützlich gemacht hat, schreibt: „Ich denke in Bildern. Sie sind wie eine zweite Sprache. Ich übersetze alle Worte, ob geschriebene oder gesagte, in Farbfilme mit Ton. Sie laufen in meinem Kopf wie Videokassetten ab. Wenn jemand mit mir spricht, verwandeln sich seine Worte sofort in Bilder." Sie hebt die Bilder im Geiste auf, um sie später abzuspulen. „Wenn ich in meinem Kopf suche, sehe ich die Photokopie der Seite." „Diese Hinweise zeigen, dass die Bilder der autistischen Subjekte Reproduktionen von Objekten sind, und nicht die Objekte selbst." Und Temple Grandin ergänzt: „Ich visualisierte Begriffe wie Friede oder Ehre [...], bei Friede dachte ich an eine Taube und bei Ehre eine Hand auf der Bibel."[9]

Nehmen wir folgende Aussage unter die Lupe: „Die Sprache fehlt." Was heißt „fehlen"? „Objektiv" fehlen oder subjektiv vermisst werden? Selten haben Autisten etwas von diesem Fehlen artikulieren können, aber um etwas zu vermissen, bedarf es der Einschreibung eines Mangels. Auf jeden Fall werden es die Therapeuten sein, die Sprachfähigkeiten bei Autisten vermissen. Sollte man dann nicht davon ausgehen, *wem* das Sprechen fehlt, anstatt objektiv fehlendes Sprachvermögen zu konstatieren? Selbst der Satz: „Du fehlst mir", sagt ohne kontextuelle Verbindung noch nicht, wie es sich mit dem Fehlen verhält. Die sogenannten Normalen können mehr oder weniger spüren, ob jemand „nur" Sätze nachspricht, die er sich für die jeweilige Situation vorgefertigt hat. Autisten sprechen in groteskem Ausmaß Sätze nach, die ihnen gesagt werden: „Möchtest du eine Banane essen?" Antwort: „Möchtest du eine Banane essen?" Papageiensprache, sagte Kanner. Maleval nennt das aus der Perspektive der Psychoanalyse Lacans: „Transitivistische Verhaftung an eine imaginäre Verdoppelung" (M, 92). Sie sprechen zwar Worte aus, aber gebrauchen sie nicht, erzählen Eltern autistischer Kinder. „Die Wörter werden eher ausgestoßen als gesprochen, sie stammen aus einem mentalen Erinnerungsrepertoire, nichts ist diesen Subjekten schwerer als ein persönlicher Ausdruck", so Donna Williams. Temple Grandin stellte wiederholt die gleiche Frage, um mit Vergnügen die gleiche Antwort zu bekommen. Ihre Mitschülerinnen nannten sie „Tonband". Donna Williams erzählt von einem anderen Autisten, der die Kunst beherrschte, Worte herauszubringen und dabei für deren Sinn taub zu bleiben. Es findet in diesem Stadium keine Lektüre statt. In Donna Williams Welt „aus Formen, Farben und Licht" war die Wahrnehmung noch von ihrem sinnlichen Ursprung geprägt (R, 59).

Die seit Lacan in der französischen Psychoanalyse geläufige Unterscheidung von Sagen (*énonciation*) und Gesagtem (*énoncé*) kann eine Grenze für das autistische Subjekt markieren: Es kann zwar reden (*énonciation*), hat aber größte Schwierigkeiten, eine Aussage (*énoncé*) zu machen. Eine Aussage geht stets über das Geredete hinaus. Sie lässt sich nicht auf das faktisch Gesagte reduzieren. Wer nur das von sich gibt, macht nicht unbedingt eine Aussage.

b) Stimme, Genießen und Reales (Maleval)

Unter den Triebobjekten, denen Lacan Blick und Stimme hinzufügte, „hat die Stimme den Vorzug, die Besetzung der Sprache zu führen (*commander*), diesen Apparat des Genießens, der die Welt der Bilder und der Empfindungen des *infans* zu strukturieren erlaubt." Wenig später schreibt Maleval: „Halten sich Autisten beim Sprechen die Ohren zu, dann nicht wegen des Klangs der Worte, sondern wegen dem, was das Subjekt in seinem Sprechen anwesend macht" (M, 78). Eine unerträgliche Anwesenheit, aus der es in solchen Momenten kein Entkommen gibt. Man könnte von Nötigung oder auch Zwang sprechen, um etwas von der *Unlust* zum Ausdruck zu bringen. Diese Dimension geht verloren, wenn *jouissance* mit „Genießen" übersetzt wird. Leicht kann man etwas von diesem Übersetzungsverlust mitbekommen, wenn man die Unmöglichkeit einer glatten Übersetzung eines Wortes in eine andere Sprache selbst nachvollzieht. Das treffende Wort will sich nicht einstellen, je mehr man nach einer „glatten" Übersetzung ohne Verlust sucht.

Was aber, wenn das Objekt des Genießens nicht verloren werden kann? „Das leere Gerede des Autisten ist nicht das einsame Genießen der Stimme. Er arbeitet ganz im Gegenteil an ihrer Beseitigung, denn sie ist sein Schrecken" (M, 78). „Diese schreckliche Stimme kann sich in Mutismus äußern oder im Geplapper oder im Fehlen jeglichen Austauschs mit dem Anderen. So verweigert das Subjekt ebenso die Anrufung, den Appell des Anderen wie auch den Einsatz seiner eigenen Stimme in seiner Rede" (M, 79). Was der Stimme fehlt, so könnte man *grosso modo* sagen, ist ihre Alterität. Und doch können „stumme" Autisten, denen jede Andersheit ein Schrecken zu sein scheint, in höchster Not, wenn keinerlei Ausflucht mehr möglich ist, manchmal ein einziges „vollständig subjektives" Wort, einen kompletten Satz hervorstoßen. So wie jenes bis dahin stumm gebliebene autistische Kind, das sich weigert, im Speisesaal zu essen. Schließlich sagt sein Erzieher verärgert: „Iss das!" Zur großen Überraschung seiner Umgebung stößt das Kind hervor: „Ich mag keine Wurst!" (R, 17)

„Gib mir meine Kugel!" soll der erste Satz Birger Sellins, eines bekannten deutschsprachigen Autisten, gewesen sein. Solche Sätze überraschen durch ihre „markante Anwesenheit des Subjekts des Aussagens, sie sind erkennbar an den Anderen adressiert, ihr behauptender, sogar imperativer Charakter zeugt von einem lautlichen Genießen, das sie unterstützt" (M, 80). Imperative teilen nicht mit, sind nicht kommunikativ. Was sie aber dem Anderen herausgeben, ist ihre Stimme. „Nichts reißt ein autistisches Subjekt mehr auseinander, als dem Genießen des Anderen das Objekt Stimme zu überlassen" (M, 80). Beim Autisten wird die Stimme real (R, 102). „Wird die Stimme nicht einverleibt, nach Lacan eine erste Form der Identifizierung, so ist das Objekt Stimme wie eine geliehene „Seele" die mit der Macht ausgestattet wird, einen Körper zu beleben, der durch die Sprache verwüstet ist" (R, 102). Donna Williams wiederholt Sätze, weil sie spürt, „daß eine Antwort aus Geräuschen erforderlich war. [...] Spiegeln war, wie das Zusammenlegen von zueinanderpassenden Gegenständen, meine Art, zu sagen: Sieh nur, ich kann eine Beziehung zu dir herstellen."[10]

Inwiefern aber wird die Stimme des Anderen wie die eigene zum unerträglichen Objekt? Gibt es bei Autisten einen Gebrauch ihrer Stimme? Kaum ist sie als subjektives Engagement oder gar Metapher zu verstehen. Man könnte sagen, die Stimme wird eben nicht, wie bei einer Wahl, *abgegeben*: Ein autistisches Subjekt gibt seine Stimme nicht ab, es gibt sie nicht her, lässt sie nicht los!

Dass die Stimme hier eine besondere Rolle spielt, zeigt sich daran, dass bevorzugt andere Wege der Mitteilung gesucht werden. Was vermieden, gefürchtet oder abgelehnt wird, ist stets der Einsatz der Stimme. Mit ihr lässt man sich möglicherweise darauf ein, „die Zwänge, die Beschränkungen der Sprache zu akzeptieren." Sie bestehen darin, „antworten zu müssen, zu gehorchen, was sehr viel unangenehmer ist, als so zu tun, als hätte man nichts gehört oder verstanden, und sich so eine völlige Freiheit zu bewahren."[11] Der Autist „weist jede Abhängigkeit gegenüber dem Anderen zurück" (M, 81). Eine „schmerzliche Freiheit", deren Grundlage darin besteht, dass „die Sensibilität, die zum Lebensgefühl gehört, unterdrückt werden muss" (M, 81).

„Wenn es nicht richtig gedeutet wird, ist alles Gehörte schlimmstenfalls ein Brummen von Geräuschen, und dieses ist unaufhörlich mit der Angst vor Nähe verbunden, die der Sprecher erweckt".[12]

Stets schildert Donna Williams die Bedingungen und Einschränkungen ihres Funktionierens, sodass diese persönlichen Berichte schwerlich als Selbstzeugnisse zu lesen sind. Wenn sie schreibt, dass sie sich „symbolisch" ausdrücke, so wird man das nicht mit Lacans Begriff des Symbolischen verwechseln. Eher handelt es sich um eine Art Codierung, wie bei einer Geheimschrift. Dagegen enthält das Zeugnis immer eine dritte Dimension. Ein Zeugnis geht stets über das rein Faktische, die reine Wiedergabe einer Wirklichkeit hinaus. Die Frage, inwieweit man bei Donna Williams oder einer Temple Grandin und anderer schreibender Autisten eine „Bejahung der Sprache" annehmen kann, ist für das Verständnis des Autismus von großer Wichtigkeit, um die Stelle, den Punkt zu benennen, an dem sie ihre Sprach-Welt bauen. Bejahung der Sprache heißt ja nicht, über ein Lexikon von Definitionen zu verfügen. Bejahung der Sprache heißt vielmehr, die ihr innewohnende Wahrheit, nämlich den Verlust der unmittelbaren Beziehung zur Sache zu bejahen. Und dies ist nur möglich, wenn ein Trennungsschritt vollzogen ist, wovon im letzten Kapitel die Rede sein wird. Hier ist der Genius der Sprache kaum zu überbieten: ein *Ur-Sprung*. Die schreibenden Autisten nähern sich aber der Wahrheit von ihrer nackten, realen Seite her, könnte man sagen. Damit stellt sich die Frage, wie bei Autisten eine Gemeinsamkeit in ihrem Zugang zur Sprache artikuliert werden kann.

c) Sprache und Verlust

Seit ihren Anfängen mutet die Psychoanalyse ihren Anhängern wie Widersachern die gleiche Paradoxie zu: Sobald man ihre Theorie oder Praxis positiv zu bestimmen sucht, kommt man nicht weiter, denn man ist mit einem Verlust konfrontiert. Dies in mehrfacher Hinsicht. Zu verzichten ist nicht nur auf die Herrschaft des Ichs im eigenen Hause, man muss dazu noch Trauer um den Verlust von Objekten leisten, die „einst" Befriedigung verschafften. Schließlich stellt sich bei allem Analysieren nachträglich heraus, dass wir des Ursprungs, der Ur-Sache, nach der wir doch so engagiert suchen, sowieso nie habhaft werden können. Keine Chance, etwas von den Bouquets einer Tustin oder den a-Objekten Lacans zu verstehen, solange man das nicht begriffen, nicht „intus" hat, solange man dieses Werden durch Verlust nicht einverleibt, nicht am eigenen Leibe, z. B. in einer analytischen Kur erlebt hat.

Die Frage nach dem Ursächlichen und Primären scheint nirgendwo mehr zu insistieren als beim Studium des Autismus. Ob es nun *erste* Inschriften, *erste* Laute, Äußerungen, Empfindungen, das *erste* „Ja", das *erste* „Nein" sind. Ist das der Anfang? Es gibt ein Stadium Null: Freuds *uranfängliches* Lust-Ich, diesen von jeglicher Störung geschützten absolut narzisstischen Zustand außerhalb von Raum und Zeit. Aber kein Mensch hat das erlebt. Das Lust-Ich „hat keinerlei Existenz außer einer logischen, und ist der Nullpunkt des Subjekts". Und nach der Null – die Eins? „Die erste Zeit der Subjektgeschichte wird durch den Ur-Einbruch in die Integrität dieses fiktiven Ichs konstituiert, womit eine Vervollständigung des unvollständigen Körpers vollzogen wird [...], was das Kind in den Kreislauf des Verlusts einführt" (R, 115).

Der Rückzug des Autisten in sein Schneckenhaus und seine massive Weigerung gegen die alltäglichen Einbrüche weist darauf hin, dass der ursprüngliche Bruch nicht angemessen durch die Sprache vermittelt worden ist. So z. B. die kleine autistische Elly Park, die stets während der ersten Jahre ihres Rückzugs mit dem „Nein" spielen konnte, aber kein „Ja" zustande brachte. Erst mit sieben Jahren, so ihre Mutter, haben wir ihr beibringen können, „Ja zu sagen" (R, 116).

Muss man daraus beim autistischen Kind auf eine Zurückweisung des Verlustes anstelle der Verdrängung schließen, „was einen radikalen Ausschluss aus der Sprache zur Folge hätte?" Rey-Flaud verneint dies, denn „kein Mensch könnte außerhalb der Sprache leben und der Autist hat, bevor er seine Ablehnung entgegensetzte, notwendigerweise in dieser oder jener Form auf diesen primären Bruch mit einer ersten *Bejahung* antworten müssen, was sich vom verbalisierten Ja der kleinen Elly unterscheidet, das sie sich weigert auszusprechen" (R, 116). Rey-Flaud wie Maleval halten es für wenig sinnvoll, nachzuforschen, ob die Sprache beim Autisten angenommen oder abgelehnt wird; als universelle Bedingung des Menschlichen wirkt sie sich auch auf den Autisten aus. Diesen klinischen Schlussfolgerungen aus diesem Primat der Sprache hat sich vielleicht keiner mehr gewidmet als Jacques Lacan.

Bevor ich am Schluss dieser Arbeit auf Penots Behandlung eines autistischen Kleinkindes komme, soll noch der „Negativität der Sprache" mindestens der Platz einer Andeutung gegeben werden. Ist sie der gemeinsame Nenner für die vielen einzelnen Beobachtungen über das Sprechen von Autisten? Orientiert sich die analytische Praxis entweder an der Überzeugung von der realen Notwendigkeit eines primär guten Objekts, was immer das sei, oder an der strukturierenden Verarbeitung eines uranfänglichen Verlusts? Oder ist es nicht vielmehr so, dass alles Festhalten am „Primären“, sei es nun gut oder schlecht, eine Ablehnung des Verlusts einer Ur-Sache darstellt? Mit dem Zugang zur Sprache ist die Idee des entweder Guten oder Schlechten nicht aufrechtzuerhalten, enthält doch der Versuch, die Erfahrung auf diese Begriffe zu reduzieren, sie darin zu zementieren, immer schon im Kern eine Ablehnung der „Wahrheit der Sprache: dass nämlich das Gute immer nur ein negativiertes Schlechtes oder Böses ist“ (R, 163).

“Der Autist leidet an der Negativität der Sprache. Davon zeugt die Angst vor dem schwarzen Loch [Frances Tustin], das sich durch die Kluft zwischen dem Ding und seiner Vorstellung auftut“ (M, 102). Einen ersten Einblick in diese Negativität gibt Temple Grandins *Denken in Bildern,* wovon oben die Rede war. In Ikonen und Merkmalen suchen Autisten eine feste Verbindung zum bezeichneten Gegenstand zu etablieren (M, 183).

Das Vorstellungsobjekt fällt niemals Kante für Kante mit dem durch das verlorene Objekt freigelassenen Platz zusammen. Wenn Williams z. B. das Wort „Kuh“ durchaus mit einer Vorstellung verbindet, so schwindet diese Verbindung, wenn sie versucht, eine Kuhherde begrifflich zu fassen. Ebenso wie sie nichts mit dem Plural „Vieh“ anfangen kann (M, 189). Die bleibende Nicht-Übereinstimmung zwischen Sein (dem Objekt) und Sinn (die Vorstellung) schafft im Inneren des Subjekts ein Nicht-Ich, das sowohl Tustin als auch Freud nahezu gleich benennen: „fremder Rest“ (R, 155).

Warum Negativität der Sprache? Eine Skizze dessen, was Lacan mit dem Begriff der Alienation entwickelt hat, mag hier einen Zugang eröffnen. Der Eintritt in die Sprache wird subjektiv ausprobiert und singulär geschaffen, ist aber auch der Logik, dem Gesetz der Sprache unterworfen. Irgendwie müssen wir dem Menschenkind unterstellen, dass es irgendwann eine Antwort auf die Frage sucht: *Wer bin ich?* Lange bevor diese Frage ausgesprochen werden könnte, dringt sie aus allen Poren des Kindes. *Wer bin ich ... für dich*?, wird der Nebenmensch, z. B. die Mutter, vernehmen. Aber jede individuelle Antwort wird sich auf das reduzieren, was das Kind im Moment für seinen Nebenmenschen ist. Absolut hat niemand diese Frage beantworten können: *Du bist dies oder das!* Nicht nur weil das kein Mensch kann, sondern weil die Sprache nicht das Sein ausdrücken kann. Eine erste Antwort wird ungenügend sein. Zwischen Sein und Sprache wird immer eine Kluft bleiben. Eine zweite Antwort wird dieses Ungenügen nicht mindern, aber die Sprache als ein Netz von Verweisungen – Signifikanten – etablieren. Das Sein, das *Wer bin ich?*

wird also nicht durch einen ersten Signifikanten beantwortet, es wird immer eine Kluft zwischen dem geben, was sagbar ist, und einem unsagbaren Rest. Dieser Rest wird durch die Sprache erzeugt.

Das Sein selbst lässt sich nicht mit dem Wort zur Deckung bringen. Warum beruhigt das Autisten nicht? Wären sie doch mit dieser Trennung zwischen Sein und Sprache vor dem Verschlungenwerden geschützt. Warum Rückzug ins pure Sein, wenn sich ohnehin nicht aus diesem „Seinszustand“ herauskommen lässt? Die Antwort kann nur sein, dass dieser Rückzug in eine autistische Welt ständig misslingt. Woran autistische Menschen unaufhörlich ihren Kopf anstoßen ist die „Negativität, die in der Sprache am Werke ist“. Sie „bezeichnet nicht Auslöschung, sondern Ablösung des Realen und des Seins des Menschen. Den Verlust der Brustwarze mittels eines Stücks Stoff zu leugnen hat nur als *Aufhebung* einen Sinn, was den Verlust nicht auf sich selbst zurückfallen lässt, sondern das Kind aus sich heraus, vorwärts projiziert“ (R, 382).

3. „Die Übersetzung in einer Kur“

Unter diesem Titel beschreibt Marie-Christine Penot ihre psychoanalytische Arbeit mit einem knapp zweijährigen Jungen in einer Einrichtung. Das Setting bestand aus drei Sitzungen pro Woche mit Mutter, Übersetzerin und Protokollantin. Hier ein kleiner Einblick in ihre klinische Arbeit: Das Kind ist Türke, die Therapeutin versteht kein Türkisch.

Eine Psychoanalyse mit einem schwer autistischen Kind, dazu noch in einer Fremdsprache? „Die Worte, die ich hörte, nicht zu verstehen war nicht nur ein Nachteil. Die Illusion, etwas zu verstehen, durch die man sich gegenüber einem Autisten entlastet fühlen kann, war hier unmöglich“ (P, 22). Die Stereotypien fasst Penot bei diesem Kind als Wiederholungen auf, weil sie „den Wert eines Akts zu haben schienen und somit von einer beginnenden Vorstellungsarbeit zeugten“ (P, 22). Akt auch als „wiederholtes Insistieren [...], damit sich Symbolisches artikulieren kann“ (P, 53). Die Stereotypien kamen ihr vor wie Ruinen antiker Stätten im Tropenwald. Dennoch zeugen solche Stereotypien von einem menschlichen Tun, kommt doch dem „Wiederholungszwang die Rolle eines Mittels der Menschwerdung zu“.[13] Das rhythmische Überstrecken des Körpers, das Den-Kopf-gegen-die-Wand-Schlagen verschwanden nach etwa vier Monaten Psychotherapie.

Ihre Arbeit als Analytikerin sieht Penot in mehreren Registern der Übersetzung: dem Versuch, mit dem Kind „eine Verzifferung für eine Anzahl von affektiven Zuständen zu finden, die mangels Bindung an Vorstellungen eine zerstörerische Wirkung hatten, wie dies bei einer rein realen motorischen Entladung der Fall ist" (P, 23). Motorische Abfuhr! Unweigerlich erinnert dieser Begriff an Freuds Schema des psychischen Apparats, dessen Aufgabe es ist, das Spannungsniveau möglichst gering zu halten. Über sein ganzes Werk, vom *Entwurf einer Psychologie* bis *Jenseits des Lustprinzips* blieb dieser Ansatz eine Grundthese Freuds.

a) Trennungen

Penot beobachtet Halil – so nennt sie den Kleinen –, wie er hilflos mit Gegenständen umgeht und mit ... seiner Mutter. Dass eine Übersetzung nicht nur Verlust, sondern auch Gewinn an Überraschung bieten kann, davon profitiert hier der deutsche Leser: Ihm kann die Mehrdeutigkeit von „Mutter" verdeutlichen, dass Sinn immer mit etwas Unerwartetem zu tun hat. „Zufällig" sucht Halil aus dem Baukasten einen *boulon* mit Schraube, so heißt im Französischen eine Schraube, die in einer Mutter steckt. Verzweifelt versucht er, die Schraube von der Mutter zu lösen. Sogleich nimmt ihm seine Mutter den Gegenstand aus der Hand. Halil bekommt einen Zornesanfall, schlägt Mutter und Therapeutin. Diese erklärt nun der Mutter das Geschehen. Sie findet Worte, um den Zorn Halils seiner Mutter begreiflich zu machen. Halil wirft sich nun in deren Arme. Er ist nicht zu beruhigen. Dieser hilflose Zustand führt zum völligen autistischen Rückzug. Penot klärt nun die Mutter über den Wert auf, den sein Akt, der Versuch des Auseinanderschraubens, für Halil hat: Er versuche damit, eine Vorstellung für „Trennung" zu finden. „Eine Trennung die nicht zerstört, denn man kann sich trennen und wieder zusammenkommen, wie man die beiden Teile des Spielzeugs auseinander- und zusammenschrauben kann" (P, 24). Halil hat sich nach dieser Intervention am Fuß eines Schranks niedergelassen und bringt das Wort „Papi" hervor. Penots Gedanken wandern indessen zum Tod seines Großvaters väterlicherseits; denn der Tod dieses Großvaters fiel in die Zeit der Schwangerschaft mit Halil, in der Halils Vater nicht um seinen eigenen Vater hatte trauern können. Die Therapeutin hat das Gefühl, „dass dieses Kind auf seine Art eine Verbindung zwischen Trennung und Tod herstellt."

Der Behandlungsverlauf ist wie ein Drehbuch geschrieben. Die Therapeutin ist nicht die Regisseurin der Inszenierung, wohl aber ein Angelpunkt für das Verständnis der Szenen. Kann man einzelne Worte oder gar Laute nicht verstehen, so ist nachträglich ein Verständnis der abgelaufenen Szene möglich. Das Szenario des Ab- und Zusammenschraubens wird wochenlang in den Sitzungen wiederholt, wozu auch die Wiederholungen der Mutter gehören, wenn sie nicht an sich halten kann, ihrem Kind die beiden Teile des Spielzeugs aus der Hand zu nehmen, um diese wieder zusammenzuschrauben, was wiederum die erneute Erklärung der Therapeutin gegenüber der Mutter nach sich zieht. Ein zäher Vorgang, der Penot deutlich macht, wie solche erschöpfenden Wiederholungen Eltern autistischer Kinder intolerant oder lasch werden lassen und sie dazu führen, die Akte ihres Kindes, die sie nicht als Botschaft begreifen, als „zerstörerisch“ fehlzudeuten. In ihrer Sorge, die umgebenden Gegenstände vor der Zerstörung zu schützen, verkennen sie einen symbolischen Wert der kindlichen Akte. Die Verkennung des symbolischen Wertes dieser kindlichen Wiederholungen hängt mit einer Schwierigkeit zusammen, diese kindlichen Akte mit einem Verbot in Zusammenhang zu bringen. Das heißt, es gibt die Dimension des Verbots nicht. Und genau hier „hat der Analytiker einen Schnitt einzuführen“ (P, 26). In der Tat hat dieser „Schnitt“, den die Therapeutin im Falle Halils zwischen Mutter und Kind herstellt, einen Erfolg. Die Therapeutin hält die Mutter vor ihrem Eingriff in das Tun des Kindes zurück *und* spricht mit ihr. Nach vielen solchen Bewegungen, denen das Kind im Zusammenhang mit der Umgebung seine Melodie und seinen Rhythmus aufprägt, kann ein nächster Schritt getan werden.

b) Das Wort ergreifen

Halil rollt sich in einer Ecke zusammen. Die Mutter geht ihm nach, was Eltern autistischer Kinder häufig tun, wenn diese sich zurückziehen. Halil schreit: „Atta!“ Häufig wird dieses Wort von der Mutter gebraucht. Nach deren Übersetzung bedeute es „gehen“. Doch die zum therapeutischen Team gehörende Übersetzerin berichtigt, es heiße: „Geh spazieren“, sei also ein Imperativ. Die Mutter „hört“ hier aber nur den Infinitiv, nicht aber den Imperativ, der einen Akt zur Folge haben könnte: Sie hört nicht, dass ihr Söhnchen ihr sagt: „Hau ab!“

Mit dieser Sequenz gibt Penot ein einleuchtendes Beispiel, dass das Wort des Kindes von ihm nur dann als sein eigenes anerkannt werden kann, wenn es vom Anderen als Botschaft gehört wird. „Die Mutter reagiert nicht auf dieses Wort ihres Kindes“ (P, 27). Erst durch die Vermittlung der Übersetzung wird aus dem, was das Kind von sich gibt, eine Botschaft. Mit der Anerkennung als Botschaft kann aus diesem „atta“ etwas anderes werden als das Ausstoßen von Lauten oder gar eines Geräuschs. Es geht also darum, dass sich das Kind, wie es Penot eingangs als Vorhaben ihrer Arbeit beschreibt, selbst als den Urheber seines Sprechens begreifen kann (P, 28).

Diese vereinfacht wiedergegebene Sequenz enthält den Kern des Zusammenhangs zwischen Trennung und Sprechen. Oft meint die Mutter Halils, wenn sie nach der Bedeutung eines Wortes gefragt wird: „Das bedeutet nichts.“ Dieses „nichts“ ist alles andere als nichts. Gerade bei dem Wort „nichts“ wird deutlich, dass es nicht darum geht, was dieses oder jenes Wort (z. B. im Lexikon) bedeutet, sondern, welchen Platz es in der Rede annimmt, im Diskurs, an dem die Umgebung immer beteiligt ist. Hier kann dieses „nichts“ alles Mögliche heißen: Es kann ein Passepartout sein, es kann auch „alles“ von der Mutter her bedeuten und damit doch nichtssagend sein. Dieser (phallische) Platz des Passepartout, des Jokers fehlt in der in diesen Szenen dargestellten Struktur. Er könnte auf einen Mangel verweisen. So aber ist weder das Wort des Kindes noch dasjenige der Mutter als Botschaft installiert. Möglicherweise ist sich die Mutter überhaupt nicht darüber im Klaren, dass sie, ohne dies unbedingt zu wünschen, mit dieser „Lektüre“ die Bedeutung betoniert, wenn nicht sogar besitzt. Worte sind aber gerade kein Besitz. Dass dies so ist, davon kann sich jeder überzeugen, wenn er eine Fehlleistung macht.

Ist es nicht diese Trennung, um die es hier geht? Trennung von der Vorstellung des Wortbesitzes? Diese Trennung ist eine Eigenschaft der Sprache, sie ist dem Menschen vorgegeben, aber nicht jeder kann sie „nachvollziehen“. Damit eröffnen sich zwei Fragen, die ich hier nur antippen kann: Wenn diese Trennungsfunktion des Wortes, die Freud im berühmten „Fort-Da-Spiel“ artikulieren konnte, dem Kleinkind erlaubt, das Objekt von seiner Bezeichnung zu unterscheiden, wäre dann nicht die Trennung vom Besitz der Sprache und die Trennung vom Kind ein und derselbe Vorgang? Natürlich besitzt auch das Kind nicht die Bedeutung seiner Worte. Der Eintritt in die Kommunikation ist nicht mit der Verfügung über das Wort gleichzusetzen, denn:

> Die Kommunikation als solche ist nichts Anfängliches, denn im Ursprung hat S (das Subjekt) nichts zu kommunizieren – aus dem Grund, daß alle Instrumente der Kommunikation auf der anderen Seite sind, im Feld des Anderen, und daß es sie vom Anderen empfangen muß. Dies hat zur Folge, daß es seine Botschaft stets und prinzipiell vom Anderen empfängt. [...] Das erste Auftauchen, das, das sich einschreibt in dieses Bild ist nur ein: *Wer bin ich?*, unbewußt, weil nicht formulierbar, worauf, noch ehe es sich formuliert, ein *Du bist* antwortet, d. h., es empfängt zunächst seine eigene Botschaft in umgekehrter Form.[14]

Stellen wir uns den kleinen Halil etwas älter und sprachlich entwikkelter vor. Hätte seine Mutter ihm und nicht der Therapeutin gesagt: „Was du sagst, bedeutet nichts", so hätte er ihr vielleicht antworten können: „Ja, das bedeutet nichts, es bedeutet nicht das, was du schon kennst." Dieser etwas spekulative Einfall verdeutlicht, wie sehr die *Instrumente* der Kommunikation *beim Anderen* liegen. Der oder das Andere kommt durch das Hören zum Ausdruck. Dem Hören kommt im Sinne der Psychoanalyse eine besondere Funktion zu: Hören heißt: anders hören, das Andere hören oder hören lassen. Das Andere taucht im Sprechen nur insofern auf, als sich im Zuhören eine Differenz eröffnet. Wer aber ist der „erste" Hörer? Der „Andere"? Die Therapeutin lehrt in einem gewissen Sinne in dieser Behandlung auch der Mutter das Hören. Dies kann in dem Maße gelingen, als eine dritte Dimension ins Spiel kommt, es also nicht nur Mutter und Kind gibt, sondern etwas, das erst nach Trennungsvorgängen wirksam werden kann. Dann erst kann es einen Spielraum der Bedeutung geben: Was unterscheidet die Situation vor der Trennung von derjenigen danach? Gibt es dann niemanden mehr, der über die Bedeutung einer Aussage bestimmt, darüber, was dies oder jenes „zu bedeuten hat"? Diese Position eines schrecklichen Über-Ichs gilt es weder einzunehmen noch zu vermeiden. Es geht auch nicht darum, die Mutter zu bezichtigen, dass sie an dieser Position festhalten würde. Es geht stets darum, welchen Platz die Mutter im Psychischen des Kindes angenommen hat. Hängt nicht jede psychotherapeutische Wirkung mit der Frage des „Sprachbesitzes" zusammen? Diese Frage lässt das Buch von Penot in jeder Hinsicht spüren.

Im Bericht über die Behandlung Halils lässt die Therapeutin den Leser buchstäblich aufhorchen, wie sehr die Chance einer Psychotherapie auch und gerade bei einem autistischen Subjekt im Ohr des

Anderen, des Hörers, liegt. Sollte man dem klinischen Beispiel des kleinen Halil nicht entnehmen, dass der Zugang zu einer wie auch immer minimalen Urheberschaft seines Sprechens, dass dieser „Erwerb" der Sprache eher von einem Verlust ausgeht? Verlust des Gleichen. Dass analytisches Hören heißt, anders zu hören? Dies führt zu einem dritten Schritt in der Behandlung von Halil, womit ich meine Darstellung beenden möchte.

Wochenlang wurde mit Halil und seiner Mutter Trennung im allgemeinsten Sinne des Wortes wiederholt „durchgespielt". Dann konnte ein anderes Thema die Szene betreten:

c) Formen des „Fort-da"

Halil nimmt eine aus mehreren Teilen zusammengesetzte Spielzeugschlange. Bisher hatte er dieses Spiel wortlos vorgenommen. Auch diesmal spricht er zunächst nicht bei seinem Tun. Nachdem er die Schlange zerlegt hat, wird er sehr traurig. Seine Mutter setzt die Schlange wieder zusammen. Er macht daraufhin großen Lärm mit einem Schemel, den er im Zimmer herumschiebt, womit er, wie oft, die Mutter massiv ärgert. Dann teilt er die Schlange in zwei Teile. Penot fragt ihn (auf Türkisch), ob er glaube, dass die Mutter zornig sei. Dieses *Mutter zornig* war schon zum geflügelten Wort zwischen den beiden geworden. Daraufhin folgt ein Versteckspiel mit seiner Mutter. Als diese ihm die Hand geben will, stellt er alles an, was die Mutter aus dem Häuschen bringt, offensichtlich ist er selbst zornig, „scheint aber Bedarf nach dem Zorn der Mutter zu haben" (P, 30). Nun aber hält er zwei andere Spielzeugstücke aneinander, als ob er sie zusammenfügen wollte. Die Mutter vollendet dies, und er sagt auf Türkisch: „Das Eine und das Andere." Darauf bringt er ein „Papa" hervor. Diese sehr berührende Szene erinnert an das bekannte Fort-da-Spiel, das Freud bei seinem eineinhalbjährigen Enkel beschrieben hat. Das Kind lässt wiederholt eine an einem Faden hängende Spule über den Rand seines Bettchens verschwinden und begleitet diesen wiederholten Akt mit einem „bebi ooo – da". Diese berühmte Beobachtung wird meist als Versuch gedeutet, die Abwesenheit der Mutter spielend zu „symbolisieren". Nach der Theorie Lacans inszeniert das Kind damit die Spaltung, die sich in ihm selbst vollzieht, wenn die Mutter fortgeht: „Die Holzspule, die Freuds Enkelkind über den Rand seines Bettchens verschwinden lässt, ist nicht eine Miniaturausgabe der Mutter, sondern das Kind selbst als Teil der Mutter" (P, 31). Die Deutung, dass es sich bei Halil um einen ähnlichen Vorgang handelt, bestätigt sich insofern, als weitere Formen dieses Spiel folgen, die hier kurz erwähnt werden: Halil wirft eine Seifenschale weit weg und sagt dazu: „Du wirfst", und: „Er hat gefunden." Es folgen weitere Darstellungen, die als Verarbeitung eines Verlusts mithilfe des Wortes gedeutet werden können.

Schluss

Fassen wir die therapeutische Aufgabe, mit der sich Penot auseinandersetzt, mit ihren eigenen Worten zusammen: Es ging bei dieser Arbeit mit einem autistischen Kleinkind darum, „dort eine Bedeutung zu hören, wo es sonst nur eine Klangmasse gäbe". Die „Sitzungen" mit einigen autistischen Kindern, über die Penot berichtet, sind meist Szenen, in denen die Therapeutin mit dem autistischen Subjekt und seiner Mutter arbeitet. Deren Darstellung macht die Schwelle begreiflich, vor der das autistische Kind innehält. Diese Schranke, die selbst nicht artikuliert werden kann, wohl aber die Artikulation bestimmt, ist die Alienation/Entfremdung (s. o.), in der das autistische Subjekt nicht den Platz des Trägers einer Botschaft einnehmen kann. Es ist wie gefesselt an eine Bedeutung, die es für den Anderen hat. Die Psychoanalyse mit autistischen Kindern macht eine ethische Dimension der Psychoanalyse deutlich, die in der gesamten Befragung zum Ausdruck kommt, was „Aneignung" der Sprache heißt. In einem aphoristischen Satz fasste sie Lucien Israël vor vielen Jahren zusammen: „Die Sprache gehört niemand." Darin liegt die therapeutische Aufgabe der Analyse.

Anmerkungen

1 Laznik-Penot, Marie Christine (1995): Vers la parole. Paris (Denoël).
Henri Rey-Flaud (2009): L'enfant qui s'est arrêté au seuil du langage : Comprendre l'autisme, Flammarion. Ders. (2010): Les enfants de l'indicible peur : Nouveau regard sur l'autisme. Paris (Aubier).
Jean-Claude Maleval (2009): L'autiste et sa voix. Paris (Seuil).

2 Der von Lacan eingeführte, ebenso spannende wie schwierige Begriff der „*jouissance*“ kann hier nur gestreift werden. Die Übersetzungsversuche ins Deutsche zeugen regelrecht von seiner inhaltlichen Komplexität. Nicht Wohlgefühl, keinesfalls mit „Lust“ identisch, eher Wollust oder Unlust, geht er auf ein mythisches körperliches Genießen zurück, von dem das Freudsche Werk im *Entwurf einer Psychologie* ausging: Spannungen, „Quantitäten“, von denen sich der psychische Apparat zu entledigen versucht, was misslingt. Eine Entledigung von dieser unerträglichen, *grenzenlosen* Spannung ist nur über den Anderen, den Nebenmenschen, möglich. Der Begriff des Genießens dreht sich um ein Feld diesseits der Sprache, Erregungen, von denen allenfalls ein Schrei kundgibt.

3 Donna Williams, zit. nach Maleval.

4 Lacan (1975), S. 29.

5 Siehe Freuds Schema im Brief vom 6. 12. 1886 an Wilhelm Fliess. Freud spricht dort von *Übersetzungen*.

6 Williams (1992), S. 302.

7 Lacan (1976), S. 46 (Übersetzung PM).

8 Williams, a. a. O., S. 47.

9 Temple Grandin (2006): Thinking in pictures. (Bloomsbury Publishers), zit. nach Rey-Flaud, S. 50.

10 Williams a. a. O., S. 292.

11 Molnar, T. (2004): Ma victoire sur l'autisme. Paris (Odile Jacob), S. 101, zit. nach Maleval, S. 81.

12 Williams, a. a. O., S. 292.

13 Lacan, J. (1978): Die vier Grundbegriffe der Psychoanalyse, Seminar Band XI, Olten (Walter Verlag), S. 57, 69, 70.

14 Lacan (1963): Seminar X, Die Angst. Sitzung vom 5. Juni 1963 (Übersetzung G. Schmitz), Bd. 2, S. 119. Französischer Text: Le Séminaire, Livre X, L'angoisse, Paris (Seuil) 2004, S. 314f.

Literatur

Freud, Sigmund (1886): Brief vom 6. 12. 1886 an Wilhelm Fliess. In: GW Bd. XIX, Frankfurt a. M. (Fischer).

Lacan, Jacques (1975): Vortrag in Genf über das Symptom. In: RISS, Zeitschrift für Psychoanalyse 1 (1986).

— (1976), Conférences nord-americaines. Scilicet 6/7 (1976), Paris (Seuil).

Laznik-Penot, Marie Christine (1995) Vers la parole. Paris (Denoël).

Maleval, Jean-Claude (2009): L'autiste et sa voix, Paris (Seuil).

Rey-Flaud, Henri (2009): L'enfant qui s'est arrêté au seuil du langage : Comprendre l'autisme. Paris (Flammarion).

— (2010): Les enfants de l'indicible peur : Nouveau regard sur l'autisme. Paris (Aubier).

Williams, Donna (1992): Ich könnte verschwinden, wenn Du mich berührst. Hamburg (Hoffmann und Campe).

Annemarie Hamad

Lisa oder die kleine Stachelrose. Analytische Arbeit mit einem Kind in Gefahr, sich abzukapseln

Die Einladung, mit Ihnen über das Asperger-Syndrom nachzudenken, war für mich eine gewisse Herausforderung, denn ich bin keineswegs eine Spezialistin der Klinik mit autistischen Patienten, und das Asperger-Syndrom ist in Frankreich überhaupt nicht gängig außer in Kreisen, die sich spezifisch mit Autismus befassen. Die Lehrkräfte in den Schulen haben eine gewisse Idee von Autismus, wenn sie es mit verschlossenen und der Sprache nicht mächtigen Kindern zu tun haben, besonders seit Autismus infolge des langen Kampfes der Elternvereine autistischer Kinder, für die ein Riesenmangel an Aufnahmestellen herrschte (und immer noch herrscht), als geistige Behinderung[1] gesetzlich anerkannt worden ist. Die Anerkennung des Anspruchs auf materielle Hilfe für die Belastung, die die Behinderung für die Familien bedeutet, ist natürlich begrüßenswert, hat jedoch wie immer die Kehrseite, dass die Diagnose (besonders heute, wo ja die Behauptung der genetischen Ursache trotz mangelnder Beweise hoch im Kurs steht) ein Kind zu früh als unheilbar abstempelt. Die ebenfalls hoch im Kurs stehenden kognitivistischen und verhaltenstherapeutischen Methoden, die hauptsächlich auf Lernen und Sozialisierung abzielen, lassen oft wenig Platz für den spezifischen Raum einer analytischen Arbeit, in dem sich das stumm gebliebene Subjekt dem Anderen langsam anzunähern wagt.

Wie wir ja wissen, sind es oft sogenannte wissenschaftliche Bezeichnungen von Symptomen, die, als Krankheiten gewertet, die Leute beruhigen, und zwar dadurch, dass sie ihnen ihre subjektive Teilnahme an ihrer Entstehung absprechen und medizinische Heilung versprechen. So kommen und gehen „Mode"-Gebrechen wie Spasmophilie, Depressionen, und bei den Kindern sind es gegenwärtig einerseits Hyperaktivität und Aufmerksamkeitsstörungen, wobei es inzwischen kein Geheimnis mehr ist, dass die pharmazeutische Industrie einiges zur Popularität solcher Symptome beiträgt (z. B. *Ritalin*). Andererseits führen der Drang nach „wissenschaftlichen" Klassifizierungen, Schematisierungen und narzisstisches Erfolgsstreben mancher Eltern zur Diagnose von so genannter *précocité*,

Frühreife oder Überbegabung, die Spezialklassen erfordern. Ich kann mir vorstellen, dass die Diagnose „Asperger-Syndrom“ auf diesem Terrain sicher auch bei uns in der Öffentlichkeit gedeihen wird.

Klar ist, dass die Psychoanalytiker nicht umhin können, solche Phänomene ernst zu nehmen und ihrerseits dazu beizutragen, auf die Fragen, die sie aufwerfen, vom klinischen Standpunkt, dessen Zentrum das Subjekt und seine spezifische Art, sich im Leben einzuschreiben ist, Antworten zu suchen. Für die Psychoanalyse ist der „normale Mensch“ ein fiktives Geschöpf. Freud betrachtete die meisten pathologischen Mechanismen als einem jeden innewohnende Funktionsarten. Lacan sagte: „Wenn man mir vom Mann auf der Strasse spricht, von dogmatisch geführten Umfragen, Massenphänomenen und dergleichen, so denke ich an alle die Patienten, die ich in vierzig Jahren des Zuhörens auf meiner Couch angetroffen habe. Keiner gleicht in irgendeiner Weise dem anderen, keiner hat dieselben Phobien, dieselben Ängste, dieselbe Art zu erzählen, dieselbe Befürchtung, nicht zu verstehen. Der Durchschnittsmensch, wer ist das? Ich, Sie, mein Hausmeister, der Präsident der Republik?“ (Lacan, zit. nach Maleval 2009, 73)

Ich möchte mich diesen Stellungnahmen anschließen und hinzufügen: Ebenso wenig wie den „normalen Menschen“ gibt es reine Pathologien; wobei ich mir gleichzeitig bewusst bin, dass die Konzepte, die die Psychiatrie und die Psychoanalyse entwickelt haben, unumgängliche wertvolle Werkzeuge zum Verständnis der Psyche darstellen, wenn sie auch, wie Freud schon sagte, als Konventionen zu werten sind und „einen stetigen Inhaltswandel erfahren.“[2] Ich komme also auf Freuds Aussage zurück, dass die meisten pathologischen Mechanismen einem jeden Menschen innewohnen, und gebe gerne zu, dass mich die unheimlich spannende Lektüre der Autobiographien von Menschen wie Temple Grandin, Donna Williams u. a. auf sogenannte autistische Mechanismen bei einigen meiner Patienten auf der Couch haben horchen lassen. Ich würde sagen, es handelt sich um Menschen, die die Spielregeln im Umgang mit anderen einfach nie erlernt haben, weil jede Begegnung von der Macht eines realen (also nicht symbolisierten) großen Anderen geprägt war. Sie lassen mich vermuten, dass der Rückgriff auf eine übermäßige notgedrungene Intellektualisierung oder eine hohe technische Begabung ihnen eine erfolgreiche Berufslaufbahn erlaubte, insbesondere jedoch frühkindliche traumatische Einbrüche in ihrer sinnlichen Welt abzusondern, ganz einfach in einer Überlebensstrategie.

Bei der kleinen Patientin, von deren Arbeit mit mir ich nun sprechen möchte, waren die für die Umwelt unerträglichen Verhaltensstörungen leicht als die Folgen einer Überlebensstrategie im Säuglingsalter zu verstehen. Sie war nämlich zwischen neun und achtzehn Monaten von einer Tagesmutter schlimm misshandelt worden. Das hatte sich damals in Schlafstörungen, wahrscheinlich (denn sie war ja in dem Alter noch nicht in der Lage, darüber zu sprechen) Alpträumen, aggressivem Verhalten gegenüber sich selbst und den Eltern geäußert. Im Nachhinein erinnert sich die Mutter, Lisa hätte sie an den Haaren gerissen und gesagt, sie sei so zärtlich mit ihr wie die Tante. Anlässlich einer Weihnachtsfeier des Vereins der Tagesmütter, bei der der Vater anwesend war, hatte Lisa in einer furchtbaren Krise dieser Frau gegenüber ihr Leiden kundgegeben. Danach erst beschlossen die Eltern gleichzeitig mit einem anderen Elternpaar, dessen Kind desgleichen behandelt worden war, Lisa dieser Frau nicht mehr anzuvertrauen und eine Strafanzeige zu machen.

Man fragt sich natürlich, weshalb die Eltern nicht früher vom Verhalten ihres Kindes auf Beunruhigendes in der täglichen Betreuung aufmerksam geworden waren. Ich kann nur einige Hypothesen aufstellen, die sich auf meine Erfahrung aus der Arbeit mit Kleinkindern stützen. Ganz allgemein habe ich bei den jungen Müttern, die mit ihren Kindern in die *Maison Verte* kamen, festgestellt, wie viele von ihnen mit oft wenig liebevollen Tagesmüttern, denen sie ihre Kleinen anvertrauten, ein höchst ambivalentes Verhältnis hatten, wobei sie ihnen gleichzeitig eine Art Mitleid und andererseits eine gewisse Ehrfurcht vor ihrem beruflichen Können entgegenbrachten, das von ihren Schuldgefühlen, die eigene Mutterpflicht nicht ganz zu erfüllen, noch verstärkt wurde. Oft brauchten sie kräftige Unterstützung, um ihr Kind einer Person zu entziehen, deren Schädlichkeit sie vage vermuteten.

Im Falle von Lisas Eltern ist zu sagen, dass sie beide als Kinder misshandelt worden waren, was sicher dazu beigetragen hatte, dass sie selbst die Sprache der Gewalt[3] integriert hatten und der Kundgebung derselben beim Kinde machtlos gegenüberstanden und nicht auf den Grund gehen konnten. Im Laufe der Behandlung war einer der zentralen Punkte, den Eltern bei der Entzifferung der Krisensituationen als Wiederkehr des traumatischen Erlebens ihres Kindes behilflich zu sein, damit sie nicht selbst, vollkommen überfordert, mit heftigen Strafmaßnahmen darauf reagierten. Sie hatten dann auch von meinem Angebot, sie dürften mir in solchen Fällen immer telefonieren, regelmäßig Gebrauch gemacht. Es ging mir darum, ihnen bei der Begegnung mit der Gewalt des Realen gewissermaßen einen Blitzableiter zur Verfügung zu stellen.

Lisas verzweifelter Schrei mit achtzehn Monaten hatte Gehör gefunden, und sie hatte sich dann dank einer vierjährigen analytischen Therapie zu einem angepassten hochintelligenten Mädchen entwickelt. Die Therapie wurde abgebrochen aus Gründen, die ich mir nur aus einer Wiederholung traumatischen Erlebens in der Übertragung mit der damaligen Analytikerin erklären kann, denn Lisa weigerte sich kategorisch weiterzumachen, angeblich weil die Mutter mit der Analytikerin über eine ihrer Krisen sprechen wollte, und sie Angst hatte, von ihr ausgeschimpft zu werden.[4] Einmal, im Lauf der Arbeit mit mir, hat sie sich mit einer fürchterlichen Szene geweigert, zu ihrer Sitzung zu kommen, hat mich dann am Telefon mit dem Namen der vorherigen Analytikerin angesprochen und mir gesagt, sie hätte sie nicht mehr sehen wollen.

Offenbar hatte sie eine sehr heftige Reaktion ihres Vaters plötzlich wieder aus dem Gleis geschleudert und das Vertrauen in den Anderen als Ort der Symbolisierungsmöglichkeit erneut in Frage gestellt.

Einige Monate später (also nach dem Abbruch der ersten Analyse) hatte sie bei ihrer Mutter einen Wutanfall ausgelöst, der die Kleine in einen Zustand völliger Verwirrung versetzte und einen kurzen Aufenthalt im Krankenhaus erforderte, wo man psychische Erschöpfung feststellte und Ruhe empfahl. Danach, also mit fünfeinhalb Jahren, kam sie mit ihren Eltern zu mir, die, auch völlig erschöpft, nicht mehr weiterwussten. Nebenbei gesagt, hatte ihre Mutter eine medizinisch unerklärbare Krankheit entwickelt, die sie so stark schwächte, dass sie nicht mehr arbeiten konnte. Lisa selbst war sehr unglücklich, ihren Eltern mit ihren unzähmbaren Schreianfällen, über die sich schon die ganze Nachbarschaft beklagte, und ihrer Zerstörungswut ihnen gegenüber, so viel Kummer zu bereiten. Sie war also gerne bereit, mit mir ihre analytische Arbeit wieder aufzunehmen. In der Schule war sie unter den Ersten, während des Unterrichts konzentrierte sie sich voll, in den Pausen jedoch fühlte sie sich ausgeschlossen und litt unter Kontaktschwierigkeiten mit den anderen Kindern.

Ich kann mir leicht vorstellen, dass ihre künftige Entwicklung ohne Behandlung zu einer dem Asperger-Syndrom ähnlichen inneren Vereinsamung trotz oder eben gerade mit den oft dazugehörenden überdurchschnittlichen intellektuellen Leistungen hätte führen können.

Ich komme nun zur Behandlung selbst und möchte versuchen, anhand von Lisas Arbeit in der Übertragungssituation, die Wege zu verfolgen, die sie einschlug, um die Matrix des psychischen Apparates wiederherzustellen, womit ich die Grundlage der Verknüpfung des sinnlichen[5] Erlebens vorerst mit den Wahrnehmungszeichen und den sich danach in logischer Zeitfolge daraus ergebenden Signifikanten meine. Wir sind also da im stummen Bereich des körperlichen Empfindens,[6] wobei in diesem Falle die schützende Reizwand arg zerrissen worden war. Es hatte deshalb keinen großen Sinn, mit Lisa über die Ursachen ihrer „Krisen" sprechen zu wollen. Sie machten nämlich für sie selbst genau so wenig Sinn wie für ihre Eltern. So zum Beispiel ihr Vater rieche nach Bananen, weshalb sie mit den Fäusten auf ihn einschlug, weil sie seine Gegenwart nicht ertragen konnte; oder wenn sie beim Aufwachen feststellte, dass die Eltern das Wasser im Aquarium nicht ausgewechselt hatten in der Nacht, oder dass ihre Haare zerzaust waren. Wir konnten nur feststellen, dass die völlig unerwarteten Ausbrüche oft in der Früh beim Aufstehen oder nach der Schule stattfanden. Ich erklärte dann auch allen dreien, dass wir den wirklichen Sinn, der sich hinter diesen Aussagen verberge, vorläufig nicht entschlüsseln könnten, dass ich jedoch vermute, er stecke in den unerträglichen Schlaferlebnissen (Rückkehr früher Traumen) ihrer turbulenten ängstlichen Nächte (es war ihr zu Anfang nicht möglich, auch nur von einem Bruchstück eines Alptraumes zu sprechen), oder, nach der Schule, in dem, was sie den ganzen Schultag unter größten Anstrengungen an empfundenen Ängsten oder Aggressionen unterdrückt habe. (Freud folgend unterscheide ich zwischen „unterdrückt" und „verdrängt", denn die Verdrängung beruht auf unbewusstem psychisch schon verarbeitetem Material, während die Unterdrückung Affekte betrifft). Dadurch dass ich so dem manifesten Unsinn ihres Verhaltens einen zunächst noch verborgenen Sinn zusprach, war für alle drei der Raum des Unbewussten und somit der Rahmen für die Behandlung desselben geschaffen, den es nun für Lisa allein zu nutzen galt.

Da es also nicht viel zu besprechen gab, ging ich davon aus, dass wir es mit Papier und Blei- und Farbstiften versuchen würden. Diese Wahl drängt sich ja in der Arbeit mit Kindern oft auf, und zwar auf Grund der Annahme, dass beim Zeichnen archaische Körperbilder, wie sie Françoise Dolto erarbeitet hat, zum Ausdruck kommen. Für diejenigen unter Ihnen, die mit dem meiner Ansicht nach wichtigsten Buch von Dolto, *Das unbewusste Körperbild,* nicht vertraut sind, erinnere ich daran, dass es sich dabei um den Aufbau von

Bildungen handelt, die dem „skopischen“, dem visuellen Bild im Spiegelstadium, vorausgehen. Die Tatsache, dass wir dafür bloß das Wort „Bild“[7] (*image*) zur Verfügung haben, zeugt von der Vorherrschaft des Visuellen in unserer Vorstellungswelt. So werden denn auch die unbewussten Körperbilder im Spiegelstadium verdrängt. Nach Dolto also ist

> das Körperbild die strukturelle Spur der emotionellen Geschichte eines Menschen. [...] Es ist eine Struktur, die sich aus einem intuitiven Organisationsprozess der Fantasmen, der prägenitalen erotischen und affektiven Beziehungen ergibt. Fantasma bedeutet hier Speicherung (sich Einprägen) von Gerochenem, Gehörtem, Gesehenem, Berührtem, Druck- und allgemeinem Körperempfinden von subtilen, schwachen oder starken Wahrnehmungen, die als Sprache des subjektiven Begehrens des Subjekts in seiner Beziehung zu einem anderen empfunden werden.[8]

Mit diesem Zitat versuche ich Ihnen etwas von dem ganz persönlichen Stil Doltos nahe zu bringen, der m. E. ihre volle Konzentration auf das körperliche Erleben des Subjekts in seiner Abhängigkeit vom Anderen in Verknüpfung mit der es denkbar machenden theoretischen analytischen Grundlagen ausdrückt. Mir jedenfalls sind ihre Überlegungen und Beobachtungen eine ständige Referenz.[9]

Dazu ein Beispiel aus meiner Praxis: Während der Vorbereitung dieses Referats hat sich in der Analysestunde mit einem anderen sich aus dem Autismus herausfindenden Mädchen von vier (entwicklungsmäßig etwa zweieinhalb) Jahren das ursprünglichste Körperbild in der Übertragung neu formuliert, nämlich dasjenige der Atmung in der Luftröhre, das sich notgedrungen nach der Geburt einstellt. Klara (so werde ich sie nennen) hat sich selbst anstatt für Spielzeug für Filzstifte und Papier entschieden. Sie macht nun ein ziemlich kompaktes Gekritzel und erklärt (wohl infolge der vorangegangenen Sitzung, wo ich die von ihr als Gekritzel[10] bezeichneten Produktionen als Farbenzeichnungen gewertet hatte): „Das ist kein Gekritzel.“ Dann macht sie einen langen Strich diagonal über das Blatt, den ich auch als solchen bezeichne, worauf sie mich auffordert, auch zu zeichnen. Spontan entsteht mir eine eiförmige Schleife, in die sie sofort einen kleinen Kreis einschreibt. Ich bin bass erstaunt, denn es ist das erste Mal, dass ihr das gelingt. (Wie Sie ja vielleicht wissen, ist die Fähigkeit, einen Kreis zu zeichnen, ein Zeichen der Fähigkeit, sich abzugrenzen, eine separate Existenz anzudeuten.) Wie zur Bestätigung zieht sie denn auch ihren Pullover hoch und malt ihren Nabel an. Daraufhin steckt sie die Kappe des Filzstiftes wie ein Pfeifchen in den Mund und beginnt hineinzublasen, und wir spielen „blasen“, was ihr viel Spaß macht. Zum Schluss stößt sie einen tiefen, freudigen Schrei aus. Einen Geburtsschrei, könnte man sagen. So repräsentiert sich ein archaisches Körperbild, das der Atemwege, und symbolisiert sich, wenn es als solches von einem anderen anerkannt wird.

Warum hatte ich das Gekritzel positiv gewertet? Weil ich es als Ausdruck der ersten primitiven Sprachgrundlage betrachte. Es sind sich differenzierende „Spurungen“, die Abstände, Rhythmen, Hin- und Herwege einschreiben, jedoch weisen sie immer nur auf sich selbst zurück, inhaltslos und ohne Referenz zu irgendeinem Signifikanten, sowenig wie sie auf einen Trieb mit Objekt und Ziel hinweisen, jedenfalls solange sie nicht von einem Anderen als signifikant anerkannt worden sind. Man kann sagen, dass der Mensch einen dem Tier analogen Drang verspürt, von seiner Gegenwart eine Spur zu hinterlassen. Vom Gekritzel zum langen Strich über das Blatt ist der Schritt der, dass sich eine Richtung angibt. Entscheidend ist jedoch dann „der Kreis im Ei“. Er kann als Fokus angesehen werden und gehört somit zu den von der französischen Autistenspezialistin Geneviève Haag als Radialstrukturen bezeichneten Produktionen (wie ein Kreuz, eine Sonne usw.), die von der Durchstreichung des ersten Striches zeugen, die das eigentliche Schriftphänomen ausmacht.[11,12]Bezug nehmend auf Freuds berühmten Brief an Fliess vom 6. Dezember 1896 mit der linearen Darstellung des psychischen Apparats, können wir sagen, der zweite Strich bedeutet die Transkription der „Empfindungszeichen“ in „Wahrnehmungszeichen“. Frances Tustin ihrerseits sagt:

> Das Stadium, wo autistische Kinder eine vertikale und eine horizontale Linie kreuzen, hat sich immer als eine wichtige Etappe in ihrer Psychotherapie erwiesen [...] Zur selben Zeit bekommen die Kinder das Gefühl, gute Dinge innerhalb ihres Körpers behalten zu können.[13]

Wie gesagt, ich habe es auch mit Lisa mit Zeichenblatt und Stiften versucht, da sie mir in ihrem distanzierten Diskurs über ihre sogenannten Krisen überhaupt nicht „daheim“ vorkam. Es war etwas Künstliches daran, Angelerntes, Affektloses.[14] Sie war sichtlich das „Sprachrohr“ der Erwachsenen und entsprach dem Bild ihrer wohlerzogenen Doppelgängerin. Hatte sie sich selbst aufgegeben, um für sich selbst und ihre Eltern akzeptabel zu sein, um einer liebenswürdigen Vorspiegelung zu gehorchen? So hatte es Donna Williams in ihrer Überlebensstrategie gemacht, als sie Donna fallenließ, gleichermaßen durch den Spiegel ging und sich die Haut von Carol anzog (einem lieben Mädchen mit einer liebevollen Mutter, dem sie ein einziges Mal, vielleicht auch nur in einem Fantasma, begegnet war).[15]

Nun aber noch eine Bemerkung zum Gebrauch von Stiften: Wie wir aus den Büchern begabter Autisten wissen (ich denke dabei vor allem an Birger Sellin und auch an Kinder, die sich dank der gestützten Kommunikation mit dem Computer der Außenwelt eröffnen konnten), ist ihnen der Zugang zur Sprache über Schriftzeichen oft leichter als über das gesprochene Wort. So nehme ich denn auch jeden Strich als den Anfang eines solchen Schriftzeichens wahr. Zudem ist es ja so, dass Stifte harte, spitze Objekte sind, die gleichzeitig etwas von der Härte des Realen haben, gegen das es sich zu wehren gilt, und sich als Waffen dagegen benutzen lassen. Löcher ins Papierblatt zu machen und die Filzspitzen dabei abzubrechen,[16] lassen begrenzte Destruktivität zum Ausdruck kommen. Spezialisten des Autismus unterstreichen, dass ihre Patienten oft das Wort „kaputt" aussprechen. Kaputt ist das Subjekt. Und tatsächlich scheint „kaputtmachen" Teil der autistischen Abwehrbildungen zu sein, und zwar in dem Sinne, dass es sich darum handelt, den Objektverlust[17] selbst zustande zu bringen, d. h., dem als übermächtig erlebten großen Anderen ein Stück Genießen abzuringen (im Gegensatz zur enttäuscht traurigen Feststellung von „kaputt" bei anderen kleinen Kindern, wo der Objektverlust erneut symbolisiert wird). Die kleine Klara ist irgendwo dazwischen: Sie wird die zerbrochenen Stifte auf die Seite legen und in der nächsten Sitzung befriedigt feststellen, dass es einerseits kaputte und andererseits ganze Stifte gibt, die man benutzen kann. Bejahung und Verneinung, also die Urteilsfunktion, die Freud auf die ältesten, oralen Triebregungen zurückführt („Das will ich essen oder will es ausspucken"), kommt hier wieder zum Zug.[18]

Zurück zum Zeichnen: Ein Strich quer oder diagonal über das Blatt organisiert den Raum in ein Unten und Oben, ein Diesseits und ein Jenseits[19], und mit der Organisation des Raumes entsteht auch die Organisation der Zeit in ein Vor und ein Nach. Bei dieser Organisation geht es um Sprachliches. Das Reale nämlich ist raumlos und zeitlos, es ist das Unsagbare. Und vielleicht können wir sagen, dass in Fällen, wo die Begegnung mit dem Realen eine Katastrophe darstellte, in dem Sinne, dass kein Schrei (vielleicht auch weil der Schrei stumm blieb), kein Zeichen (sei es auch negativ wie z. B. die Blickkontaktverweigerung) als Appell an das Symbolische hatte gedeutet werden können, was ja die Bedingung dafür ist, dass sich das Schreien langsam in Sprache, in Sagbares verwandelt. Man könnte auch sagen: Im Laufe der Zeit sind die Spuren der Katastrophenschrift unlesbar geworden. Dazu ist jedoch festzustellen, dass die Stummheit einerseits und die Sprechbesonderheiten autistischer Menschen uns darauf hinweisen, dass Aussage und Gesagtes (*énonciation* und *énoncé*) sich dadurch unterscheiden, dass sich das Subjekt in der Aussage nicht bloß im Signifikanten, sondern auch in der Stimme, dem Tonfall, dem Timbre kundgibt. Die Stimme ist nämlich dasjenige Triebobjekt, welches das Genießen der Sprache ausmacht. Damit sie sich jedoch als Triebobjekt, das heißt als abgetrennt vom als übermächtig erlebten Genießen des großen Anderen konstituiert, erfordert es die drei Momente im Aufbau des Triebkreislaufs: Ich höre, ich werde gehört, „ich lasse von mir hören", wobei das Subjekt nicht fürchtet, sich in der dritten Position zum Objekt des Anderen zu machen, gewissermaßen aktiv-passiv dessen Genießen hervorruft, um es mit ihm zu teilen, wobei es selbst, wie auch der Andere, ein Stück von sich preisgibt. Welches auch die Gründe sein mögen, scheint mir hier das Misslingen des Anderen seinen Ursprung zu haben. Als Verkörperung eines unangreifbaren drohenden Realen, wird die als Gewitterdonner erlebte Stimme aus der Psyche ausgekapselt. Um denselben Vorgang scheint es mir auch mit dem Teilobjekt „Blick" zu gehen, das sich als solches nicht ausbildet sondern als Loch erlebt wird, das einen aufzusaugen droht. Ein ungeheurer intellektueller Aufwand ist deshalb erforderlich, um dieses drohende Reale mittels der trotzdem (auf einer getrennten Ebene) absorbierten Signifikantenwelt[20] zu bewältigen. (Ein Ausdruck davon ist wohl die Tatsache, dass Asperger-Autisten dann zu sprechen beginnen, wenn sie die Sprache schon beherrschen, also das Genießerische am Lallen, Murmeln usw. überspringen.[21] Sicher ist auch, dass Eltern, die sich vor die Tatsache der Kommunikationslosigkeit gestellt befinden, sich immer mehr auf die Förderung des Könnens, des Meisterns konzentrieren. Durch dieses Meistern macht sich das Subjekt in einer eigenen Welt selbst zum großen Anderen.[22])

Ich komme nun zurück zum Zeichnen und zum Schreiben, meiner Ansicht nach privilegierte Ausdrucksmöglichkeiten des sich mit den Spuren des Realen in seinem eigenen Körper konstituierenden Subjekts.

Im Französischen ist der „Strich" *le trait* , was wiederum auch „der Zug" bedeutet, im Sinne des „einzigen Zugs" der nach Freud von einem verlorenen Objekt im Identifizierungsprozess übernommen wird.[23] Lacan hat davon ausgehend den sogenannten „*trait unaire*" ausgearbeitet (d. h. nicht bloß *unique*, „einzig", sondern ein Zug in einer Reihe von Zügen, also eine zählbare Einheit). Als solcher ist er Niederschrift einer Spur, einer Marke des Subjekts, das sich so zählt, was m. E. die Urbedingung dafür ist, dass es sich dann auch er-zählt.

Auch Lisa hat ihre erste Sitzung mit Strichen begonnen, und zwar mehrfarbigen, gewellten, die sich am Rand des Blattes als dekoratives Band aneinanderfügten, was ich als Niederschrift eines empfindsamen sich abgrenzenden Subjekts betrachte. Gleich darauf zeichnete sie ein Quadrat und schrieb ihren Namen darüber. So hat sie ihren Rahmen, ihren Raum abgesteckt. In der Folge kommen dann Sterne und Weihnachtskugeln, deren Aufleuchten ja wohl ihre große Krise an besagtem Weihnachtsfest ausgelöst hatte. Eine Riesenkugel mit bedrohlichen Augen und einer Art Feuer speiendem Mund lässt mich an die traumatische Begegnung mit einem grausamen Bild des großen Anderen denken. Weihnachten[24] blieb für sie noch eine Weile lang ein angsterfülltes Erlebnis.

In der Übertragung findet sie eines Tages die Möglichkeit, von abstrakten Formen zu einer Art Trennung des Chaos zwischen dem Festland, wo sich menschliche Figuren aufhalten, und dem Meer (*mer, mère*) darzustellen. Das war zustandegekommen, nachdem ich ihr, weil sie sich über ihre ausgetrocknete Kehle beklagt hatte, ein Glas Wasser gegeben hatte. Bekanntlich ist die Speiseröhre mit der Luftröhre eines der ersten Körperbilder,[25] die es positiv zu besetzen gilt.[26] Dazu ist zu sagen, dass schon Kanner bei einer beträchtlichen Anzahl von Autisten frühkindliche Nahrungsverweigerung festgestellt hat.[27] So kann man annehmen, dass Lisa durch das Empfinden des beruhigenden Wassers[28] die Möglichkeit fand, etwas von der Abgrenzung im Körperinnern gegen die Überflutung durch den Anderen zur Darstellung zu bringen.

Das Thema der Abgrenzung, das ja auch Bedingung des urteilenden (ur-teilenden) Denkens und Klassifizierens ist, stellt sie immer wieder dar, indem sie das Zeichenblatt in Felder aufteilt. Innerhalb dieser Felder entstehen allmählich archaische Bilder: Algen, Muscheltiere, Fische, dann Säugetiere und menschliche Figuren. Die ganze Intelligenz der Analogie zwischen Phylogenese und Ontogenese kommt darin zum Ausdruck. So strickt sie für sich ihre Subjektwerdung neu zusammen, und zwar nicht nur dank ihrer eigenen Übertragung in der Analyse, sondern auch deshalb, weil ihre ruhiger gewordenen Eltern ihr mit viel Liebe und Verständnis entgegenkommen. Wie Winnicott sagt, ist die Umgebung im täglichen Leben der Haupttherapeut.

Das ist dann wohl auch der Grund, weshalb sie beginnt, sich als Herzchen, dann als Prinzessin darzustellen, die irgendwo eine gute Fee betreut.

Ich würde sagen, sie fühlt sich narzisstisch bestätigt, was sie denn auch veranlasst, im Blumenmotiv auf den primären Narzissmus zurückzugreifen. Ich erlaube mir diese Hypothese in Anklang an die berühmte Blumenpuppe, die anstelle des Gesichts eine Blumenkrone hat und die Françoise Dolto als Übertragungsobjekt in die Arbeit mit schwer narzisstisch gestörten Kindern einbrachte. Im Mythos ist der Mensch Narziss untergegangen, die Blume hat überlebt. Die Blumenpuppe hat weder Augen noch Mund noch Hände oder Füße, kann also gefahrlos als Projektions- und Identifikationsobjekt eingeschaltet werden. Der Rückgriff auf die Blume als Körperbild hat bei Lisa mit der Berührungsangst zu tun. Sie hat schreckliche Schwierigkeiten beim Ankleiden, will es einerseits nicht selbst tun, sondern wie ein Baby behandelt werden, was sie jedoch auch nicht erträgt. Es gibt kein Kleidungsstück, das sie nicht reibt oder juckt, und sie weiß in diesen Situationen überhaupt nicht mehr, wohin mit sich selbst. Genau so problematisch ist es, wenn sie ins Bad steigen soll, der Kontakt mit dem Wasser lässt sie aus der Haut fahren. Es fehlt ihr also der Reizschutz, den die Haut bilden sollte. So entlädt sich auf der Haut als empfindlichem Organ das Loch in der sprachlichen Textur, die uns normalerweise als schützende Hülle dient.

Was Lisa schließlich als Abwehrsystem gefunden hat, entsteht beim Zeichnen als eine mit dicken Stacheln besetzte Rose unter einer Glasglocke. Daneben erscheint der Kopf einer Fee, von der sie sagt, sie sei unsichtbar. In den folgenden Sitzungen haben die Blumen weniger Stacheln (damit man sie halten könne, sagt sie) und schließlich entsteht eine schöne Blume mit flügelähnlichen Blättern, die sie auch sorgfältig ausmalt, mit der Bemerkung, ihre Kusine hätte sie gelehrt, auszumalen, ohne die Ränder zu überborden.

Die Darstellung der Abkapselung zum Schutz des zutiefst verletzten primären Narzissmus, die mir als Wendepunkt in der Kur erscheint, ermöglichte es Lisa, sich mit dem sekundären Narzissmus auseinanderzusetzen. In der Folge wird sie zu einer schönen Prinzessin, die jedoch traurig ist und den König nicht heiraten kann, weil sie ihre hässliche Schwester nicht fallenlassen kann. Es ist, als hätten die das Subjekt konstruierenden Elemente des Puzzles ihren Platz gefunden: eine ödipale Triangulierung, ästhetisches Empfinden von schön und hässlich, der Gefühlsausdruck des Begehrens (den König zu heiraten) einerseits und die Trauer um den Verlust ihrer verletzten Hälfte andererseits. Wir sind von der Pflanzenwelt in die Welt der Menschen hinübergewandelt. Es entstehen Träume von Monstern, die sie erzählen und somit zähmen kann. Gleichzeitig gibt es Freundschaften, Wetteifern, Streitigkeiten und Versöhnungen. Sie hat aus dem Labyrinth herausgefunden dank dem Schriftfaden Ariadnes, an dem wir uns unentwegt festgehalten hatten.

Anmerkungen

1 Ein Gesetz vom 11. 12 1996 erklärt den Autismus nicht als spezifische Funktionsart, sondern als Behinderung (*handicap*), was eine etwas leichtfertige Stellungnahme gegenüber den komplexen wissenschaftlichen Debatten bezeugt (Maleval 2009, S. 72).

2 Freud (1915): Triebe und Triebschicksale. St.A. Bd.III, S. 81.

3 Man muss sich die Frage stellen, inwiefern das „Einverleiben" der Sprache der Gewalt in den vorangegangenen Generationen mit der von Michael Turnheim hervorgehobenen „rohen Sprachgewalt" und der „autistischen Wahl", sich dagegen zu schützen, in Zusammenhang stehen (Turnheim 2005, S. 88).

4 Hier stellt sich die schwierige Frage der Funktion des Analytikers zwischen Reizschutz und Deutung, wobei es bei Letzterer hauptsächlich um Entzifferung des produzierten Materials geht.

5 „Alles Denken beginnt mit den Empfindungen. Diese Kinder, meine ich (es handelt sich um autistische Kinder), haben Empfindungen und Gefühle, die sich jedoch in der Einsamkeit entwickelt haben. Sie können sie nicht auf normale Weise verbalisieren. Leider können die meisten Leute nur mit ihren eigenen Ohren hören" (Williams 1992, S. 301).

6 Es handelt sich um den Niederschlag des Realen, die erste Schrift, die Prägung.

7 Interessanterweise gibt es etymologisch einen möglichen Zusammenhang mit *bil*, „angemessen" (billig, Unbill) über eine semantische Vorstufe „trennen, unterscheiden, beurteilen, deuten" (Pfeifer 1989), was man mit der sprachlich symbolischen Strukturierung der Sinneswahrnehmungen, die ja die bildliche Vorstellungswelt bedingt, erklären könnte. So begegnet man wie oft in der Etymologie dem Ablauf der psychischen Strukturierung selbst.

8 Dolto (1984), S. 48f.

9 Auch wenn ich die Hypothese Doltos des von Anfang an begehrenden Subjekts in Klammern setze.

10 Bis dahin war wohl ihr Gekritzel als sich immer wiederholende Stereotypie negativ gewertet worden, während ich mit einer positiven Umwertung der Produktion eine positive Anerkennung des subjektiven Ausdrucks bewirkte.

11 Rey-Flaud (2008), S. 86-87.

12 Lacan sagt (Das Seminar VI : Le désir et son interprétation, Sitzung vom 10. 12. 1958) vom Abenteuer Robinson Crusoes: „Wenn er die Fußspur von Freitag festhalten will, erfordert es mindestens ein Kreuz [...], einen durchgestrichenen Strich, was heißt, dass er als solcher gestrichen ist und so zum Signifikanten erhoben wird."

13 F. Tustin, Les états autistiques de l'enfant, S. 190, zit. in Rey-Flaud (2008), S. 85.

14 Asperger hat schon auf die Sprechanomalien hingewiesen, die trotz persönlicher Besonderheiten (näselnd, murmelnd, leise, schrill, affektiert etc.) einen künstlichen, sogar karikaturenhaften Charakter haben.

15 Williams (1992), S.37-43.

16 Klara hatte in einer Sitzung drei Spitzen abgebrochen. In der nächsten teilte sie die Stifte in kaputte und nicht kaputte auf. Das Denken beginnt mit Qualifizieren, Aufteilen, Klassifizieren.

17 Es handelt sich hier um das von Lacan als klein „a" konzeptualisierte Objekt, das als auf immer verlorenes Stück des „Genießens des Anderen" zur Ursache des Begehrens wird. Der Verlust dieses Objekts ist die Bedingung der Subjektwerdung.

18 Freud (1925), S. 374.

19 Gewissermaßen handelt es sich darum, den realen Anderen zu kartographieren, wie es auch in der Vorliebe vieler Autisten für Verkehrszeichen, Fahr- und Stadtpläne zum Ausdruck kommt.

20 Es ist, als würde das Subjekt Lacan beim Wort nehmen, wenn er sagt (1967): „Die Sprache dient weder dazu, sich mitzuteilen, noch dazu, den Dingen einen Sinn zu geben, sondern dazu, das Subjekt zu konstituieren."

21 Maleval (2009), S. 77: „Wenn das autistische Subjekt sich mitzuteilen sucht, tut er es so gut wie möglich auf eine Art, die weder vokales Genießen, noch seine Präsenz, noch seine Gefühle ins Spiel bringt. Wenn es eine auf allen Ebenen des Autismus-Spektrums wahrnehmbare Konstante gibt, liegt sie in den Schwierigkeiten des Subjekts, die Position des Aussagens einzunehmen. Er spricht wohl gerne, jedoch unter der Bedingung, nicht zu sagen."

22 Ich denke dabei an Temple Grandins Restriktions-Gerät zur Stressmilderung beim Viehschlachten und für sich selbst (Emergence, Labeled Autistic, Warner Books, 1986): „Das Gerät hilft mir, meine Aggressivität zu beherrschen, fühlen zu lernen und anzunehmen, dass mir jemand Zuneigung aus-

drückt. Es gibt mir das Gefühl, getragen zu werden, gestreichelt, sanft in Mamas Armen gewiegt zu werden" (Grandin 1986/1994, S. 161).

23 Freud (1921).

24 Hinzuzufügen ist, dass Gedenkfeiern (Geburtstage usw.), die ja Gemeinschaftssache sind, es in sich haben, Krisenmomente heraufzubeschwören, denn sie bedeuten zutiefst Wiederbelebung in Anerkennung des Todes, was eine erlebte Todesangst gerade deswegen reaktualisieren kann.

25 Es geht um den von René Spitz identifizierten Urbereich der Mund- und Kehlenhöhle, wo sicher bei autistischen Kindern der Verlust des ursprünglichen sinnlichen Erlebens an der Mutterbrust nicht metaphorisiert worden ist und als gleichsam offene Wunde empfindlich bleibt (Rey-Flaud, 343f.).

26 Eines Tages bringt sie mir übrigens eine kleine Puppe mit, die „nicht sprechen kann, nur lutschen", die sie dann auch als Lutschstängel abzeichnet.

27 Kanner (1944), S. 212.

28 Es handelt sich natürlich nicht um das Wasser an sich, sondern um die Auswirkung der in der Übertragung erlebten „spezifischen Aktion" des „hilfreichen Nebenmenschen" (s. Freud 1895).

Literatur

Dolto, Françoise (1984): L'image inconsciente du corps. Paris (Seuil).

Freud, Sigmund (1895): Entwurf einer Psychologie. GW Nachtragsband, S. 387-486.

— (1915): Triebe und Triebschicksale. St.A. Bd.III, S. 81.

— (1925): Die Verneinung. St.A. Bd.III, S. 374.

— (1921): Massenpsychologie und Ich-Analyse. St.A. Bd. IX, S. 61-134.

Grandin, Temple (1986): Ma vie d'autiste, Paris (Odile Jacob), 1994.

Kanner, Leo (1944) Early Infantile Autisme. Journal of Pediatrics 25 (1944), S. 212.

Lacan, Jacques (1958): Seminar VI : Le désir et son interprétation, unveröffentlichtes Manuskript.

Ñ (1967): Petit discours aux psychiatres de Ste. Anne, unveröffentlichtes Manuskript.

Maleval, Jean-Claude (2009): L'autiste et sa voix. Paris (Seuil).

Pfeifer, Wolfgang (Hg.) (1989): Etymologisches Wörterbuch des Deutschen. München (dtv).

Rey-Flaud, Henry (2008): L'enfant qui s'est arrêté au seuil du langage. Paris (Aubier).

Turnheim, Michael (2005): Das Scheitern der Oberfläche. Zürich, Berlin (Diaphanes).

Williams, Donna (1992): Si on me touche, je n'existe plus (Nobody, Nowhere). Paris (J'ai lu).

Martin Feuling

Von einer Unmöglichkeit zur/zum Anderen.[1] Entwicklungsverläufe bei Adoleszenten

Der Titel meines Vortrags hat einen Doppelsinn: Entweder man bewegt sich in der Arbeit mit jungen Menschen mit Asperger-Syndrom in der Wiederholung von einer Unmöglichkeit zur nächsten, oder man gelangt von einer Unmöglichkeit zum Anderen, was zweifellos das Ziel der Arbeit wäre.

Was aber ist der und/oder das Andere, von dem im Titel dieser Tagung und auch meines Vortrags die Rede ist? Der Begriff der/das Andere bezeichnet bei manchem Philosophen und in der Psychoanalyse nach Jacques Lacan universale Funktionen und Strukturen des menschlichen Seins, Sprechens und Denkens, zugleich aber auch diese Funktionen verkörpernde Personen. Jacques Lacan denkt die Entstehung des Subjekts radikal von der Intersubjektivität her. Zentral ist dabei die Unterscheidung von imaginärem und symbolischem Anderem. Die Etablierung dieser Unterscheidung im Lauf der Ontogenese ist kein einmaliger Akt, sondern ein langwieriger und dialektischer Prozess. Man kann aber zwei exemplarische Szenen skizzieren, die hierfür eine Vorstellung geben:

1. Im Spiegelstadium, auf der Ebene des Sehens und des Bildes, konstituiert sich der imaginäre andere, der kleine oder ähnliche andere, wie Lacan ihn nennt als eine Art Doppelgänger des Ich. Das Spiegelstadium führt eine erste Differenzierung/Spaltung in das Subjekt ein, die mit Lacan als Antizipation (ich sehe mich im Spiegel ganz und vollständig, obwohl ich so (noch) nicht bin) und als Entfremdung[2] (ich sehe mich da, wo ich nicht bin: außerhalb im Spiegel) beschrieben wird.
2. Im Fort-Da-Spiel tritt das Kind in die Sprache und in die symbolische Ordnung einer Anwesenheit der Abwesenheit und basaler Regeln des sozialen Austauschs ein. Das Sprachsystem ist der große Andere, sofern es nach Lacan niemals ein vollständiges, abgeschlossenes System ist.
3. Das Spiegelstadium wie das Fort-Da-Spiel wird begleitet durch den erwachsenen Anderen, der – insofern er spricht – immer eine Kombination von groß A und klein a darstellt. Von diesem kombinierten Anderen trennt sich nach Lacan das Objekt a, das Reale

ab, das als Ursache des Begehrens das Sprechen der Menschen in Bewegung bringt, sofern im Diskurs nicht nur Informationen ausgetauscht, sondern vor allem Resonanz und Anerkennung gesucht werden.

Meine Annahme ist, dass im Asperger-Syndrom – aus welchen konstitutionellen oder kontingenten Ursachen auch immer – die psychische Konstruktion des Anderen und die Spaltung des Subjekts sowie die Verknüpfung von Imaginärem, Symbolischem und Realem nicht hinreichend gelingt. Dies macht seinen Mangel an Empathie und seine gelegentlich auch positiv affirmierte Andersheit aus. In einer dialektischen Konzeption des Verhältnisses von Selbst und Anderem gelingt aber nicht nur dem Subjekt etwas nicht, sondern regelmäßig auch dem Anderen. Das heißt, die Arbeit mit Menschen mit Asperger-Syndrom ist außerordentlich schwierig.

Diese theoretische Skizzierung wirft wahrscheinlich mehr Fragen als Antworten auf. Ich will hier aber keinen theoretischen Beitrag leisten, sondern über meine praktische Arbeit mit konkreten Menschen sprechen, und zwar speziell über junge Menschen, die in ihrem Leben erst relativ spät die Diagnose eines Asperger-Syndroms erhielten. So liest man in der Literatur von einem durchschnittlichen Diagnosealter von etwa elf Jahren.[3] Bis zu diesem Alter waren also die Lebensschwierigkeiten noch nicht so auffällig gewesen, dass Eltern, Ärzte und Pädagogen darauf aufmerksam geworden wären. Bei den Erstanfragen sowohl für ambulante Betreuungen als auch für stationäre Unterbringungen an den Verein für Psychoanalytische Sozialarbeit ist sogar ein durchschnittliches Diagnosealter von über 14 Jahren gegeben.

Bis dann in unserem Verein eine Hilfe eingerichtet wird, sind die jungen Menschen oft noch älter. Dies mag auch damit zusammenhängen, dass Anfragen an uns oft erst dann erfolgen, wenn eine manifeste Krise eingetreten ist und wenn deutlich ist, dass primär kognitiv fördernde, pädagogisch und verhaltenstherapeutisch orientierte Hilfen nicht weiterführen. Krisen in der Adoleszenz – Jonathan Wolf (1999) hat das gezeigt – treten auf entlang der zu bewältigenden Entwicklungsschritte in Schule und Peergroup, der Entwicklung des Körpers und der Sexualität sowie hinsichtlich der Ablösung und Verselbständigung.

Wenn eine Diagnose erst im Übergang von der Pubertät zur Adoleszenz erfolgt, heißt das nach meiner Erfahrung durchaus nicht, dass sich dahinter weniger schwerwiegende Problematiken verstekken, manchmal ganz im Gegenteil: Hinter dem verzweifelten Versuch der Betroffenen und aller involvierten Personen und Instanzen drum herum, die über lange Jahre mühsam aufrechterhaltene Normalität zu bewahren und mit „orthopädischen" Maßnahmen zu unterstützen, hat sich oftmals eine immense Kluft zwischen kognitiven Fähigkeiten einerseits und lebenspraktischen und sozialen Defiziten andererseits aufgespannt, die sich als schwer überwindbarer Berg an misslingenden Schutz- und Überlebensmechanismen bemerkbar machen. Diesen Berg zumindest teilweise abzutragen dauert sehr lange, führt oft zu einem atemlosen Agieren und geht durch katastrophische, depressive, suizidale und manchmal auch psychotische Phasen hindurch. In allen Fällen stellt sich heraus, dass es schon sehr viel früher Auffälligkeiten gab, die aber erst in Nachträglichkeit aus einer Rekonstruktion der Geschichte erschlossen und interpretiert werden können.

Auffällig scheint mir die zentrale Rolle der Mütter, was die Vermittlung der Welt anbelangt, vor allem hinsichtlich der konkreten Überbrückung der Defizite im Weltbezug durch Übernahme einer sehr spezifischen Art von Hilfs-Ich-Funktion, die mit dem Begriff „symbiotisch" m. E. in ihrer Spezifität nicht hinreichend beschrieben ist. Ich erinnere mich nur an einen Fall, in dem der Vater diese zentrale Rolle übernahm. Ich tendiere weniger dazu, die Trennungsschwierigkeiten der Mütter für die Entwicklungsdefizite ihrer Kinder verantwortlich zu machen, sondern mehr die Macht des Säuglings und Kleinkindes, seine Eltern zu erziehen, vor allem das Ausbleiben altersentsprechender Ablösungstendenzen. Ich folge hierin Reinhart Lempp (1996, S. 93):

> Das oft zu beobachtende symbiotisch eingeengte Verhalten dieser Mütter ist vielmehr eindeutig eine Folge der fehlenden und mangelhaften Reaktion des Kindes auf die mütterliche Zuwendung, was diese verunsichert, verstört und manchmal auch abwegig werden läßt.

Nicht selten sind es die Eltern selbst, die zuerst spüren, dass mit ihren Kindern etwas grundsätzlich nicht stimmt, und sie müssen oft eine Odyssee der Suche nach Erklärung und Hilfe durchlaufen. Eltern können dadurch leicht in die Position geraten, sich als die „ersten Experten" für ihre Kinder zu sehen. Treffen sie dann auf ein professionelles Gegenüber, das vor allem auf die Erziehungs- und Trennungsdefizite der Eltern fokussiert, entsteht leicht eine misslingende Begegnung ...

Eine behutsame und zugleich intensive Elternarbeit ist oft ein wesentlicher Teil der Settingkonstruktionen, mit denen wir versuchen, einen entwicklungsfördernden Raum für junge Menschen mit Asperger-Syndrom zu errichten. Im ambulanten wie im stationären Bereich konstruieren wir Settings nach dem Prinzip der vier Orte:

1. Alltag des Überlebens und Lebens,
2. Schule bzw. Arbeit,
3. Psychoanalytische Einzelstunden und
4. die „Orte des Geheimnisses".

Mit Letzterem meinen wir alle Begegnungen mit Orten, Menschen und sozialen Gesetzmäßigkeiten außerhalb des von uns konstruierten Settings. Dies alles nach dem Prinzip: so wenig wie möglich, so viel wie nötig, um dem grundsätzlichen Ziel der Arbeit näher zu kommen: einer Persönlichkeitsentwicklung, Verselbständigung und sozialen Teilhabe, wie es im Jugendhilfegesetz heißt, bzw. des Ich-Aufbaus oder der Subjektwerdung in psychoanalytischen Termini. Konkret heißt das: Gestaltung eines differenzierten Alltags mit analytischen Einzelstunden, versorgenden Aspekten und Gruppenaspekten, schulischem und/oder beruflichem Unterstützungsangebot, das von Einzelunterricht und arbeitstherapeutischen Phasen über Kleingruppen, z. B. im geschützten Rahmen der Klinikschule oder in einer WfB, bis zur Re-Integration in reguläre Schul- und Arbeitszusammenhänge geht. Als milieutherapeutisch sehr wirksam erweisen sich hierbei die zeitlichen, räumlichen und thematischen Wechsel zwischen den Orten. Die Differenzierung der Orte eröffnet Räume des Geheimnisses außerhalb des von uns konstruierten Rahmens. Was in den analytischen Einzelstunden geschieht, wird vielleicht später ein wenig deutlicher.

In meinem Beitrag will ich also den Blick auf besonders schwierige Fälle des Asperger-Syndroms richten und nicht Fallnovellen erzählen von weitergehend gelingender sozialer und subjektiver Integration.[4] Diesen Fokus wähle ich auch, weil junge Menschen mit Asperger-Syndrom sehr aufmerksam und sensibel bei weiterhin bestehendem ausgeprägtem Eigensinn die Welt und auch ihre eigene Geschichte wahrnehmen und interpretieren, weshalb die Veröffentlichung ihrer Geschichte die Gefahr einer verfolgenden Verletzung ihrer subjektiven und sozialen Integration darstellen könnte.

Ich trage Ihnen jetzt zwei Lebensgeschichten von jungen Männern vor, die ich viele Jahre lang begleitet habe.

Max

Max wurde 1978 als Sohn einer Krankenkassenangestellten und eines Postbeamten geboren. Er stammt aus der jeweils zweiten Ehe beider Eltern. Ein etwa acht Jahre älterer Sohn aus der ersten Ehe des Vaters hat es zum Elektroingenieur gebracht. Er zog zu der Zeit, als Max zu uns kam, aus dem Elternhaus aus. Die Eltern wurden uns vom anfragenden Jugendamt als „psychisch krank“, als autistoid, unflexibel, realitätsfern und schwer depressiv beschrieben. Weil beide Eltern berufstätig waren, wuchs Max überwiegend bei der Großmutter mütterlicherseits auf. Im Kindergarten war er schon früh kaum tragbar – die Oma führte deshalb unter Anleitung eine strenge Verhaltensmodifikation mit Max durch. Auch eine folgende heilpädagogische Behandlung zielte darauf ab, sein eigensinniges Verhalten zu beeinflussen.

Mit acht Jahren wurde er in eine Sonderschule E eingeschult. Mit zehn Jahren wurde die Diagnose „autistische Psychopathie“ gestellt, zugleich aber wegen seiner guten Leistungen im Lesen, Schreiben und Rechnen seine Versetzung in die 3. Klasse einer Grundschule vorgeschlagen. In der folgenden Hauptschule wurde er im sechsten Schuljahr ausgeschult, da sein Verhalten nicht mehr tragbar war. Dies noch mehr, nachdem er an einem Faschingsdienstag mit seiner Oma einkaufen war, mit ihr in ein Café einkehrte, wo ihn die Oma um einen Kaffee bat. Als Max mit dem Kaffee zurückkam, lag die Oma tot auf dem Boden. Max sagt, wenn er an diesem Tag bei der Oma geblieben wäre, wäre sie nicht gestorben. In der gleichen Zeit starb auch eine Großtante, und die Großmutter väterlicherseits nahm sich das Leben. Eine stationäre Unterbringung und Trennung von Max konnten sich seine Eltern nicht vorstellen, Max selbst bis heute auch nicht, vielleicht auch weil er fürchtet, dass seine Mutter wie die Oma stirbt, wenn er weggeht.

Ein neuerlicher Versuch an einer Sonderschule für Lernbehinderte scheiterte mit etwa 14 Jahren nach zwei Monaten. Max blieb danach zu Hause, beschäftigte sich mit Fernsehen, Computerspielen und Anhören von Hörspielkassetten, aber auch von selbst erzeugten Aufnahmen eigener Begegnungen mit anderen Menschen. Er fuhr tagelang Straßenbahn und telefonierte unentwegt mit allen Menschen, die ihm in seinem Leben schon begegnet waren. Max hat Hunderte von Telefonnummern in seinem Gedächtnis gespeichert.

Es wurde eine zugehende sozialpädagogische Familienhilfe und eine Einzelunterrichtung an der Klinikschule am Heimatort eingerichtet. Auch dort konnte Max mit seinem expansiven Verhalten den schulischen Rahmen, die Lehrer und den Unterrichtsstoff total kontrollieren und bestimmen zu wollen, nicht lange ausgehalten werden.

Da es am Heimatort keine Hilfsangebote mehr gab, kam er mit 15 Jahren zu uns nach Tübingen. In den folgenden sechs Jahren, von 1993 bis 1999, machte er sich an fünf Wochentagen früh morgens auf einen anderthalbstündigen Weg nach Tübingen und fuhr am späten Nachmittag wieder zurück, hielt sich also etliche Stunden täglich bei uns auf. Das Setting entwickelte sich entlang Max' Entwicklung von Einzelunterricht bis zur Integration in einer Werkstatt für psychisch kranke Menschen. Für die analytischen Einzelstunden hatte Max zunächst eine Kollegin als Gegenüber; da er diese aber hartnäckig entwertete und attackierte, kam ich als zweiter Therapeut ins Spiel. Später zog sich die Kollegin zurück.

Mit dem Ende der Jugendhilfe mit 21 verabschiedete sich Max von uns und arbeitet seither sehr produktiv in einer WfB an seinem Heimatort, er wohnt weiter bei seinen Eltern, wo er inzwischen mehr für diese sorgt als umgekehrt. Obwohl Max uns seit elf Jahren nur noch sporadisch in Tübingen besuchen kommt, steht er in kontinuierlicher Verbindung mit uns: Er telefoniert sehr häufig mit mir und meinen Kollegen, vorzugsweise mit unseren Anrufbeantwortern, die er mit aktuellen Sorgen und Nöten, aber auch mit Rapports über seine Erlebnisse bespricht.

Jens

Jens, geboren 1980, ist das einzige Kind eines Busbetriebsleiters und einer Kauffrau. Von früher Kindheit an hatte er Schwierigkeiten in sozialen Gruppen, besuchte aber dennoch erfolgreich die Grundschule und bekam sogar eine Gymnasialempfehlung. Er blieb jedoch am Heimatort und besuchte dort die Realschule. Bis zur 8. Klasse ging das einigermaßen gut, die 9. Klasse absolvierte er mit Einzelunterricht bis zur Versetzung in die 10. Klasse, dann war er nicht mehr weiter tragbar und die Mittlere Reife erschien seinen Lehrern nicht erreichbar. Ermöglicht wurde der relativ lange, reguläre Schulbesuch durch enorm abschirmendes und behütendes Engagement der Mutter: Sie stand ganze Vormittage vor der Schule, um Jens, der in schwierigen Situationen zu impulsivem Davonlaufen neigte, davor zu bewahren, aus der Schule auf die Straße zu springen und dort überfahren zu werden. Die Mutter machte ihren Sohn, wie sie selbst einmal sagte, zu „ihrem Beruf". Mit 15 Jahren waren seine

Probleme nicht mehr zu überdecken, es folgte eine Phase von vier scheiternden Schulversuchen. Mit 16 Jahren wurde durch einen Schulrektor erstmals der Verdacht auf ein Asperger-Syndrom geäußert; zuvor war von einem Erwachsenen-Psychiater eine „minimale zerebrale Dysfunktion (MCD)“ diagnostiziert worden. Eine stationäre Unterbringung scheiterte auch bei Jens lange Jahre an der nicht möglichen Trennung von Mutter und Sohn. Seit Mitte 1997, also mit 17 Jahren, wurde ein ambulantes Setting bei uns eingerichtet. Auch bei Jens bot zunächst eine Kollegin Einzelstunden an, ich kam erst später hinzu. Nach Schulende versuchten wir Jens' Integration in eine Ausbildung, dann in eine Werkstatt außerhalb unseres Hauses. Beides scheiterte auf längere Sicht an seiner Gruppenunfähigkeit, seinen unerreichbaren beruflichen Idealen und seiner mangelnden Einsicht in seine Defizite und auch daran, dass Jens es zwanghaft inszenierte, in der Nähe seiner Mutter zu bleiben. Sein Lebensweg führte schließlich zu mehreren langen Psychiatrieaufenthalten in insgesamt drei Kliniken.

Die Jugendhilfe in unserem Verein wurde beendet, als Jens 21 Jahre alt war. Seither begleite ich ihn im Rahmen einer Kassen-Psychotherapie, zunächst einmal wöchentlich, dann vierzehntägig, aktuell noch in vierwöchigem Abstand. Gegen Ende der vierjährigen ambulanten Betreuung bei uns, aber zu spät für unser Therapeutisches Heim, war die Mutter bereit, sich von ihrem Sohn zu trennen. Dies zu einem Zeitpunkt, als Jens' Vater erkrankte, pflegebedürftig wurde und schließlich 2004 verstarb. Es wurden drei Versuche einer stationären Unterbringung unternommen, die alle mehr oder weniger katastrophisch scheiterten: in einer Einrichtung für psychisch Kranke, in einem Berufsbildungswerk, spezialisiert auf Asperger-Autisten, und in einer Einrichtung für geistig Behinderte. Nach einem zehnmonatigen Aufenthalt in der Psychiatrie wurde er 2003 in einer Wohngruppe für psychisch kranke Menschen aufgenommen. Dort blieb er immerhin drei Jahre, unterbrochen durch mehrmonatige Klinikaufenthalte. Da nicht mehr überbrückbare Divergenzen zwischen Betreuungsteam der Wohngruppe und Mutter auftraten, wechselte Jens in eine kleine, sozialpsychiatrisch orientierte Gruppe einer Behinderteneinrichtung. Hier konnte er sich stabilisieren und zog vor einem Jahr sogar in eine Verselbständigungswohnung der gleichen Einrichtung um, inzwischen geht er ganztägig zur Arbeit in einer Gärtnerei der WfB.

So weit diese kurzen biographischen Skizzen.

Um Ihnen eine deutlichere Vorstellung von den beiden jungen Männern zu geben, ergänze ich noch: Beide sind über 1,80 groß und wogen – zumindest zeitweise – auch deutlich über hundert Kilo. Beide zeigen Aspekte körperlicher Ungewandtheit und leben auf einem extrem hohen Energie- und Aktivitätsniveau, das man auch als Hyperaktivität beschreiben könnte.

Wichtig erscheint mir auch, dass bei meinen Kolleginnen gegenüber diesen beiden jungen Männern Angst und Gefühle der Unheimlichkeit auftraten vor deren Aggressivität und auch vor deren sexuellen Impulsen. Dies ist vielleicht auch ein Reflex darauf, dass bei den Müttern eher wenig, manchmal deutlich zu wenig Angst vor der Aggressivität und auch zu wenig Wahrnehmung der sexuellen Wünsche ihrer Söhne Raum greifen konnten.

Max und Jens haben früh zu sprechen begonnen und rasch eine bemerkenswert elaborierte Sprache entwickelt. Ihre Sprechweisen beschreibe ich so:

- Max spricht akzentuiert, schnell und sehr moduliert, fast wie ein Märchenvorleser, wobei unterschiedliche Stimmungslagen oft nur an Tempo und Lautstärke abzulesen sind. Sehr oft wiederholt er den zweiten Teil seiner Sätze noch einmal leise, wie ein schwindendes Echo, als wäre das Echo schon die Antwort des Anderen, die er dadurch vielleicht übertönen will.
- Jens spricht elaboriert, schnell und unmoduliert sehr laut – seine Mutter war schon immer schwerhörig. Mit zunehmendem Älterwerden und massiver Medikation spricht er sehr verwaschen, fast unverständlich. Man kann oft nur erahnen oder aus der Kenntnis seiner Gedankengänge und den Lauten erraten, wovon er gerade spricht – wie es die Mutter wohl immer getan hat.

Es scheint mir bemerkenswert, in welch geringem Ausmaß diese jungen Männer mit der Sprache und ihrem beträchtlichen Wissen von der Welt die basalen Gesetze des Zusammenlebens und die Grenzen anderer Menschen internalisiert haben. Aufzeigen will ich das, indem ich einige Vignetten entlang folgender Ebenen beschreibe:

1. des schulischen Lernens,
2. des alltäglichen Lebens,
3. der Sexualität,
4. der wirksamen Ideale und
5. des Gesetzes.

1. Die Ebene des schulischen Lernens – von einem gewissen Wissen über das Nicht-Wissen und eine Frage hin zu einem relativen Wissen

Die Schule spielt bei Asperger-Autisten oft eine besondere Rolle: Hier spielt sich ein wichtiger Teil ihres Lebens außerhalb der Familie ab, hier vollbringen sie einerseits ihre höchsten Integrationsleistungen, andererseits tauchen hier später auch die sozialen und kognitiven Unmöglichkeiten auf, die schließlich zu massiven Krisen und Brüchen in den Biographien führen. Bis zum Punkt des Abbruches ihrer Schulkarrieren waren Max und Jens hinreichend gute Schüler. Ich würde sagen: solange die Anforderungen der Schule über ein gutes Gedächtnis und eher schematisch zu bewältigen waren. Beide verfügen über eine exzellente Rechtschreibung. Schulische Probleme traten auf, wenn es altersentsprechend darum ging, Generalisierungs- und Transferleistungen zu erbringen. Mit anderen Worten: aus den Fragen des Anderen eigene Fragen zu entwickeln, also einen vorübergehenden Zustand des Nicht-Wissens zuzulassen und Antworten darauf zu finden.

Das eigentliche Problem des Asperger-Autisten, so würde ich pointierend sagen, ist nicht die Menge seines Wissens, sondern die Gewissheit seines Wissens, anders gesagt: seine Schwierigkeit, Ungewissheit zu ertragen und in Neugier und Lernen von Neuem umzuwandeln.

Darin unterscheidet sich der Asperger-Autist nicht grundsätzlich vom frühkindlichen Autisten: Auch dessen autistische Objekte kann man als ein Wissen begreifen, als ein totales System, in dem die ganze Welt ohne Lücke umfasst ist. Beim Wissen des Aspergers gibt es zwar erheblich mehr Überschneidungen mit dem konventionellen Wissen und auch mit Figuren der bewussten und sozial üblichen Rationalität. Dies macht aber seine Position im Verhältnis zum Anderen nicht einfacher. Denn in einem nur objektiven Wissen, in dem es keine Lücke gibt und keine Frage offen ist, keine Ungewissheit mehr vorkommt, gibt es kein begehrendes Subjekt, keinen Appell an den Anderen und auch kein rätselhaftes Begehren des Anderen. In einem gewissen Wissen gibt es nur Bedeutung, keinen Sinn,[5] nur Information, keine Kommunikation, nur Antworten, keine Fragen.

Bei Max trat dieser Punkt schon relativ früh, mit der 6. Klasse, auf. Im Rahmen der schulischen Förderung bei uns wurde ihm durchaus das Erreichen des Hauptschulabschlusses zugetraut. Er hat ihn aber schlussendlich nicht erreicht, weil er zum Beispiel im berufspraktisch orientierten Technologieunterricht im Berufsvorbereitenden Jahr an der Klinikschule bei Klassenarbeiten nur noch ihm verfügbares, gewisses Wissen hinschrieb, z. B. die Länge von Motorbooten, nachdem er mit seinen Eltern einmal einen Ausflug zu einer Bootsmesse gemacht hatte.

Ein anderes Beispiel: Als es bei der Vorbereitung auf den Hauptschulabschluss in Geometrie um den Übergang von der Flächen- zu Volumenberechnung, also um den Übergang von der Zweidimensionalität zur Dreidimensionalität ging, überforderte ihn dies, und er regredierte angesichts seiner Angst vor dem Nicht-Genügen auf die Berechnung des Umfanges, also die Eindimensionalität. Die Angst und die Nicht-Anerkennung des eigenen Mangels nahm gelegentlich auch „unverschämt" wirkende Formen an, wenn er z. B. provokant leere Arbeitsblätter abgab und sich dazu noch weigerte, seinen Namen auf das leere Arbeitsblatt zu schreiben, quasi als Mitteilung: Ich lasse mir keinen Mangel anhängen.

Max sagte selbst: Immer dann, wenn ihm in der Schule eine Aufgabe oder eine Verhaltensanforderung zugemutet würde, zu der er sich nicht fähig wähnt, fühle er sich „ausgelöscht und weggemacht". Wenn er also in einer schulischen Situation damit konfrontiert sei, ein Defizit, einen Mangel an sich selbst wahrnehmen zu müssen, würde er – Zitat Max – „den Spieß umkehren". Dies tut er in zwei Formen:

Entweder versuche er (und nicht mehr die Lehrer) dann zu bestimmen, was unterrichtet wird, was richtig und was falsch ist. Oder aber er verkehre das drohende Weggemachtwerden aus der Schule vom Passiven ins Aktive, indem er selbst nicht mehr in die Schule wolle. Dies erreiche er dadurch, dass er sich so unerträglich verhält, dass er an einer Schule nicht mehr bleiben kann. Er sei es gewesen, der nicht mehr in die Schulen gehen wollte; er sei nicht rausgeschmissen worden. Niemand könne ihn jemals irgendwo rausschmeißen.

Jens stieß beim Bewältigen des allgemeinbildenden schulischen Lernens nicht an solche Grenzen. Bei ihm setzten seine mangelnden sozialen Fähigkeiten, sein Kontrollbedürfnis und seine mangelnde Stresstoleranz, die Grenzen, die ein schulisches Weiterkommen unmöglich machten.

2. Die Ebene des alltäglichen Lebens und Verhaltens, des Wissens von der Welt und vom Anderen – zwischen Anpassung und Eigensinn, Ohnmacht und Machtgehabe, Asozialität und Wiedergutmachungstendenzen

Jacques Lacan sagt: „Was ich im Sprechen suche, ist die Antwort des Anderen. Was mich als Subjekt konstituiert, ist meine Frage" (1953, 143). Im Diskurs eines gewissen und vollständigen Wissens gibt es nur Unterwerfung des einen Subjekts unter das andere, nur Kampf um Macht. Wenn das Wissen nicht als Frage des Subjekts subjektiviert werden kann, also wenn es nicht eine Lücke hat, die mit einem Begehren, mit Affekten und Emotionen angereichert wird, wird die Antwort des Anderen nur als verfolgend und kastrierend erlebt.

Hinsichtlich der durch alle psychiatrischen und therapeutischen Schulen hindurch anerkannten Empathie-Störung im Asperger-Syndrom[6] habe ich die Erfahrung gemacht, dass der Asperger-Autist starke Emotionen des Anderen – z. B. Verzweiflung, Wut, Hilflosigkeit und Traurigkeit –, wie sie in einer intensiven Beziehung notwendig entstehen, durchaus wahrnimmt. Wenn er die Wut des Anderen als Ausdruck von dessen willkürlicher Macht wahrnimmt, reagiert er darauf eher mit dem Behaupten seines Eigensinns, mit Machtgehabe und Asozialität. Wenn er aber spürt, dass der Affekt des Anderen eher ein ohnmächtiger und depressiver ist, dass der Andere also selbst der Kastration unterworfen und hilflos ist, reagiert er durchaus mit Schuld und Scham, mit Besorgnis, Entschuldigungen und Wiedergutmachungstendenzen. Letzteres sind fruchtbare und notwendige Schritte auf dem Weg zur Anerkennung der eigenen symbolischen Kastration. Ich meine, dass grundsätzlich der Satz gilt: Die Kastration kann zuerst beim Anderen wahrgenommen werden.

Max brachte zu Beginn seiner Zeit bei uns ein massiv grenzüberschreitendes und unsozialisiertes Verhalten mit. Er drang in alle Zimmer des Hauses ein mit dem Argument, zu Hause habe er auch überall und jederzeit Zugang. Außerdem zeigte er eine fetischistisch anmutende Obsession für Lederstiefel und Lederjacken. Er stürzte sich auf diese Objekte, streichelte und küsste sie, die tragenden Menschen beachtete er nicht. Nach vielen Gesprächen und auch heftigen Auseinandersetzungen ermäßigte sich dies auf eine – wie Max sagte – „Lederjackenwildheit". Max nahm sich Lederjacken, wo immer er solche Kleidungsstücke nunmehr ohne drinsteckenden Menschen im Hause sah, und zog sie sich an. Einmal hatte ich einen sehr heftigen Konflikt mit Max, als er mich beim Kampf um die Herausgabe einer Lederjacke vollkommen ignorierte, mich also „auslöschen und wegmachen" wollte. Angesichts meiner für ihn spürbaren Aggressivität und seiner Angst, dass ich ihn spiegelbildlich auslöschen und wegmachen wolle, brach er schließlich in Tränen aus und bat mich um Lösungsvorschläge. Wir fanden dann den Weg, Lederjacken nicht mehr bei uns im Hause zu nehmen, sondern sie nur noch in der Stadt, in Schaufenstern und Läden anzusehen. Nur noch einmal überschritt er in der Schule diese Grenze und nahm eine Lederjacke an sich, just zu dem Zeitpunkt, als er sein Wissen über Motorboote als Schutz gegen sein Nicht-Wissen und Nicht-Können in der Schule einsetzte. In der folgenden Einzelstunde zeigte ich ihm im Strafgesetzbuch die einschlägigen Paragraphen über Eigentumsdelikte. Als ich die Paragraphen gemeinsam mit Max studierte, reagierte er nachhaltig betroffen darüber, dass tatsächlich in einem gedruckten Buch etwas über ihn bzw. über für ihn wie für andere erlaubte und verbotene Dinge stehe. Auch die Androhung von Strafen im Gesetz beeindruckte ihn sehr, und wir sprachen über das Gefängnis. Ich versuchte Max zu vermitteln, dass man durch das Gesetz und seine Strafen nicht „ausgelöscht und weggemacht", in seiner Identität und Existenz vollkommen vernichtet werde. Denn bisher hatte er Regeln und Verbote nur in der singulären Beziehung zu seiner Mutter als absolute und nicht relativierbare Grenze kennengelernt und verinnerlichen können, wo sie ohne Bezug zum Sozialen und zu einem schriftlich verfassten Gesetz geblieben waren. Ohne diesen Bezug auf ein allgemeines Gesetz konnte sich Max' Stellung zu Verboten und Geboten der Mutter aber nicht zu einem dialektischen Wechselspiel zwischen Verbot, Begehren und Übertretung entwickeln, es konnte sich nicht subjektivieren.

Jens hat im Vergleich zu Max durchaus die wesentlichen Regeln der Höflichkeit und des Umgangs mit anderen Menschen erlernt. Er überschritt aber diese Regeln immer wieder, wenn er in Stress kam: wenn er etwa mehr als eine Aufgabe gleichzeitig im Kopf behalten musste oder wenn es in ihm zwei sich widersprechende Impulse gab, zwischen denen er sich entscheiden musste, oder wenn er das Gefühl hatte, eine Situation nicht mehr kontrollieren zu können und sich in seiner Wahrnehmung ganz und gar den Wünschen anderer ausgeliefert fühlte. Bei einem Berufseignungstest beim Arbeitsamt etwa konnte er die einfachsten Fragen nach seinen persönlichen Vorlieben, also keine Wissensfragen, sondern Fragen nach seiner Subjektivität, nicht beantworten, weil er sie in ihrer Absicht nicht durchschaute: „Darauf war ich nicht vorbereitet“, sagte er. Er habe bei diesen Fragen einfach angekreuzt, wovon er dachte, das Gegenüber wolle es hören, vorzugsweise also Mittelwerte auf einer Skala von 1 bis 5.

Jens’ tausendfach wiederkehrende impulsive Lösung für Dilemmata, in denen er sich befand, war die Wendung vom Passiven ins Aktive: Er lief weg mit dem Satz: „Ich kündige, ihr seht mich hier nie mehr wieder.“ Wenn der soziale Raum für solches Fluchtverhalten zu eng war, schlug er impulsiv sich selbst und auch andere an den Kopf, also ganz konkretistisch an den Sitz des Denkens und des Eigensinns – z. B. sehr häufig seine Mutter, aber auch Arbeitskolleginnen und Betreuerinnen bei der Arbeit und in Wohngruppen und Psychiatrien. Bei uns kam es niemals zu solchem Schlagen, weil wir ihn gehen ließen und ihm die Möglichkeit gaben, wiederzukommen, was er meist schon nach kurzer Zeit tat. Dazu mussten wir aber weniger Angst haben als seine Mutter, er könne beim Davonlaufen sich selbst oder andere gefährden.

3. Die Ebene der Sexualität: vom unbeschränkten Genießen zu einem begrenzten Genießen

Hinter der oft im Vordergrund stehenden Ebene bewusster Rationalität und objektiven Wissens, die manchmal durchaus sozialkonforme Züge hat und gelegentlich fast aseptisch rational wirkt, drängt auch beim Asperger-Autisten mit der Pubertätsentwicklung der sexuelle Trieb und sucht sich seine Wege und Umwege. Umwege, die oft lange nicht, vielleicht auch niemals zur Realisierung der genitalen Begegnung mit der rätselhaften und extrem angstbesetzten Andersheit des anderen Geschlechts führen. Auch hier ist es so, dass im Unterschied zum frühkindlichen Autisten, der meist auf autoerotischer Ebene und auf polymorph-perverser, oraler, analer oder phallischer Stufe fixiert bleibt, die sexuellen Wünsche und Ideale des Asperger-Autisten sich mehr an den sozialen Idealen und Vorbildern einer genitalen Sexualität orientieren, sich aber dennoch kaum realisieren können:

Max’ „Lederjackenwildheit“ hatte ja schon einen deutlichen Bezug zum Körper des anderen und eine fetischistische Färbung. Etwa ein halbes Jahr nach den Lederjackenkämpfen und dem Gesetz des Diebstahlverbots besuchte Max mit einem Gleichaltrigen, den er seit seiner Kindheit kennt und mit dem er seither immer wieder Kontakt hatte, eines Nachts von 20.00 bis 4.30 Uhr eine Schwulen-Disco. Er deutete in seinen Erzählungen nur an, dass einer der Männer dort mit nacktem Oberkörper getanzt habe und dass andere miteinander geschmust und sich in andere Räume zurückgezogen hätten. Max war durch dieses Erlebnis vollkommen überstimuliert: Er hat in dieser Nacht nur anderthalb Stunden geschlafen und anschließend 22 Stunden lang zu Hause die Wäsche seiner Eltern gewaschen. In den Tagen darauf bedrängte er andere Jugendliche, Lehrer und uns Betreuer aufs Vehementeste, dass er sie nackt sehen, sie ausziehen und auch einmal mit ihnen das erleben möchte, was er in der Disco gesehen hatte bzw. erahnen konnte. Ich hatte wieder das Gefühl, eine massive Grenze gegen dieses unbegrenzte und überschwemmende Genießen errichten zu müssen, damit eine weitere Thematisierung der hinter Max' Wunsch stehenden Fragen möglich würde. Ich verbot ihm mit großer Vehemenz, dieses Thema außerhalb der Einzelstunden, also in der Schule oder in Alltagssituationen, anzusprechen. Seine Frage und sein Wunsch seien mir zwar verständlich, aber dafür sei nur in den Einzelstunden im Gespräch oder außerhalb der Familie und außerhalb unseres Betreuungs-Settings mit erwachsenen Personen auch im Handeln Platz. Wieder zog ich die Gesetzessammlung mit dem Paragraphen über verbotene Formen der Sexualität hinzu. Max akzeptierte auch hier geradezu erleichtert und dankbar diese Verbote.[7]

Seine Eltern reagierten übrigens sehr erschreckt auf seine homosexuellen Tendenzen und vermittelten ihm konkretistisch über Kontaktanzeigen Begegnungen mit Frauen, mit denen er aber überhaupt nichts anzufangen wusste. Vielmehr desexualisierte sich sein Anspruch immer weiter, und er versuchte unentwegt nach seinen Bedingungen Kontakte zu anderen Männern herzustellen, z. B. zu gemeinsamem Fahrradfahren. Max kann aber bis heute nicht begreifen, dass Kontakt sich nur dann realisieren lässt, wenn er auch vom Anderen gewünscht wird. So kam es kaum je zu gemeinsamen Unternehmungen mit anderen. Schließlich blieb von seiner Sehnsucht nach Kontakt nur die quasi sublimierte Liebe zu Fahrrädern, schließlich zu Fahrradläden, die er inzwischen fast alle im Zuge einsamer Tagesausflüge in ganz Baden-Württemberg kennengelernt hat.

Jens entwickelte von Beginn an deutliche sexuelle Impulse und Phantasien in Bezug auf Frauen. Dieses Thema tauchte schon in der Anfangszeit der Betreuung bei Busfahrten auf (sein Vater war Busbetriebsleiter), wo er wegen Distanzlosigkeiten bis hin zu Berührungen junger Mädchen Busfahrverbot erhielt. Daraufhin musste er wieder von seiner Mutter gefahren werden. Im Wartezimmer unseres Hauses umarmte und küsste er einmal eine wartende Mutter. Auch im Rahmen seiner Einzelstunden bei einer Kollegin war er mit sexuellen Phantasien etwa bezüglich der Körperbehaarung sehr bedrängend. Als die Kollegin ihn einmal darauf hinwies, dass eine sexuelle Beziehung zwischen ihnen nicht möglich und vom Gesetz verboten sei, meinte Jens: „Scheißgesetze", und wollte davon nichts wissen.

Auf diesem Hintergrund wurde ich als zweite, das väterliche Gesetz repräsentierende Bezugsperson ins Setting mit einbezogen. Bei Jens war es wie bei Max entlastend, ganz konkretistisch das Strafgesetzbuch herbeizuziehen, in dem die erlaubten und verbotenen Liebesobjekte und verbotene Formen der Sexualität ohne oder gar gegen die Zustimmung des Anderen erwähnt waren.

Auch Jens nahm im Laufe der Zeit diese Grenzen, vermittelt durch mich als Mann, geradezu entlastet in sich auf. Im Zuge der inneren Aufrichtung des Gesetzes, in erster Linie des Inzestverbotes, verlegte sich Jens in seinen Phantasien immer mehr auf unerreichbar „ferne Frauen", z. B. Schlagerstars, für die er minutiös ein Leben nach der Heirat plante. Später rückten die phantasierten Frauen wieder etwas näher, blieben aber gleichwohl verbotene: Es waren dann vor allem weibliche Betreuerinnen in der Wohngruppe, die im Laufe seines Älterwerdens zunehmend gleichaltrig waren. In unseren Terminen vergewisserte sich Jens immer wieder bei mir, ob seine aktuell begehrte Frau, zumindest wenn sie nicht mehr in seiner Einrichtung arbeiten würde, für ihn erlaubt oder verboten wäre. Meist wollte er eher von mir hören, dass sie auf immer verboten bleibt. Wenn ich ihn darauf ansprach, dass seine detaillierten Pläne über das phantasierte gemeinsame Leben mit einer Frau zu Enttäuschungen führen könnten, meinte Jens verständnisvoll: „Ach, Martin, ich weiß ja, dass das so nichts wird; aber ich brauche halt diese Phantasien und Pläne."

Vor einigen Monaten hat mich Jens damit überrascht, dass er erstmals von einer erreichbaren Frau sprach, einer Arbeitskollegin in der WfB, in die er aktuell verliebt war. Einige Wochen später erklärte er mir auf meine Nachfrage sehr depressiv, dass er den Wunsch nach Beziehung mit einer Frau aufgrund deren genereller „Zickigkeit" gerade aufgegeben habe und ihn das jetzt nicht mehr interessiere.

Als Jens dabei war, die konkrete Befriedigung seiner sexuellen Wünsche mit wirklichen, aber verbotenen, dann mit unerreichbaren Frauen aufzugeben, und sich mehr auf erreichbare und mögliche sexuelle Befriedigungen in Form von Onanie zurückzog, tauchte bei ihm – fast identisch habe ich es auch bei einem anderen jungen Mann erlebt – folgender Aspekt auf: Er entwickelte Ängste um seine Erektionsfähigkeit und vor allem um seine Ejakulationsfähigkeit, auch als Nebenwirkung der Psychopharmaka. Ich begleitete ihn deshalb einmal zum Urologen. Er hörte sich Jens' Sorgen an, fragte, ob er denn eine Freundin habe, und als Jens dies verneinte, fragte der Arzt, warum ihm die Ejakulationsfähigkeit denn dann so wichtig sei. Im Übrigen könne er ihm da auch nicht helfen. Jens kommentierte diesen Arztbesuch: „Der Mann mag ja fachlich ganz kompetent sein, menschlich ist er aber eine Pfeife ..."

4. Die Ebene von Phantasien, Idealen und Zielen: Fluchten vor der Anerkennung des Mangels

Bei Max und Jens ist die Ebene des imaginären Ideal-Ichs durchaus entwickelt, die jungen Männer haben aber mit der Anerkennung des eigenen Mangels und des Mangels des Anderen, also mit der symboligenen Kastration ein großes Problem. So kippen sie zwischen Größenphantasien und Gefühlen ihres absoluten Unwerts. Die Verknüpfung von Imaginärem, Symbolischem und Realem gelingt nicht, auch nicht der Übergang vom Anspruch zum Begehren, das nicht zu einer schnellen und vollen Befriedigung führt. Ein symbolisches Ich-Ideal in Form eines fernen, aber doch realistisch erreichbaren Ziels, in dem das Inzestverbot und die eigene Kastration wie die des Anderen anerkannt und verinnerlicht sind, kann sich nicht errichten.

Bei Max ist die Ebene von imaginären Idealen eher idiosynkratisch und wenig an gesellschaftlichen Normen ausgerichtet. Der sich lange Zeit durchhaltende Wunsch, er möge homosexuelle Partner, später auf sublimierter Ebene Ausflugsgefährten oder zumindest Fahrradhändler zu seinen Bedingungen finden, drängte zunehmend weniger zur Realisierung. Max scheint sich in seiner Einsamkeit und mit dem, was er hat, eingerichtet zu haben. Er ist ein guter Arbeiter in seiner Werkstatt und stolz auf das Geld, das er dort verdient. Er gibt es aus für seine Ausflugsfahrten im ganzen Land. Einem Ideal folgt er hier allenfalls insofern, als er das Ziel hat, alle Städte Baden-Württembergs besucht zu haben. Mit seinen idiosynkratischen Idealen grenzt sich Max deutlich von den Idealen seiner Eltern ab, z. B. von ihren Frauenvermittlungsversuchen oder auch von ihrem Wunsch, Max möge den Führerschein erwerben. Durch hartnäckig autistoides Verhalten in der Fahrschule verhinderte Max erfolgreich den Führerscheinerwerb, wofür seine Eltern sehr viel Geld bezahlen mussten. Dass Max schlussendlich einen Gabelstapler-Führerschein erwarb, erfüllte die Eltern mit erheblich mehr Zufriedenheit und Stolz als Max selbst.

Jens' Ideale waren demgegenüber eher an gesellschaftlichen Normen ausgerichtet: Gerade in Phasen, in denen er damit konfrontiert war, dass seine Arbeitsfähigkeit sogar in einer WfB weit überfordert war, wies er diese Einsicht weit von sich, indem er von seinen Plänen sprach, ein erfolg- und geldreicher Immobilienmakler, Manager einer Rockband oder Fernsehmoderator werden zu wollen. Gerade kürzlich habe er einen jungen Mann im Fernsehen gesehen, der auch ohne Berufsausbildung eine Moderatorenstelle bekommen habe. Auch seine Ideale eines zukünftigen Lebens mit einer Frau und mit Familie orientieren sich an konventionellen familiären und gesellschaftlichen Vorbildern.

5. Herbeirufen des Gesetzes – vom willkürlichen mütterlichen Gesetz zum väterlichen Gesetz

Bisher ist wohl schon deutlich geworden, wie wenig basale Strukturen der Sozialität und des Gesetzes bei Max und Jens verinnerlicht waren, trotz allen sozialkonformen Wissens. Das Einführen des Gesetzes wurde aber im Zuge der Adoleszenzentwicklung in massiver und verzweifelter Form ersehnt und hervorgerufen. Die innere Errichtung des Gesetzes – z. B. in Form des Inzestverbotes und basaler Eigentumsrechte – wirkt deutlich als entlastende Grenze gegen ein unbeschränktes und deshalb schreckliches Genießen. Aber leider wohl auch als Entlastung vor den Mühen einer weitergehenden Subjektivierung: Denn das verinnerlichte Gesetz bleibt bei Max und Jens sehr über-ich-haft, starr und rigide, und kann nur bis zu einem bestimmten Grad in einem dialektischen Spiel von Verbot und Übertretung in individueller Form subjektiv angeeignet werden.

Wie bei Max das Intervenieren des Gesetzbuches im therapeutischen Raum genügte und ein Intervenieren des Gesetzes in der sozialen Realität nicht nötig wurde, habe ich bereits beschrieben.

Jens hingegen musste in seiner Verzweiflung weiter gehen, und ein reales Intervenieren des Gesetzes erzwingen. Schon mit seinem Schlagen gegen Andere streifte er immer wieder die Grenze eines Intervenierens des Gesetzes. Oft beschäftigte er sich auch mit der Frage, was er tun muss, damit er bei uns rausfliegt, und er entwikkelte Phantasien, wie er ins Gefängnis kommen könnte, um der schweren Last der Eigenverantwortung und der Anerkennung des eigenen Mangels zu entkommen: So suchte er einmal ein Waffengeschäft auf, um eine Schusswaffe zu besorgen, mit der er uns dann bedrohen, entführen oder erschießen wollte. Wenn man seine Größenphantasien des legalen Reichwerdens thematisierte, flüchtete er sich in Phantasien, durch Betrug und Raub zu großem Reichtum zu kommen. An seinem 18. Geburtstag schloss Jens einen Vertrag für ein Handy ab und produzierte eine Rechnung über 600 DM. Um an der Verinnerlichung von Schuld und Verantwortung zu arbeiten, streckten wir ihm den Betrag für diese Rechnung vor und vereinbarten einen präzisen Vertrag über seine Rückzahlung. Jens telefonierte dennoch rauschhaft weiter, erzeugte eine zweite Rechnung über 800 DM und versuchte, sich mit allen Mitteln seinen finanziellen Verpflichtungen uns gegenüber zu entziehen. Deshalb übernahm letztendlich doch wieder seine Mutter als Verwalterin seines Geldes die Regulierung seiner Verpflichtung. In diesem Zusammenhang sprachen wir auch erstmals davon, dass es per Gesetz möglich sei, seine geschäftliche Autonomie einzuschränken und eine gesetzliche Betreuung einzusetzen. Jens konnte zunächst nicht glauben, dass so etwas möglich ist. Einige Zeit später, als Jens am dritten Tag eines Praktikums in einer WfB wieder auf seine Grenzen stieß, drohte er mit seinem Handy einer Jugendzeitschrift und der Zentrale seines Handy-Providers mit einer Briefbombe. Jens ließ sich in Begleitung einer Kollegin von der Polizei festnehmen. Beim Verhör gab er an, dies getan zu haben, um endlich ins Gefängnis zu kommen, damit er Ruhe habe. Sein Handy wurde von der Polizei konfisziert.

Einige Zeit später erhielt die Mutter die gesetzliche Betreuung für Jens. Jens hatte auf der einen Seite zwar wie gewünscht die Verantwortung für sich abgegeben, auf der anderen Seite versuchte er aber weiterhin, gegenüber der Mutter auf illegalen Wegen seine unverantwortliche Autonomie zu behaupten.

Ganz ähnlich erlebte ich das Herbeirufen realer Instanzen des Gesetzes bei einem anderen jungen Mann: Nachdem er in einer erstmaligen psychotischen Phase mit seiner Mutter schlafen wollte, wurde er zum ersten Mal von seiner Familie getrennt und kam für vier Monate in die Psychiatrie. Später wies er sich in Umkehrung des Passiven ins Aktive mehrfach selbst in die Psychiatrie ein oder inszenierte durch Drohungen bei Polizei und Feuerwehr, dass er eingewiesen wurde. Beim zweiten und dritten selbst gewünschten Psychiatrieaufenthalt provozierte er mit verbalen und tätlichen Angriffen gegen die Pfleger das Fixiert-Werden und erreichte in der Folge, dass man ihn auf eigenen Wunsch immer wieder fixierte.

Über das Anrufen des Gesetzes bei Jugendlichen mit Asperger-Syndrom hat auch Michael Günter etwas beigetragen (vgl. S. 244ff. in diesem Band). Überhaupt habe ich den Eindruck, dass es eine Zunahme manifest dissozialer Züge bei Asperger-Autisten gibt, die ich mir jedoch eher aus der Imitation dissozialer Verhaltensweisen von anderen Jugendlichen erkläre, mit denen sie in Schulen und sozialpädagogischen Institutionen aufwachsen, denn als originären Ausdruck ihrer eigenen Subjektivität.

Ich komme jetzt zum Schluss: Vielleicht sind Ihnen ja die Grundzüge meiner Annahmen über einige – gewiss nicht alle – Kernprobleme des Asperger-Syndroms aus den Fallvignetten und meinen Überlegungen dazu deutlich geworden. Ich will sie hier noch einmal kurz zusammenfassen:

1. Schule: Das Wissen des Asperger-Autisten ist zu vollständig und gewiss, eine Lücke kann nicht ertragen werden.

2. Soziale Begegnungen: Die Kastration des Anderen und die eigene kann nicht anerkannt werden. Begegnungen mit dem Anderen kippen deshalb zwischen totaler Unterwerfung und Machtkämpfen.

3. Sexualität: Die sexuelle Begegnung mit dem Anderen, gleichen oder anderen Geschlechts, ist gewünscht, gelingt aber nicht, da dessen Eigensinn und Andersheit nicht anerkannt werden können. Was bleibt ist leidvolle Einsamkeit verbunden mit der Angst, die sexuelle Lebenskraft zu verlieren.

4. Ideale: Teilweise sind durchaus sozialkonforme, imaginäre Ideale wirksam; sie bleiben aber unrealistisch-größenhaft und deshalb Quelle schwer depressiver Entwicklungen.

5. Gesetz: Basale Regeln und Gesetze des Zusammenlebens sind nicht verinnerlicht, werden aber ersehnt und auch aufgenommen, weil das Kippen zwischen totaler Unterwerfung und totalem Machtanspruch unerträglich ist. Die verinnerlichten Gesetze bleiben jedoch oft starr und rigide, können wenig subjektiviert werden.

Was kann Psychoanalytische Sozialarbeit hier beitragen? Auch in einer psychoanalytisch orientierten Arbeit muss man sicherlich viel Zeit für die mühsame Vermittlung der Welt auf bewusst-rationaler Ebene aufwenden. An bestimmten Punkten wird es aber notwendig und möglich sein, mit Konstruktionen und Deutungen etwas in Hinblick auf die notwendige Spaltung des Subjekts und die Internalisierung des Anderen in Bewegung zu bringen.

Ein rein psychotherapeutisch strukturierter Rahmen greift aber oft zu kurz, zumindest wenn wie bei Max und Jens ein Herausfallen aus den sozialen Bezügen schon geschehen ist. Hier braucht es oft konkrete Unterstützung und Begleitung bei der angstbesetzten Wieder-Begegnung mit den sozialen Realitäten in Schule und Arbeit, in der Begegnung mit anderen Menschen, wie wir es mit unseren ambulanten und stationären Settings anbieten. Die bisher meist nur von den Müttern wahrgenommene Vermittlung zwischen Asperger-Autist und Welt muss von anderen Personen übernommen werden, damit eine Ablösung, Individuierung und Subjektwerdung möglich wird. Schlussendlich ist das Ziel, dass der Asperger-Autist einen Platz im Sozialen finden kann – wie immer dieser aussieht –, an dem er ohne oder mit nur noch geringer orthopädischer Unterstützung leben kann.

Ein gewisser Trost mag sein, was Reinhart Lempp (1996, 96) aus seiner großen Erfahrung festgestellt hat:

> Die Autisten werden etwa Mitte des dritten Lebensjahrzehnts ruhiger und lernen sich besser anzupassen und sich in ihrer Lage zurechtzufinden.

Die Geschichten von Max und Jens bestätigen dies. Aber auch dass die Subjektwerdung Grenzen hat und dass sich die Übertragung möglicherweise nicht ganz auflösen lässt. Die Zeit der Adoleszenz bis zu diesem Punkt der Beruhigung ist aber lang und für alle Beteiligten oft sehr anstrengend.

Anmerkungen

1 Der Titel meines Vortrags spielt auch an auf die Bücher von Maud Mannoni: Éducation impossible, Paris (Seuil) 1973, übersetzt ins Deutsche unter dem Titel: Scheißerziehung. Von der Antipsychiatrie zur Antipädagogik. Frankfurt a. M. (Syndikat-Verlag) 1976, sowie das nicht übersetzte Buch von 1982: D'un impossible à l'autre, Paris (Seuil).

2 Französisch *aliénation*, was man wortwörtlich mit „Ver*a*nderung" übersetzen könnte. *Aliénation* hat im Französischen zugleich die Bedeutung „Geistesgestörtheit", „Verrücktheit".

3 „Kinder mit Autismus erkennt man, weil sie von Anfang an eine Entwicklungsverzögerung bei ihren kognitiven Fähigkeiten aufweisen, und können schon im Alter von 18 Monaten diagnostiziert werden, mit einem durchschnittlichen Diagnosealter von 5 Jahren. Kinder mit Asperger-Syndrom werden oft erst diagnostiziert, wenn sie zur Schule gehen, mit einem durchschnittlichen Diagnosealter von 11 Jahren" (Howlin und Asgharian 1999, zit. in Attwood 2008, 2).

4 Wie z. B. von einem jungen Mann, der mit zwölf Jahren nach längerem Aufenthalt in einer Jugendpsychiatrie in unser Therapeutisches Heim kam, von dort nach sieben Jahren in ein Berufsbildungswerk wechselte und eine dreijährige Ausbildung zum Computertechniker absolvierte. Er hat inzwischen eine Arbeitsstelle, eine eigene Wohnung (wenn auch ganz nahe bei den Eltern), einige soziale Kontakte mit Gleichaltrigen und sogar eine Freundin. Oder von einem jungen Mann, der mit 17 Jahren ambulant für anderthalb Jahre zu uns kam, nachdem zuvor zwei stationäre Unterbringungsversuche und ein Versuch in einer Intensivklasse einer Sonderschule E gescheitert waren. Manuel erreichte in unserem Rahmen den Hauptschulabschluss und zog schließlich aus eigenem Wunsch in ein betreutes Wohnen in einer anderen Stadt um, um dort eine Fachschule zu besuchen.

5 „Der Sinn des Sinns in meiner Praxis begreift sich daraus, daß er flieht, rinnt: gleichsam aus einem Faß und nicht, indem er Reißaus nimmt. Dadurch, daß er rinnt (im Sinn: Faß), gewinnt ein Diskurs seinen Sinn, will sagen dadurch, daß seine Wirkungen unmöglich zu berechnen wären. Die Spitze an Sinn, man spürt es, ist das Rätsel" (Lacan 1973, 7).

6 Hinsichtlich der Therapie der Empathie-Störung jedoch unterscheiden sich die Schulen: In der Theorie des Mind-Reading werden beispielsweise 6 Basisemotionen angenommen, daraus 24 Emotionsgruppen abgeleitet und in Form von 412 menschlichen Emotionsformen dargestellt, die in einem Computerprogramm an „7416 Einheiten von Emotionsinformationen erkannt und verstanden werden sollen" (Golan und Baron-Cohen 2010, 144). Hier scheint mir viel Information/Bedeutung, jedoch wenig Sinn im o. g. Sinne im Spiel zu sein. Verweist dies auf ein zu gewisses und tendenziell autistoides, zu geschlossenes Wissen?

7 Warum sich die Manifestation von Max' sexuellem Begehren auf homosexueller Ebene einstellt, ist eine weitere Frage: Liegt es an seiner dominanten, auslöschenden Mutter und dem psychisch kaum existenten Vater, der Max aber gleichwohl früher in das gemeinsame Betrachten von Porno-Videos verwickelt hatte? Was hat es zu tun mit der Übertragung Max' zu mir als Mann?

Literatur

Attwood, Tony (2008): Gibt es einen Unterschied zwischen Asperger Syndrom und Hochfunktionierendem Autismus? Übersetzt von Heike Frank, im Internet als 5-seitiges PDF: http://www.aspergia.de/Downloads.

Golan, Ofer, und Baron-Cohen, Simon (2010): Systematisches Training zum Erkennen von Emotionen bei Erwachsenen mit Autismus-Spektrum-Störungen. In: Steinhausen, Hans-Christoph, und Gundelfinger, Ronnie (Hg.) (2010): Diagnose und Therapie von Autismus-Spektrum-Störungen. Stuttgart (Kohlhammer), S. 135-159.

Lacan, Jacques (1953): Funktion und Feld des Sprechens und der Sprache in der Psychoanalyse. In: ders. (1973): Schriften 1. Olten (Walter Verlag), S. 71-169.

Ñ (1973): Vorwort zur deutschen Ausgabe meiner ausgewählten Schriften. In: ders. (1975): Schriften 2. Olten (Walter Verlag), S. 7-14.

Lempp, Reinhart (1996): Die autistische Gesellschaft. Geht die Verantwortlichkeit für andere verloren? München (Kösel Verlag).

Wolf, Jonathan (1999): Werden Autisten psychotisch? Zur Symptomatologie schwerer psychischer Krisen bei Autisten im Jugendalter. Unveröffentlichte Dissertation, Tübingen.

Bettina Noddings

Führt die Ankunft der mit Asperger-Autismus diagnostizierten Kinder im Gymnasium zu einer Zerstörung des sozialen Bandes in der Schule?

Die Frage des Titels ist nicht rhetorisch – sie ist die Frage, die ich mir in den letzten Jahren immer wieder gestellt habe. Seit sechs Jahren spielt diese Diagnose in der Schule[1] eine Rolle und hat einen unverhältnismäßig breiten Raum eingenommen, obwohl nur sieben von etwa eintausendsiebenhundert Schülern mit dieser Diagnose in der Schule sind.

Meine eigene Position dazu ist ambivalent: Aus einer psychoanalytischen und therapeutischen Position heraus wünsche ich diesen Kindern und Jugendlichen einen sie konstruktiv herausfordernden und passenden Weg durch die Schulzeit. Sehe ich jedoch den Aufwand, der dafür zu leisten ist, und den Preis, den eine Schule als Gymnasium in der gegenwärtigen Bildungssituation zu zahlen hat, so kommen mir große Zweifel – bei allem Staunen, aller Anerkennung und Achtung für das wirklich Geleistete. Aufhorchen und fragen lässt die Leidenschaftlichkeit der Auseinandersetzung, die mich ebenfalls ergreift, wenn es Gespräche und Diskussionen darüber gibt; dies lässt an Lacans Präzisierung der Leidenschaft in Form von Hass, Liebe und Ignoranz denken.[2] Die Heftigkeit der Reaktionen hat einerseits mit dem Gewicht der Diagnose Asperger-Autismus als „tiefgreifender Entwicklungsstörung" im ICD-10 sowie den jeweils höchst unterschiedlichen Ausprägungen der Schwierigkeiten und andererseits mit der spezifischen aktuellen Situation des Gymnasiums zu tun. Ein als krank diagnostiziertes Kind trifft auf einen Schultyp in Not. Ich möchte diesen Kontext kurz schildern, was sich seit den letzten zehn bis fünfzehn Jahren im Gymnasium ereignet und verändert hat – um von da aus auf die Ankunft der Asperger-Diagnostizierten zurückzukommen.

Das soziale Band als miteinander geteiltes Einverständnis über Aufgaben, Pflichten und Regeln in Bezug auf ein gemeinsames Ziel ist in den Institutionen Familie und Schule schon seit Längerem angegriffen. Nicht wenige Kinder und Jugendliche entwickeln in zunehmendem Ausmaß körperliche und seelische Symptome als Antwort auf diverse schwierige Erfahrungen und als Ausdruck ihrer

Suche nach subjektiver Orientierung und Singularität – ein potenziell fruchtbares Feld. Aber subjektives Werden und schulische Anforderungen gehen nicht immer Hand in Hand – das erschwert die Arbeit der Lehrer beträchtlich. Mit der Ankunft der Asperger im Gymnasium knirscht es im Getriebe der Schule auf besondere Weise.

Um hier und heute darüber zu sprechen, habe ich in den letzten Monaten mit etwa fünfzehn bis zwanzig Lehrern, der Schulleitung und der Mitarbeitervertretung Gespräche geführt. Inzwischen gibt es in der Schule sieben diagnostizierte Kinder und Jugendliche, sicher auch einige unbekannte und noch nicht diagnostizierte. Der nun folgende Bericht ist aus diesen Gesprächen und meinen eigenen Erfahrungen in diesen Jahren entstanden. Zunächst schildere ich den Weg einiger Jungen und Mädchen innerhalb der Schule, dann folgen die Beschreibung einer Schulstunde ohne Begleitung und einige sich anschließende Überlegungen und Fragen.

Bastian

Nach eineinhalb Jahren misslungener Versuche, ihm zu helfen, stand Bastian kurz davor, die Schule verlassen zu müssen. In der 6. Klasse konnte er mit der Diagnose Asperger-Autismus dennoch weitermachen. Er begann eine psychotherapeutische Behandlung. In der Klasse, in der Turnhalle, auf dem Schulhof und in der Schlange der Cafeteria war er gefürchtet. Er war immer wieder sehr aggressiv und dann kaum zu bändigen. Als einige Eltern der Klasse, wieder einmal, seinen Ausschluss verlangten, bot die Schule – er war damals in der 7. Klasse – einen Abend für die Eltern an, an dem der ihn behandelnde Psychiater und Psychotherapeut über das Krankheitsbild sprach, ohne dabei über die persönliche Krankheitsgeschichte zu sprechen. Er instruierte nicht – er erzählte. Er zeigte an Beispielen auf, wie Bastian Situationen erlebte und aufnahm, die ein anderes Licht auf seine Reaktionen und auf die ihm eigene innere Welt warfen. Der Arzt wies darauf hin, Bastian könne dazulernen, dies brauche aber noch viel Zeit. Er schloss auch nicht aus, dass er es vielleicht nicht packen würde; man solle ihm zumindest eine Chance geben. Diese öffnende Intervention einer erfahrenen und mit dem Jungen wie auch gelegentlich mit der Schulleitung in Verbindung stehenden Person hatte meiner Einschätzung nach konstruktive und dauerhafte Folgen für sein Verbleiben auf der Schule – sowohl bei Lehrern wie auch bei den Eltern dieser Klasse, die zahlreich gekommen waren. Einige Eltern äußerten ihre Angst, den Kindern könne durch ihn Schlimmes zustoßen. Ein Vater sprach sich deutlich für sein Verbleiben aus: Gerade deshalb, damit Kinder eine solche Chance haben könnten, hätte er sein Kind auf diese Schule geschickt. Es wäre auch für die anderen Kinder eine Gelegenheit, etwas darüber zu lernen und später im Beruf mit schwierigen Kollegen umgehen zu können. Dieser Vater war nicht der Einzige, der so dachte. Im Lauf der Jahre kam es dennoch bei Bastian immer wieder zu Ausbrüchen; da er aber gute Leistungen zeigte und von Klasse zu Klasse gut vorankam, verstärkte dies trotz aller Bedenken die weitere Bereitschaft zur Unterstützung. Inzwischen besucht er die Oberstufe und hat noch für kurze Zeit eine letzte Begleitung auf Abruf. Manchmal redet er noch laut und heftig im Unterricht, sieht bestimmte Anweisungen nicht ein und verwickelt Lehrer in Diskussion darüber. Vielleicht wird er einmal das Abitur machen. Das wäre auch für die beteiligten Lehrer und die Schulleitung ein ganz besonderer Moment in ihrem Berufsleben.

Bastian ist jetzt im sechsten Jahr mit der Diagnose in der Schule und hatte in dieser Zeit eine gut funktionierende Begleitung. Bei ihm hat eine deutliche persönliche Entwicklung stattgefunden; dies zeigt sich z. B. darin, dass er vor wenigen Monaten an einem Compassion-Projekt in Form eines zweiwöchigen Sozialpraktikums in einem Altersheim teilgenommen hat. Der dafür verantwortliche Projektlehrer hatte seine Krankheit dabei nicht angegeben und sich nur nachträglich erkundigt. Einiges war dort zwar aufgefallen, stand dem Praktikum jedoch nicht im Weg. Ein anderes Beispiel: Nachdem er in diesem Schuljahr einen Mitschüler angegriffen hatte – ein Vorfall, bei dem kein Lehrer dabei gewesen war – ging er selbst anschließend direkt zur Schulleitung und meldete es. Hierbei zeigt sich ein „Begehren des Gesetzes".[3]

Bastians Geschichte klingt mit dieser Schilderung der Entwicklung relativ positiv. Hierbei ging es mit seinen Eltern einigermaßen gut: Sie mischten sich nicht ein, hatten noch andere Kinder und waren nicht auf den Schultyp Gymnasium fixiert; im Kollegium hingegen gab es stärkere Auseinandersetzungen aufgrund kritischer Situationen. Inzwischen in der Oberstufe angekommen, steht er in enger Verbindung mit der Schulleitung und einigen Lehrern. Nicht mehr messbar ist dabei der Einsatz an Zeit vonseiten der Lehrer und besonders der Schulleitung, in früheren Krisenzeiten bis zu zwanzig Stunden pro Woche, für einen einzigen von eintausendsiebenhundert Schülern – sie sind bereit, es mit ihm zu wagen, auch gegen Widerstände im Kollegium. Benachrichtigung der Eltern, Kontakte mit Lehrern, Rücksprache mit dem Arzt, Jugendamt, schriftliches Dokumentieren – für eine Schule ist das in dieser Intensität ungewohnt aufwändig.

Während Bastian eine gewisse Markierung mit der aggressiven Variante des Asperger-Autismus setzte, hat man bei Katja nie ernsthaft nach einer Diagnose gefragt. Sie war in der Schule sowohl sonderbar wie auch kooperativ.

Katja

Katja ist inzwischen in der Oberstufe und wird voraussichtlich das Abitur machen. Die Diagnose Asperger-Autismus ist erst vor einiger Zeit gestellt worden. Im Unterricht war Katja ruhig, arbeitete selbstständig und mit gutem Erfolg. Sie spielte Geige und ging ins Schulorchester. Im Kontakt mit anderen war sie sonderbar, scheu und zurückhaltend. In der siebten Klasse kam die Mutter zu einem Elternabend und erzählte, einige Jungen hätten ihrer Tochter Haare abgeschnitten, und sie bat die Eltern, mit ihren Kindern zu reden, und verlangte mehr Achtung gegenüber ihrer Tochter. Seitdem hat es sowohl dank der Aufmerksamkeit der Eltern und Lehrer wie auch spürbarer Fairness vonseiten der Mitschüler keine Vorfälle mehr gegeben. Katja konnte in dieser Klasse sein, wie sie war, bekam Unterstützung und fühlte sich über Jahre in dieser Klasse wohl. An einer Klassenfahrt der Unterstufe durfte Katja damals noch nicht teilnehmen. Es wäre zu unberechenbar und belastend für eine junge Lehrerin gewesen, die zum ersten Mal eine Klassenfahrt durchführte. In der neunten Klasse hingegen nahm Katja an zwei Tagen der Orientierung – einer sozialpädagogischen Förderung der Klasse – mit Übernachtung außerhalb der Schule teil.

Katjas Situation spitzte sich während der Pubertät zu. Zunehmende häusliche und innere Spannungen, ein stärkeres Agieren und schulische Misserfolge führten dazu, dass sie das Angebot eines Klinikaufenthaltes annahm. Danach kehrte sie wieder zurück. In dieser Geschichte funktionierte das soziale Band in der Schule in bisher genügender Weise.

Matthias

Drei bis vier Jahre nach Bastian, der schon viel von sich reden gemacht hatte und mit dem man die aggressive Variante des Asperger-Autismus verband, kam Matthias mit dieser Diagnose. Bei Matthias fing alles anders an – bei ihm gab es eine Vorbereitungszeit. Neun Monate vor der Einschulung in die 5. Klasse wurde von der bisherigen Schule und der Mutter Kontakt aufgenommen und dabei immer betont, es sei ein Versuch. Die drei Gespräche mit beiden Schulleitern sowie dem aktuellen und zukünftigen Lehrer waren klärend und fruchtbar. Die bisherige Begleitung sollte bis zum Ende des ersten Halbjahres bei ihm bleiben. Von Anfang an war er gut aufgenommen, die Klasse und später die anderen Eltern wurden darüber informiert. Die Resonanz, auch bei Lehrern, war zunächst durchweg positiv. Matthias war gern in der Schule. Er war musisch begabt. Die Betreuerin seiner vorherigen Schule saß neben ihm im Unterricht. Auch im Tagesheim, wo er mittags essen und Hausaufgaben machen konnte, lief es gut.

Dennoch lag ein Schatten auf dieser gelungenen Eingangsphase, der mit Matthias selbst nichts zu tun hatte. In derselben Jahrgangsstufe tauchten nachträglich noch zwei andere, schon vorher mit Asperger-Autismus diagnostizierte Kinder in zwei Parallelklassen auf. Das bedeutete, dass eine zweite und dritte Lehrergruppe in die spezifische Problematik dieser Kinder eingewiesen werden musste und allen Lehrern bald nach Matthias' Ankunft bekannt war, dass insgesamt drei Asperger-Kinder in einem einzigen Jahrgang mit Bastian in der Schule waren. Spätestens jetzt läuteten die Alarmglocken.

Der Lehrerausflug wurde zu einer Gelegenheit für intensive und leidenschaftliche Diskussionen, auch manche bitteren Bemerkungen. Wie sollte das weitergehen? Andere suchten Lösungen: Wie wäre es mit einer kleinen Klasse für Schüler mit einem besonderen Förderungsbedarf und speziell dafür ausgebildeten Lehrern? Etwa fünfzehn Kollegen, knapp zehn Prozent des Kollegiums, erklärten sich dazu bereit.

Probleme bei Matthias entstanden erst mit dem Wechsel der Begleitung. Sie schrieb viel mit, kritisierte Lehrer nach dem Unterricht und auf Klassenkonferenzen und zitierte „Fehler“ vor anderen Kollegen. Einige Lehrer kamen sich zensiert und bloßgestellt vor und wollten die Zusammenarbeit sofort abbrechen. Dies führte zunehmend zu Spannungen zwischen allen Beteiligten. Andere Begleiter lehnten die Eltern von Matthias ab, hatten aber auch niemand anderen vorzuschlagen. Ohne Begleitung konnte er nicht bleiben – und die Lehrer forderten nachdrücklich einen Wechsel der Begleitung. Es kam daraufhin zu mehreren Wechseln. Hinzu kam, dass die Klassenlehrerin in Mutterschaftsurlaub ging und ein neuer Klassenlehrer in einer ohnehin kritischen Situation seine Arbeit begann. Schon deshalb war ein Teil der Eltern enttäuscht. Der neue Klassenlehrer geriet bald in starke Bedrängnis: Er kannte die Situation vom letzten Jahr nur aus Erzählungen und wurde von Kollegen wie auch zunehmend Eltern per Telefon und Mails unter Druck gesetzt: Es müsse dringend etwas geschehen.

Nicht nur die Frage, wer jetzt entscheidet, welche Betreuung gewählt wird und ob das Jugendamt überhaupt und bald jemanden schicken kann, stand im Raum, sondern ein zusätzliches Problem mit den Klassenkameraden oder ein Entwicklungsfortschritt kam hinzu: Matthias, der keine Geschwister hatte, begann sich für Mädchen zu interessieren. Er versuchte, den Arm um sie zu legen, ihre Brust zu berühren, sie zu küssen. Etwas für ihn Neues wurde ihm nun zum Verhängnis. Die Mädchen beschwerten sich. Ich war bereit, mit den Mädchen darüber zu sprechen; ein Teil der Eltern lehnte den Vorschlag ab und verlangte einen Elternabend. Jetzt heizte sich die Situation auf. Eine relativ starke Gruppe von Eltern forderte dabei vehement, Matthias müsse die Klasse verlassen. Der Schulleiter und ein in Mediation erfahrener Elternvertreter waren anwesend – Matthias' Mutter saß schweigend dabei. Vier Stunden dauerte dieser Elternabend, er wurde vertagt, es gab schlaflose Nächte für manche Beteiligte. Mir wurde darüber berichtet, unmissverständliche Ablehnung sei zu spüren gewesen, in einer Schärfe der Wortwahl, die es bei den Kindern in dieser Weise nicht gab. Die versammelte Elternschaft, die sich Gehör verschaffte, schien sich trotz des vehementen Einschreitens der Schulleitung gegen den Schüler zu verschwören. Eltern, die anders dachten, äußerten sich kaum oder waren schokkiert und gelähmt. Bald darauf kam es zu einer weiteren Eskalation: in Form einer Drohung von Matthias' Eltern, notfalls per Gerichtsbeschluss das Verbleiben ihres Sohnes durchzusetzen – ein Albtraum. Hier wurde die Ebene des anfänglichen gemeinsamen Gesprächs verlassen, die Ebene dessen, was im Anfang zugrunde gelegt worden war: einen Versuch miteinander zu wagen. Einige Eltern drohten, ihre Kinder von der Schule zu nehmen. In heftigen Diskussionen der Lehrer ging es nur noch um ihn; die einen verlangten endlich Grenzziehungen bei der Aufnahme von „besonderen" Schülern, und die anderen forderten von jedem, umzudenken und weiterzulernen. Die Mitarbeitervertretung war äußerst gefragt und versuchte zu vermitteln. Es war schwer, dieses Ausmaß an Aufruhr und Leidenschaft zu bändigen. Dies gelang dem Schulleiter für einige Zeit über einen Brief an die Eltern dieser Klasse. Ohne jetzt zu ausführlich oder zu persönlich zu werden, komme ich zum Ausgang dieser Geschichte:

Ein halbes Jahr später verließ Matthias die Schule. Der Schulvertrag wurde gelöst, weil es mit den Eltern nicht zu einer Einigung kommen konnte und das Vertrauen zwischen Schulleitung und Eltern verloren war.

Diese Geschichte scheiterte erstens am Konflikt um die Begleitung. Diese dient einerseits einem einzigen Kind dazu, in der Klasse mit seiner Arbeit zurechtzukommen, und andererseits, dem Lehrer und der Klasse die Arbeit zu gewährleisten. Das war in diesem Fall misslungen. Aber auch in der Frage der weiteren Begleitung, die ja dringend erforderlich war, kam vonseiten der Eltern vor allem Widerspruch und kein Vorschlag, kurz: Es gab keine konstruktive Zusammenarbeit.

Diese Geschichte scheiterte zweitens am Versuch der Eltern, maximal das Interesse des eigenen Kindes zu vertreten – und dies ohne genügende Mitberücksichtigung auch anderer ebenso legitimer Interessen anderer Eltern und der Schule.

Der nächste Pädagogische Tag der Lehrer hatte das Thema „Lehrergesundheit".

Lehrer im Gymnasium haben weder die fachliche Ausbildung eines „Sonderpädagogen" noch sind sie Psychotherapeuten. Ausgebildete Psychotherapeuten müssen nicht mit jedem Patienten arbeiten. Der eine oder andere vermag jedoch über die eigenen Grenzen hinausgehen.

Ich komme nun zu einer letzten Fallvignette. Dabei geht es um eine Unterrichtsstunde in der 5. Klasse – ohne Begleitung. Es kann Monate dauern, bis eine Begleitung gefunden und finanziert werden kann; manchmal ist lediglich die Hälfte des Unterrichts durch die Begleitung abgedeckt. Dabei kommt es immer wieder zu Unterrichtsstunden, die die ganze Kraft des Lehrers erfordern und nicht selten auch auf Kosten der Klasse gehen. Nicht jeder Lehrer ist auf das vorbereitet, was ihn in einer Klasse unter Umständen erwartet.

Sarina

Sarina wurde ohne Diagnose in die 5. Klasse eingeschult. Einige Lehrer begriffen bald ihre Problematik. Sie war eine längere Zeit in der Klinik und besuchte danach ohne Begleitung die fünfte Klasse erneut.

Ich möchte nun – stellvertretend für zahlreiche ähnliche, gelungene und gescheiterte Unterrichtsstunden und Lehrer-Interventionen – von einer Lehrerin berichten, die mir nach einer Vertretungsstunde in Sarinas Klasse über den Weg lief. Sie kam im Lehrerzimmer auf mich zu und fragte: „Darf es sein, dass ein einziges Kind in einer Klasse die Macht darüber hat, ob eine Unterrichtsstunde gelingt oder nicht?"

Sie kommt ahnungslos in eine Vertretungsstunde in diese Klasse und bittet, Bücher und Hefte herauszunehmen. Es ist ruhig in der Klasse. Sarina holt ihre Sachen aus der Tasche und schmettert sie lautstark auf den Tisch. Die Lehrerin merkt: Die Kinder kennen das und warten gespannt darauf, wie sie reagieren wird. „So geht das nicht: Bitte geh einen Moment aus dem Klassenraum und beruhige dich." Sarina hält sich am Tisch fest. Sie schreit: „Ich geh nicht raus." Sie befürchtet, rausgezerrt zu werden.

Auf dieser Ebene möchte die Lehrerin nicht mit ihr kämpfen. Sarina steht weiter wie angewurzelt an ihrem Tisch. Die Lehrerin macht Geometrie und Konstruktion. Sarina ruft laut: „Ich sehe nichts!" Die Lehrerin schiebt Sarina, auf dem Tisch sitzend, in eine Ecke und sagt dazu: „Sie hat sich den Regeln entzogen – ich ignoriere sie jetzt." Nach einer Minute trommelt das Mädchen auf den Tisch: „Ich langweile mich." Die Lehrerin deutet dies als Wunsch mitzumachen. Sie sagt zu ihr: „Es liegt an dir. Du kannst es wieder gut machen. Du gehst raus – das war deine Strafe – und dann kommst du wieder rein." Sarina: „Ich habe nichts gemacht!" „Ich verspreche dir: Ich hole dich dann wieder rein." Jetzt verlässt Sarina den Raum.

Nachdem die Lehrerin sie wieder in den Klassenraum geholt hat, sitzt Sarina die ganze Zeit über aufmerksam mitarbeitend auf ihrem Stuhl. Es geht um Zahlenspiele und Rechentricks. Sie möchte das begreifen.

Am Ende der Stunde kommt Sarina strahlend auf die Lehrerin zu, umarmt sie und hält sie fest. „Wann kommst du wieder? Warum bist du nicht immer in unserer Klasse?" Noch Tage später läuft sie auf dem Schulhof auf diese Lehrerin zu und fragt sie, wann sie wieder in die Klasse komme. Die Lehrerin sagt zu mir: „Das ist doch ganz anders als diese Kinder beschrieben werden!"

Als die Lehrerin mir diese Geschichte erzählte, in dieser klaren und schwierigen Durcharbeitung der Situation, indem sie klar trennt zwischen störendem Verhalten und dem Wunsch zu lernen, kamen mir die Umarmung und das Ansprechen auf diese Lehrerin als authentische Äußerung einer Übertragung vor. Eine Kollegin meinte zu dieser Situation: „Das ist nur antrainiert. Das macht sie so, wenn sie es braucht."

Was stimmt? Ich neige zur ersten Deutung. Von dieser Frau kann sie etwas erwarten. Sie liebt das Wissen dieser Lehrerin, die sie als sonderbares Kind geachtet und als Subjekt herausgefordert hat. Wer wen? Wo sind dabei das Subjekt und das Objekt? Es war eine singuläre Erfindung – in diesem Moment. Etwas Mögliches. Jedoch: um welchen Preis!

Die hier dargestellten Geschichten stellen die Frage nach dem sozialen Band (*lien social*), einem in mehreren Disziplinen verwendeten Begriff, u. a. auch in der Psychoanalyse, auf die ich mich in Referenz auf Freud und Lacan in aller Kürze beziehe. Das soziale Band hält in Institutionen wie hier der Familie und Schule etwas zusammen. Dabei geht es, wie anfangs gesagt, um ein miteinander geteiltes Einverständnis über Aufgaben, Pflichten und Regeln in Bezug auf ein gemeinsames Ziel und darüber hinaus um das Verbot von Inzest und Mord, damit Leben und Humanisierung möglich werden. Man wächst in das soziale Band hinein, ohne zu wissen, warum es funktioniert. Es besteht über geteilte Mythen und Überlieferungen, über Rituale und Unterschiede der Position. Das über die Sprache vermittelte Gesetz des Zusammenlebens muss immer wieder eingefordert, verinnerlicht und von Generation zu Generation weitergegeben werden. Dabei geht es um die Ermöglichung des Begehrens (*désir*), das sich aus der Auseinandersetzung mit dem realen, imaginären und symbolischen Mangel herausbildet.[4]

In den letzten Jahrzehnten gibt es in Erziehung und Schule deutlich spürbare Veränderungen, deren Folgen sich u. a. in der Zunahme sowohl von – inzwischen auch durch die Kultur erzeugten – Lese- und Schreibschwierigkeiten wie auch von Nervosität, Impulsivität und Aufmerksamkeitsproblemen zeigen.[5] Die weite Spanne der Anstrengungsbereitschaft, zahlreiche Störungen und innere Abwesenheit während des Unterrichts in großen Klassen stellen für Lehrer und Mitschüler seit Jahren eine zusätzliche chronische Belastung dar. Seit den Amokläufen in den letzten Jahren ist die Gefährdung des Lebens in der Schule etwas Mögliches geworden. Die Frage nach Bindung und dem Gesetz des Zusammenlebens stellt sich in Schulen in dringlicherer Weise denn je. Ist schon hier auf manches Rücksicht zu nehmen, da bestimmte Bindungen nicht zustande gekommen sind, so durchbricht die Ankunft der mit Asperger-Autismus Diagnostizierten die bisher geltenden und ohnehin nur mühsam zusammengehaltenen Grenzen, und dies zuerst bei den Lehrern. Im Aufklaffen noch größerer Unterschiede zwischen den Schülern – und bei dieser spezifischen Symptomatik sogar der Zuspitzung einer schon vorher wahrgenommenen Gleichgültigkeit und Unerreichbarkeit – werden die Lehrer nun unter Umständen massiv mit dem eigenen Infantilen konfrontiert und manchmal davon mitgerissen. Hier reaktiviert sich und bricht dann wieder auf, was Lacan die „Familienkomplexe"[6] nennt. Darunter beschreibt er den Komplex der *Entwöhnung*, die im Durcharbeiten von Trennungen, Verlusten und Enttäuschungen besteht; den Komplex des *Eindringlings*, der die Geschwisterrivalität und das Auftauchen des Fremden betrifft; den *Ödipus-Komplex*, aus dem sich wesentliche Orientierungspunkte für das weitere Leben herstellen. Diese lebensfördernden und oft mit unangenehmen Erfahrungen verbundenen Prozesse sind besonders in der Erziehung und teilweise auch in der Schule derzeit mit einem besonderen Ausmaß an Nichtwahrhabenwollen und Verleugnung verbunden – und nicht zufällig sind „Wahrnehmungsstörungen" ein Symptom vieler Kinder und Jugendlicher, auch wenn nicht jede Art von Wahrnehmungsstörung allein dadurch bedingt ist.

Für den Lehrer wirkt der Asperger-Autist als „Eindringling" in die Schule; neben seinem rätselhaften Symptom bringt er zusätzlich einen anderen Erwachsenen in die Klasse mit. Diese ungewohnte Situation wird vom Lehrer als Entlastung oder Belastung erlebt. Wenn der Schüler noch nicht allein arbeiten kann, warum muss er dann die schwierigste und inzwischen noch schwerer gewordene Schulform besuchen? Es bleibt nicht bei einem einzigen Begleiter, der auftaucht – im Hintergrund und mit dem Attest sind auch der Arzt, sozusagen eine andere Wissenschaft, und in Verbindung mit Verwaltungsvorschriften auch der Jurist im Schulzimmer. Der Lehrer hat im ureigenen Raum dabei wenig zu melden – wird er damit zu einem ent-stellten Lehrer? Der Schüler mit Diagnose ist darüber hinaus „Eindringling" bis in die tägliche Unterrichtsgestaltung des Lehrers hinein: Darf er Metaphern verwenden („die nackte Zahl"), darf er gelegentlich ironisch sein, muss er auf Gruppenarbeit oder bestimmte Spiele im Sportunterricht, die andere Kinder begeistert spielen, verzichten oder das kranke Kind ausschließen? Diese Fragen führen zu einer verstärkten Selbst- und Fremdzensur.

Ein besonders belasteter Lehrer kann eine Klasse mit einem Asperger-Autisten auch als „Minenfeld" (Zitat eines Lehrers) fürchten und mit dem Rücken zur Wand stehen – ohne Mittel, sich zu wehren, und im Fall der Hilflosigkeit oder eines Versagens der beschämte Verlierer und unprofessionell arbeitende Lehrer sein, der seine Lektion noch nicht gelernt hat. Von heute auf morgen rivalisieren Lehrer anhand eines Kriteriums, das es vorher nicht gab. Dazu ein Zitat: „Die Lehrer vergleichen sich, wie sie damit zurechtkommen. Sie reißen sich zusammen und wollen es schaffen. Sie beißen die Zähne zusammen." Zwei weitere Lehrerkommentare dazu: „Ein einzelnes solches Kind verlangt 80 Prozent meiner Aufmerksamkeit im Unterricht." „Ein einziges Kind empfinde ich wie die Belastung von zwei ganzen Klassen."

Bei den Eltern geht es im Bezug auf das soziale Band um ähnliche Fragen, verschärft jedoch um die narzisstische Beziehung zum eigenen Kind. Auch hier geht es um das Verhältnis von Singularität und Gleichheit. Jedes Kind soll als einmaliges Kind wahrgenommen werden. Wie viel Einfluss dürfen einzelne Eltern allgemein und im Besonderen in der Schule haben? Welche Grenzen gibt es dabei auch bei behinderten und sonderbaren Kindern? Die Not der Eltern eines Asperger-Kindes ist nachvollziehbar – sind nicht auch andere Kinder in jeweils besonderer Not? Gibt es zusätzlich einen Blick auf diese anderen, seien es nun Lehrer oder Mitschüler? Wie viel Sonderbehandlung und Sonderwünsche verträgt eine Klasse, und wie viel einzelnen Elterneinfluss vertragen andere Eltern? Muss nicht jeder verzichten, damit es miteinander geht? Hier kommen frühere Erfahrungen der Familienkomplexe ins Spiel, die es schwerer machen, bedacht zu bleiben und Abstand zu wahren.

Auf Seiten der Schüler zeigt sich eine andere Not. Neben treffenden, detaillierten und von Mitgefühl geprägten Beobachtungen des Andersseins und tatkräftiger Hilfe machen sie auch Erfahrungen, die nicht nur förderlich sind. Einschränkungen und Verzichte sind in der Schule von jedem Schüler gefordert – und das wird als gerecht empfunden. Bei Kindern mit körperlichen Behinderungen lässt sich leichter einsehen, dass etwas nicht möglich ist; bei seelischen Behinderungen hingegen spielt der subjektive Faktor eine andere Rolle – dies wiederum lässt sich unterschiedlich einschätzen und interpretieren. Dürfen einige mit Diagnose immer wieder „stören" oder Lehrer und Mitschüler an ihre Grenzen bringen?

Wenn Schüler eine permanente Verletzung ihrer ohnehin nur mühsam erworbenen und noch prekären Maßstäbe erfahren, führt sie dies unter Umständen dazu zu resignieren, zu spalten oder ihre Wahrnehmungen zu unterdrücken, ja zu leugnen. Dies kann dauerhafte Folgen für ihre Übertragung auf Lehrer haben, sei es in der Form von Mitleid oder heimlicher Identifizierung mit dem Angreifer. Ob sich die ethischen Maßstäbe klären, trüben oder pervertieren, bleibt offen. Auch für die diagnostizierten Jugendlichen selbst ist es nicht nur aufbauend, immer wieder zu hören, wie „anders“ man sei. Der entwicklungsbedingte Abstand zu den anderen ist schwer einzuholen. Es kann auch hilfreich sein, mit „Gleichen“ zusammen zu sein, sich mit ihnen zu vergleichen und die eigenen Schwächen und Stärken auf einem anderen Hintergrund wahrzunehmen.

Können diese Fragen nach dem Gesetz des Zusammenlebens durch eine administrative oder richterliche Verfügung als einklagbares Recht in dem Sinne gelöst werden, dass die Schule gezwungen wird, einen Schüler weiterhin zu unterrichten? Ohne Rücksicht auf diese Fragen und ohne Rücksicht auf die spezifische Situation in einem bestimmten Fall kann das soziale Band auch zerbrechen – und dann droht die Situation zu eskalieren. Diese Gefahr war damals vakant, und deshalb ist für nicht wenige Kollegen die Erinnerung an die damaligen Auseinandersetzungen bis heute wie eine Wunde. Erstens ist es, trotz aller Unterstützungsbereitschaft für Matthias und seine Eltern, nicht gelungen, den Versuch weiterzuführen, und zweitens wurde im Kollegium eine tiefe Gespaltenheit spürbar. Ob auch Lehrer ihre Grenzen haben dürfen, wurde zur Leitfrage der Mitarbeitervertretung, die mit vielen im Gespräch und konstruktiv tätig war. Für den Schulleiter stand damals ebenfalls viel auf dem Spiel.

Das „Misslingen des Anderen“ in diesem Kontext der Asperger-Störung war eine sonderbare Erfahrung miteinander. Es sind vor allem die Geschichten mit Bastian, Matthias und Sarina, die tiefe Spuren hinterlassen, in Form von Trauer, Schuldgefühlen und der Erfahrung des Tragischen, in das man, selbst hilflos, mit verwickelt ist. Aus diesem Grund hatte ich Skrupel, Lehrer darauf anzusprechen, wollten auch einige nicht mehr mit mir darüber sprechen. Trotz aller Bemühungen um das Verständnis dieser Symptomatik wie intensiver Einarbeitung über Lektüre, mit auswärtigen Autismus-Referenten, ICD10-Folien, noch so guten Anleitungen für den Asperger-Autisten und Supervision bleibt nach diesen Erfahrungen die Frage, ob und wie auf dieses „Misslingen des Anderen“ in den Schulen genügend vorbereitet wird.

Eine zu früh und zu wenig bedachte Einführung der Inklusion kann das Gegenteil von dem bewirken, was sie beabsichtigt und infolgedessen destruktive Folgen für das soziale Band haben. Fehlen z. B. unterstützende Infrastrukturen mit fachlichen Hilfs- und Beratungsdiensten vor Ort wie auch genügende Begleitung und betreute Rückzugsräume, fehlen zusätzlich bereitgestellte Ressourcen für den intensiveren Einsatz der Lehrer wie z. B. zusätzliche Fortbildungen, Austausch und Konsensfindung mit den Kollegen, Supervision, verminderte Deputate und kleinere Klassengrößen, dann wird es nur noch mehr Schwierigkeiten geben. Das kann nicht nebenbei von Schulleitungen oder Klassenlehrern organisiert werden. Mit der Einführung der auf den Einzelnen zugeschnittenen passgenauen Förderung wird in das Gymnasium etwas Neues eingeführt, das es dort bis jetzt noch nicht gibt. Muss dabei das achtjährige Gymnasium, das schon für einen großen Teil der Schüler ohne besondere Diagnosen ohnehin genügend Belastungen und Schwierigkeiten mit sich bringt, die Schulform der Wahl sein?

Anmerkungen

1 Die Schule, in der ich arbeite, ist ein Gymnasium mit alten Sprachen (auch Hebräisch) und Schwerpunkten in Musik, Sport und Theater. Jeder darf sich im Schulalltag Zeit nehmen für Gespräche über persönliche, familiäre oder Lernprobleme mit der Möglichkeit, sich auch während des Unterrichts beurlauben zu lassen. Im Lauf der Jahre kamen Tage der Orientierung (eine sozialpädagogische Förderung innerhalb einer Klasse), das Compassion-Projekt (zwei Wochen Praktikum in einer sozialen Einrichtung) hinzu. Lehrer besuchen über die staatliche Fortbildung hinaus Tage der Fortbildung und des Austauschs mit anderen Kollegen. Eine gute Zusammenarbeit mit den Eltern und die Integration kranker Kinder sind der Schule wichtig.

2 Lacan, J. (1978): Das Seminar Band I, Freuds technische Schriften. Olten (Walter), S. 239-241.

3 Siehe den Beitrag von Martin Feuling in diesem Band.

4 Freud, S. (1912): Totem und Tabu, GW IX, Kap. 4: Die infantile Wiederkehr des Totemismus, S.122-194. Frankfurt a. M. (Fischer), 1986; Lacan, J. (1994): Le Séminaire IV, La relation d'objet. Paris (Seuil).

5 Noddings, B. (2001): Angst und Zensur. Jahrbuch für Klinische Psychoanalyse 3, S. 106-120.

6 Lacan, J. (1986): Die Familie. In: Schriften III, Weinheim, Berlin (Quadriga), S. 41-100.

Friedel Nielebock und Edith Ramminger
unter Mitarbeit von Renate Lamatsch und Hans Rahn

Werkstattbericht aus der „Schule am Ufer“: Integration unserer Schülerinnen und Schüler mit der Diagnose Asperger-Syndrom in Regelschulen und Erfahrungen unseres Sonderpädagogischen Dienstes[1]

Einleitung

Seit vier Jahren gibt es den Sonderpädagogischen Dienst der Psychiatrischen Abteilung der Schule für Kranke. Dies ist ein erster Anfang für die Entwicklung notwendiger schulischer Unterstützungssysteme für Kinder- und Jugendliche mit psychiatrischen Diagnosen und Beratungs- und Unterstützungsbedarf an Regelschulen.

In unserer Beratungstätigkeit beziehen wir uns ganz wesentlich auf unsere jahrelangen Erfahrungen in der Schule am Ufer in Rottenburg beim Gestalten von Übergängen für seelisch belastete Kinder und Jugendliche aus der Klinikschule. Wir gehen davon aus, dass das, was unseren stationär untergebrachten Schülern genützt hat, auch für kranke Schüler an Regelschulen gut sein kann.

Unser Beitrag hat im Wesentlichen zwei Teile: Wir werden die Arbeitsweise der „Schule am Ufer“ bei der Integration von Schülern mit Asperger-Syndrom in Allgemeine Schulen skizzieren, und Friedel Nielebock wird aus ihrem Arbeitsfeld Sonderpädagogischer Dienst berichten.

Rahmenbedingen der Schule am Ufer

Unsere Schule ist eine von sieben Schulstellen der Schule für Kranke am Universitätsklinikum Tübingen. Das Besondere an dieser Klinikschulabteilung ist, dass sie zwei Träger hat, das Land Baden-Württemberg und den Verein für Psychoanalytische Sozialarbeit. In der doppelten Trägerschaft bildet sich die Besonderheit unserer Schulstelle ab: Wir arbeiten konzeptionell eng mit dem Verein für Psychoanalytische Sozialarbeit zusammen. Alle unsere Schüler, auch die ambulanten, werden von diesem sozialtherapeutisch betreut. Der

Verein sorgt auch für die ärztliche Versorgung der Schüler. Für die Schule am Ufer ist er das Synonym für Klinik, also hat er eine Funktion, die analog ist zur Funktion der Klinik für die anderen Schulstellen der Klinikschule.

Die Kriterien für die Aufnahme an unsere Schule sind aber die gleichen wie an der Schule für Kranke allgemein: Der Schüler braucht eine Krankheitsdiagnose, er braucht eine therapeutische und ärztliche Betreuung, und wir sind wie alle Klinikschulen Übergangsschule, wenngleich sich die Aufenthaltsdauer der Schüler an unserer Schule in der Regel nicht in Monaten, sondern in Jahren bemisst.

Eine Besonderheit zeichnet unsere Schülerschaft aus: Fast alle Schüler, die wir aufnehmen, haben Erfahrungen mit einer Kinder- und Jugendpsychiatrie. Manchmal sind wir geradezu als Nachsorgeeinrichtung gewünscht, und zwar für diejenigen Schüler, bei denen abzusehen ist, dass sie den Belastungen des Regelschulsystems nach dem Klinikaufenthalt nicht gewachsen sein werden.

Wir unterrichten aktuell neun Kinder und Jugendliche. Sieben davon leben im Therapeutischen Heim, zwei Schüler werden täglich mit dem Taxi von zu Hause in die „Schule am Ufer“ gefahren. Allen gemeinsam ist, dass sie bereits in verschiedenen Schulen gescheitert sind und viele Schulabbrüche erfahren haben.

Die Schüler haben verschiedene Etikettierungen: Sie gelten als nicht gruppenfähig, nicht beschulbar, nicht ausbildungsfähig, nicht werkstattfähig. Alle haben psychiatrische Diagnosen und erhalten nach § 35a SGB Unterstützung durch die Jugendhilfe. Derzeit unterrichten wir drei Schüler, die u. a. die Diagnose Asperger-Autismus haben. In unserem Gruppenunterricht lernen Schüler mit den Bildungsgängen: Schule für Geistigbehinderte, Förderschüler, Grund- und Hauptschüler und Realschüler gemeinsam.

Eng verbunden mit der Gründungsgeschichte ist der Lehrerzuweisungsschlüssel unserer Schule. Er lehnt sich an den Hausunterricht an und bedeutete in der Gründungszeit 1978, dass zehn Lehrerstunden pro Woche und Schüler zur Verfügung standen. In den Achtziger- und Neunzigerjahren wurde sehr viel Energie in die Entwicklung von Gemeinschaftsunterricht für unsere Schüler mit Psychose- und Autismusdiagnose investiert. Mit der Zunahme von Gruppenunterricht konnte pro Schüler zusätzlich mehr Unterrichtszeit angeboten werden.

Dank des günstigen Lehrer-Schülerverhältnisses konnten wir unser pädagogisches Konzept, das auf „vier Säulen“ gründet, stets weiterentwickeln:

- Gruppenunterricht (Klein- und Großgruppe)
- Einzelunterricht
- schulische Integration in externe Schulen und Einrichtungen
- Aktivitäten im sozialen Außen.

Als Grundsatz galt und gilt es, für jeden Schüler einen flexiblen passgenauen Schul- und Unterrichtsplan zu entwerfen und diesen immer wieder entlang den Erfordernissen des Schülers zu verändern. Gegründet auf das Wissen, dass die Mehrheit unserer Schüler bisher an den sozialen Erfordernissen ihrer vorigen Schulen gescheitert war, gilt der Schwerpunkt unserer Schule dem sozialen Lernen. In der Anfangszeit erhält ein Schüler vermehrt Einzelunterricht. Ziel ist dabei der Aufbau einer tragenden Beziehung und die individuelle kognitive Förderung. Sind Beziehungen gegründet, nimmt zunächst der Anteil des Gruppenunterrichtes zu; später gewinnt die schulische Integration in externe Schulen an Gewicht, bis unsere Schüler mehr Zeit in ihrer Gastschule/Werkstatt verbringen als in unserer Schule.[2]

Wir sind zu fünft im Schul-Team, drei Lehrerinnen in Teilzeit, ein Lehrer und ein Schulsozialarbeiter. Im Gruppenunterricht arbeiten wir in der Regel im Tandem. Auch für das Schul-Team ist der zentrale Kooperationspartner der Verein für Psychoanalytische Sozialarbeit. Dieser finanziert den Schulsozialarbeiter, die Supervision für das Schul-Team, die Schulräume und einen Teil der Sachmittel.

Die Schul-Team-Supervision und die Schule-Heim-Supervision sind neben unserem didaktischen Handwerkszeug unser wesentliches Arbeitsinstrument. Dorthin werden in regelmäßigen Abständen diejenigen eingeladen, die bei einem Kind oder Jugendlichen an der Behandlung und Betreuung beteiligt sind.

Pädagogische Handlungsorientierung der Schule am Ufer

1. Anerkennen, dass einer allein überfordert ist

Eine sehr entscheidende Voraussetzung für unsere Arbeit besteht darin, dass bei uns der Tatsache Rechnung getragen wird, dass psychisch kranke Menschen die seelische Integrität eines einzelnen Gegenübers schwer angreifen können. Deshalb lassen wir nie einen einzelnen Lehrer mit der Beziehung zu einem kranken Schüler allein. Lastenverteilung ist eines unserer ersten Prinzipien. Wir wissen um die Phänomene der Übertragung, der Projektion und der projektiven Identifikation und achten deshalb darauf, dass kein Erwachsener zu lange zu belastende Botschaften eines Schülers „containen" muss. Dies bedeutet konkret, möglichst Wechsel der Schüler-Lehrer-Konstellation im Laufe eines Schulvormittags. Unausweichlichkeit in der Gefühlsdynamik soll damit so weit wie möglich vermieden werden.

Gruppen unterrichten wir in der Regel im Tandem. Dies erlaubt den unmittelbaren Austausch zwischen den Erwachsenen. Damit ist die Belastung für den einzelnen Lehrer deutlich reduziert, denn unentwegtes Empfinden des Nicht-begreifen-Könnens, des Schwer-ertragen-Könnens erzeugt langfristig Aggression und das Gefühl des persönlichen Nicht-Genügens. Allein das Signal eines anderen – „ich habe auch gesehen" – schafft oft schon ein ausreichendes Maß an Distanzierungsmöglichkeit.

2. Dem sozialen Lernen genau so große Aufmerksamkeit widmen wie dem Lernen von Inhalten

Der Unterricht im Tandem hat neben der psychischen Entlastungsfunktion auch eine pädagogisch konstruktive Komponente. Ein Lehrer ist für den Inhalt zuständig, und der andere steuert die Gruppendynamik, sei es durch die Begleitung bei Lernprozessen oder als Vorbild für richtiges Verhalten. Wir können auf diese Weise sehr klar zum Ausdruck bringen, was an unserer Schule erwünschtes und was unerwünschtes Verhalten ist. Wir sind uns auch der negativen Effekte bewusst, die entstehen, wenn eine Schülergruppe ausschließlich aus Schülern besteht, die nicht in der Lage sind, sich im sozialen Miteinander adäquat zu verhalten. Diesem Problem versuchen wir zu begegnen, indem wir gerne Praktikanten aus anderen Schulen aufnehmen und unsere Schüler probeweise als Gastschüler in andere Schulen schicken.

3. Beziehung anbieten

Wir legen großen Wert darauf, unsere Schüler erleben zu lassen, dass wir Lehrer ihnen Beziehungsangebote machen. Konstanz und Verlässlichkeit sind Grundwerte unserer pädagogischen Arbeit. Jeder Lehrer unserer Schule weiß um die Lebensgeschichte jedes Schülers.

Jeder Schüler hat aber auch einen langfristig für ihn zuständigen Bezugslehrer. Dieser achtet in besonderer Weise auf seine Belange und vertritt diese intern und nach außen. Er pflegt den Kontakt zu seinen Eltern, ist oftmals in den Jugendhilfeprozess eingebunden und organisiert, was zum Bestehen der Schulsituation für ihn erforderlich ist. Zudem arbeitet das Schul-Team seit Jahren in einer konstanten Zusammensetzung.

4. Supervision hilft beim Nach-Denken und beim Konstruieren von Alternativen

In den Supervisionen werden Prozesse analysiert, Fallgeschichten verstanden und Impulse für Neugestaltung gesetzt. Es ist der Ort, wo vernetzt wird, vor allem dort können Spaltungen, Projektionen und/oder die Identifikation mit einem Kind oder Jugendlichen verstanden, bearbeitet und verarbeitet werden. Wir finden und erfinden dort passende Schul-Setting- und Unterrichtskonstruktionen für unsere Schüler.

5. Hohe Flexibilität bei gleichzeitiger Verlässlichkeit und Transparenz

Einmal erkannte Missstände werden an unserer Schule so schnell wie möglich beseitigt. Wir versuchen möglichst flexibel zu sein, bei grundsätzlicher Verlässlichkeit und Transparenz gegenüber allen Schülern. Veränderungen werden der gesamten Gruppe erläutert. Sonderbedingungen für Einzelne werden vor der Gruppe erklärt. Dies schafft Vertrauen und gibt Sicherheit.

Jeder Einzelne soll sich als Subjekt fühlen, das jederzeit in der Lage ist, seine eigenen Belange aktiv und selbst verantwortlich mit zu gestalten – bei selbstverständlicher ständiger Verantwortung gegenüber der Gemeinschaft.

6. Sicheres Netz im Hintergrund

Die gemeinsame Konzeption von Therapie und Schule mit der dazugehörigen Besprechungskultur in Supervisionen und interdisziplinären Teams schaffen einen hohen Grad an Verlässlichkeit. Mit dieser Sicherheit im Hintergrund gelingt es, durch teilweise unkonventionelle Konstruktionen die Schule für einen Schüler immer wieder neu zu erfinden.

Die Gestaltung von Übergängen in der „Schule am Ufer“

Die Schüler, die in die „Schule am Ufer“ kommen, bringen ihre Geschichte mit: Erfahrungen mit verschiedenen Schulen, mit Klinikaufenthalten, mit Therapien. Sprechen können unsere Schüler oftmals nicht darüber, aber sie vermitteln ein Grundgefühl – das Gefühl einer kränkenden, manchmal krankmachenden und in der Regel gescheiterten Schulbiographie. Zudem droht nun mit dem Stempel, „Schule für Kranke“ eine weitere Kränkung.

Wir legen Wert darauf, unsere Schüler erfahren zu lassen, dass unsere Schule nicht Endstation ist, sondern dass wir eine *Übergangsschule* sind. Das geht am besten, wenn zum Alltag und zum Konzept der Schule der Besuch externer Schulen gehört, wenn die Schüler erleben, dass Mitschüler in externe Schulen oder Einrichtungen gehen und darüber im Unterricht gesprochen wird.

Unser schulisches Angebot mit einem hohen Anteil an Bewegungs-, Musik-, Kunst- und alltagspraktischen Lernangeboten gebrauchen wir, um mit dem Schüler nach gelingenden Lernerfahrungen zu suchen und ihm auf einem möglicherweise auch schulfern erscheinenden Gebiet Könnenserfahrungen zu ermöglichen.[3] Ob der Unterrichtsplan für den Schüler überwiegend Einzel-, Kleingruppen- oder Gesamtunterricht enthält, hängt von unserer Einschätzung und unseren Ressourcen ab. Auch ist der Stundenumfang für jeden Schüler nicht notwendigerweise gleich.

Hat der Schüler Könnenserfahrungen gemacht, hat er die Verlässlichkeit der Schule geprüft und erfahren, dass wir ihn unterstützen und nicht fallen lassen, dann werden Integrationsprojekte auf Zeit in anderen Schulen denkbar. Folgende Aspekte sind uns hierbei wichtig:

1. Schüler, die wir an andere Schulen begleiten, haben sich an die Lehrer und die Strukturen unserer Schule gebunden. Erst wenn diese Bedingung zumindest ansatzweise gegeben ist, machen wir Integrationsversuche an anderen Schulen. Die Schüler wissen und erfahren konkret, dass wir ihnen als Hilfs-Ich zur Seite stehen. Das ist eine notwendige Voraussetzung, um mit zu erwartenden Problemen in der zukünftigen Schule umgehen zu können.
2. Eine weitere wichtige Voraussetzung ist, dass der Schüler ein stabiles Arbeits-, Sozial- und Lernverhalten entwickelt hat und das Schul-Team sich den Schüler mindestens stundenweise in einer Schulklasse „angepasst“ vorstellen kann.

3. Wir legen Wert darauf, dass ein Schüler das Unterrichtsfach an der Integrationsschule besucht, in dem er Stärken hat und den Anforderungen mindestens genügen kann.
4. In der Regel integrieren wir Schüler in andere Schulen zunächst in eine überschaubare Situation und für einen überschaubaren Zeitraum, d. h., Schule, Klasse und Unterrichtssituation werden von uns sorgfältig ausgewählt.
5. Von Anfang an ist klar, dass die neue Schule eine Gelegenheit zum Ausprobieren ist. Der Versuch darf also scheitern, und das ist für alle Beteiligten klar.
6. Der Integrationsversuch ist ein Projekt des gesamten Schul-Teams, auch wenn ein bestimmter Lehrer die Bezugsperson für die aufnehmende Schule und den Schüler ist. Regelmäßige Besprechungen in den Schulsupervisionen helfen, auftretende Konflikte rund um die Integration konstruktiv zu verarbeiten.
7. Unsere Integration verläuft immer in überschaubaren Etappen; von Ferien zu Ferien oder auch für vier Wochen am Stück. Jede Etappe endet mit einer Besprechung, in der die Fortführung oder Beendigung sowie die Bedingungen, unter denen weiter verfahren wird, besprochen werden. Dies soll die Angst der Schüler reduzieren. Wir wollen sich wiederholende Kränkungen vermeiden. Die Schüler aus dem Autismus-Spektrum haben in ihrem bisherigen Leben häufig Schulwechsel oder Schulausschluss ertragen müssen. Wir nennen unsere Schulversuche deshalb „Praktikum“, der Schüler ist in der neuen Schule Teilzeitschüler, die Schule am Ufer bleibt währenddessen seine Stammschule.

Ein Beispiel für eine schulische Integration in eine Hauptschule

John, ein Realschüler mit Asperger-Autismus, kam zwölfjährig ins Therapeutische Heim und in die Schule am Ufer. Er hatte eine brüchige Schulbiographie und war zuletzt wegen Verhaltensauffälligkeiten von der Schule verwiesen worden. Er erlebte den Besuch der Schule für Kranke als sehr kränkend und entwertete Schule und Mitschüler. Er fühlte sich vom Elternhaus verstoßen und wollte nichts lieber als zurück zu den Eltern.

Schon bald gaben wir seinem Drängen nach und organisierten einen stundenweisen Schulbesuch in einer Realschule. Dort hatte er keine Kontakte zu Mitschülern, zeigte aber gute Leistungen. Im folgenden Schuljahr weiteten wir, Johns Drängen weiter nachgebend, den Schulversuch aus. Bei den regelmäßigen Besprechungen mit der aufnehmenden Schule zeigte sich, dass John im dortigen Unterricht fehlte, sei es, weil er die Hausaufgaben nicht gemacht hatte oder eine Klassenarbeit anstand. Er formulierte: „Ich will nichts mit Druck zu tun haben, aber ich brauche den Realschulabschluss, sonst kann ich mein Leben vergessen. Die Realschule wäre gut, wenn es die anderen Schüler nicht gäbe." Nachdem sich seine Fehlzeiten häuften, verabredeten wir für John eine Auszeit in der Realschule. John konnte mit dem Wort „Auszeit" umgehen, es suggerierte „Pause". Hätten wir formuliert, dass dies die Beendigung des Schulversuches sei, hätte ihn dies möglicherweise existenziell bedroht. Danach konnte er monatelang auch nur selten in die Schule am Ufer kommen, es schien, als ob für ihn nur „alles" (=Realschule) oder „nichts" (=ich brauche keine Schule) möglich wäre.

Wir waren in dieser nicht nur schulischen Krisenzeit für ihn da und bewegten uns mit ihm auf schulischen Seitenpfaden. Wir unterrichteten John an ungewöhnlichen Orten und überließen ihm die Initiative für mögliche Unterrichtsthemen, wenn er einmal in die Schule kam. Wir organisierten zudem Schulpraktika mit ungewöhnlichen Rahmenbedingungen. Der Lehrer, der John begleitete, war zunehmend im Team isoliert, und rund um John zeichneten sich zunehmend Konflikte ab über die „abwegigen" Unterrichtskonstruktionen. In der Supervision konnten die Konflikte analysiert werden, die Verbindungen zum Unterrichtsgeschehen mit John wurden erkannt, und die Belastungen, die das Halten von John mit sich brachte, wurden auf weitere Schultern verteilt. John besuchte nach einer fast einjährigen Krise zunächst stundenweise, dann in allen Kernfächern eine Hauptschulklasse und absolvierte dort mit großem Erfolg die Hauptschulabschlussprüfung. Mit John hatten wir sehr früh den Integrationsprozess begonnen, wohl wissend, dass Zeitpunkt und Schulart für John eine Überforderung, aber nichtsdestotrotz notwendig schien. Die Trauerarbeit, die nach dieser „Auszeit" begann, war für John schmerzhaft. John musste sich davon verabschieden, dass er alles kann und niemanden braucht. Gut war, dass wir für ihn zur Verfügung standen, um mit ihm die notwendigen Umwege zu gehen, die er brauchte, um von einem anderen Punkt aus sich wieder ans Lernen wagen zu können. Das Schöne an dieser John-Geschichte ist, dass es diesem Jungen während seiner mit Aggression vermengten schweren depressiven Phase gelungen war, die Beziehungen, die die Schule ihm anbot, immer wieder aufzugreifen und zu nutzen. Nachdem er fähig war, eine Hauptschulkarriere nicht als Versagen, sondern als Chance zu begreifen, konnte er beide Schulen genießen. Seinen Hauptunterricht hatte er als Gastschüler in der Hauptschule und für einige Schulstunden kam er in seine Stammschule in die Schule am Ufer. Dort war er der anerkannte große Bruder, den die anderen Schüler mochten und den sie als Vorbild ansahen.

Anzumerken bleibt, dass John nach seiner Entlassung aus dem Therapeutischen Heim weiterführende Schulen besuchte, die er mit der Fachhochschulreife abschloss.

Erfahrungen von Friedel Nielebock im Sonderpädagogischen Dienst der Psychiatrischen Abteilung der Schule für Kranke

Vorbemerkungen

In den vergangenen Jahren wurde zunehmend deutlich, dass die seelischen Erkrankungen im Kindes- und Jugendalter zu einem immer bedeutsameren Faktor im Handlungsfeld aller Schularten geworden sind. So stuften sich beispielsweise in der KiGGS Studie zu Gesundheit, die das Robert Koch Institut im Auftrag der Bundesregierung durchführte, insgesamt 17 Prozent aller 11- bis 17-Jährigen als psychisch belastet ein.[4]

Nach einer Studie der Fakultät für Sonderpädagogik Ludwigsburg/Reutlingen gehören etwa 15 von 10000 deutschen Schülern dem Autismus-Spektrum an. Statistisch käme demnach auf eine Schule mit rund 700 Schülern ein autistisches Kind. Nach vorsichtiger Einschätzung entfallen allein auf den Südwesten der Bundesrepublik mindestens 2000 betroffene Schüler.[5]

Für die Regelschulen gab es im Schulamt Tübingen für Schüler mit psychischen Problemlagen bis vor vier Jahren kein institutionell verankertes schulisches Unterstützungssystem. Diese Schüler erfuhren im Einzelfall Beratung durch die Schule für Erziehungshilfe. Damit war das Feld der psychischen Erkrankungen zwar tangiert, aber nicht wirklich erfasst.

Die Lehrer in den Regelschulen waren – und sind es noch immer allzu oft – alleingelassen mit Schülern, die aufgrund ihrer psychischen Erkrankung im Unterricht und im Schulalltag ganz spezifische Rücksichten brauchen. Diese Schüler benötigen eine auf ihre Probleme zugeschnittene Fürsorge, die in der Pädagogik allgemein mit dem Begriff Nachteilsausgleich umschrieben wird. Für Schüler mit Behinderungen in Regelschulen ist der Nachteilsausgleich, vermittelt über Sonderpädagogen, die als Kooperationslehrer diese Schüler betreuen, bereits die Regel. Für psychisch kranke Schüler in Regelschulen ist der Nachteilsausgleich noch ein zu entwickelndes pädagogisches Neuland.

Lehrer der Allgemeinen Schulen brauchen Beratung und Unterstützung, damit sie mit den Belastungen, die psychisch kranke Schüler mit sich bringen, ausreichend gut umgehen können.

Seelische Erkrankungen bei Kindern und Jugendlichen tauchen in deren hauptsächlichem sozialem Lebensfeld, der Schule, häufig zuallererst auf, zeigen sich in auffälligem Verhalten und werden oftmals als Störungen wahrgenommen.

„Nicht beschulbar" war und ist noch allzu oft die hilflose Antwort der Schulen auf unverständliche und destruktiv erlebte Verhaltensweisen von psychisch erkrankten Schülern.

Eine zentrale Aufgabe des Sonderpädagogischen Dienstes ist es, mit den Schulen gemeinsam Bedingungen zu erarbeiten, die es erlauben, kranke Schüler weiter an der jeweiligen Schule zu unterrichten, Unterstützung und Hilfen zu organisieren oder gegebenenfalls schulische Alternativen zu entwickeln.

Die Aufgaben des Sonderpädagogischen Dienstes

Die psychiatrische Abteilung der Schule für Kranke verfügt seit vier Jahren über einen Sonderpädagogischen Dienst. Lehrer, Schulen, Eltern und Schüler werden durch diesen beraten, wenn die psychische Erkrankung eines Schülers schulische Probleme mit sich bringt und bei uns um Unterstützung nachgefragt wird. Zu unseren Aufgaben gehört: Schullaufbahnberatung, Unterrichtsberatung, Elterngespräche, Information über die Erfordernisse der Krankheit im Schulalltag durch Vernetzung mit Ärzten und Therapeuten, Information über schulrechtliche Angebote zur Herstellung von Chancengleichheit, (Nachteilsausgleich), Beratung über Möglichkeiten und Wege, Unterstützungsstrukturen außerhalb der Schule (Jugendhilfe, Therapie) in Anspruch zu nehmen und in die Wege zu leiten.

Der Sonderpädagogische Dienst der Schule für Kranke wird für Schüler mit der Diagnose Asperger-Syndrom in der Regel erst nachgefragt, nachdem mit dem Autismusberater des Staatlichen Schulamtes die Schulortfrage geklärt wurde und ein notwendiges Unterstützungssystem auf den Weg gebracht ist.

Er ist als ergänzendes Beratungs- und Unterstützungssystem zur Autismusberatung des Staatlichen Schulamtes zu verstehen.

Meine Erfahrungen im Sonderpädagogischen Dienst

Wenn ich von anderen Schulen zu Rate gezogen wurde, so geschah dies in der Regel, nachdem vor Ort viel versucht wurde und viel schiefgelaufen war. Die Situation erschien verfahren und die Beteiligten hatten keine Vorstellungen mehr von konstruktiven Lösungsmöglichkeiten. Häufig war nicht nur das belastete Kind selbst und seine Lehrer, sondern die gesamte Klassenatmosphäre angegriffen. Frühzeitige Zuhilfenahme eines kompetenten Außen schien für Lehrer bisher eher schwer vorstellbar zu sein. Offensichtlich ist der Ehrgeiz, Schwierigkeiten alleine bewältigen zu wollen, eine ganz verbreitete Lehrereigenschaft.

Ich dagegen versuche – angelehnt an die Erfahrungen aus der eigenen Praxis – zunächst einmal alle am Prozess beteiligten Erwachsenen miteinander zu verknüpfen, um ein möglichst vollständiges Bild des Problems zu erhalten. Auch die Sicht des betroffenen Kindes oder Jugendlichen und die Sicht eines außenstehenden Beobachters auf die Klassen-Situation wird einbezogen. Ich versuche ein Netzwerk aufzubauen, das langfristig das Zusammenwirken aller bedeutsamen Personen möglich macht. Optimaler Informationsaustausch, gemeinsame Erklärungsbemühungen und die Einbeziehung von Expertenwissen erhöhen die Handlungssicherheit und geben Halt. Ziel ist es, Strukturen zu schaffen, die es möglich machen, das Kind in der vertrauten Schulumgebung zu belassen. Pädagogische und strukturelle Maßnahmen werden erwogen. Die daraus nicht selten erwachsende Notwendigkeit, auch belastende Erkenntnisse zu kommunizieren, gilt es ebenfalls als Herausforderung anzunehmen. Den Lehrern und Eltern, die sich entscheiden, unsere Vorschläge mit zu verantworten, bieten wir uns als längerfristige Case-Manager und Begleiter von außen an.

In unserer eigenen Arbeit legen wir großen Wert darauf, immer nur mit dem zu operieren, was uns tatsächlich auch zur Verfügung steht. In der Beratung anderer Schulen bedeutet dies, deren ganz spezifische Bedingungen aufs Sorgfältigste zu berücksichtigen. Als tragfähig werden sich nur solche Empfehlungen erweisen, die die personellen, strukturellen, emotionalen, atmosphärischen und institutionellen Bedingungen des anderen Ortes im Detail kennen und ernst nehmen. Wer helfen will, muss bemüht sein, auch die Sprache des anderen zu verstehen und selbst zu sprechen.

Der häufigste Grund, weswegen ich bisher bei Schülern mit Asperger-Autismus zu Rate gezogen wurde, war eine große Hilflosigkeit von Lehrern (aber auch von Eltern) im alltäglichen Umgang mit diesen jungen Menschen. Die Erwachsenen, die dafür zuständig wären, diesen Kindern und Jugendlichen Halt und Orientierung zu geben, fühlten sich durch deren Verhalten so verunsichert, dass sie sich nicht mehr in der Lage sahen, ihr eigenes Handeln selbstverantwortlich zu planen und zu gestalten. Und dies entstand gar nicht selten auch dann, wenn bereits eine Schulbegleitung durch das Jugendamt genehmigt und eingerichtet war. Die Lehrer beklagten, absolut nicht zu wissen, was sie von einem solchen Kind an sozialer Anpassung und was an regulären Schulleistungen erwarten sollen oder dürfen.

Sonderpädagogischer Dienst in einer Grundschulklasse zur Überbrückung der Wartezeit bis zum Eintreffen der Schulbegleitung

Eine Grundschullehrerin bat mich nach Ablauf des ersten Dreivierteljahrs in ihre erste Klasse. Für sie war es das allererste Schuljahr nach dem Referendariat. In ihrer Klasse befand sich ein – schon bei Schuleintritt diagnostizierter – Junge mit Asperger-Autismus. Eine Schulbegleitung war beantragt und genehmigt, aber noch nicht eingerichtet.

Die junge Lehrerin war relativ verzweifelt über die Situation in ihrer Klasse. Sie hatte das Gefühl, die Wartezeit bis zum Eintreffen der lange angekündigten Schulbegleitung nicht gut überstehen zu können. Die Klassensituation werde von Tag zu Tag chaotischer. Die Konflikte um das kranke Kind häuften sich zusehends und vergifteten allmählich die gesamte Atmosphäre der Klasse. Sie habe den Eindruck, fast nur noch mit diesem Jungen beschäftigt zu sein.

Bei meinem ersten Unterrichtsbesuch beobachtete ich ein Kind, das völlig nach seinen eigenen Gesetzen zu leben schien: Es aß und trank, während alle arbeiteten, es saß am Platz, wenn alle im Stuhlkreis saßen, es bespuckte einen Mitschüler, weil dieser seinen Stuhl berührte, beschimpfte die Lehrerin, wenn diese von ihm verlangte sein Heft herauszunehmen – dachte aber nicht daran dies auch zu tun –, machte Dauergeräusche, während alle anderen Kinder am Rechnen waren.

Mir riss beim reinen Zuschauen fast der Geduldsfaden. Und ich war tief beeindruckt, wie viel die anderen Kinder von diesem kleinen „Terroristen" einfach hinnahmen.

Meine erste Empfehlung an die Klassenlehrerin lautete: Tun Sie, was für das Funktionieren Ihrer regulären Abläufe in der Klasse erforderlich ist!

Ist ein Kind nicht in der Lage, sich diesen Abläufen anzupassen, ohne andere zu stören, so müssen die Gelegenheiten, in denen es dies lernen kann, überschaubar gestaltet werden.

Konkret empfahl ich, vorübergehend die Unterrichtszeit des Erstklässlers zu reduzieren. Situationen, die erfahrungsgemäß immer misslangen, weil sie von der Lehrerin nicht ausreichend strukturiert werden konnten (offener Unterricht im Klassenzimmer, Sportunterricht, große Pausen, Wechsel in andere Räume), sollten vorerst für ihn ganz entfallen. Die Lehrerin sollte versuchen, allem, was sie dem Jungen abverlangte, auch tatsächlich Gültigkeit zu verschaffen. Dazu empfahl ich eine sehr sorgfältige Auswahl des von ihm zu besuchenden Unterrichts, eine genaue Planung seines Sitzplatzes und klare Vorüberlegung, wie die Realisierung der an ihn gestellten Anforderungen garantiert werden könnte und welche Konsequenzen die Nicht-Erfüllung der gesetzten Bedingungen haben sollte. Entscheidend war m. E., dass dem Jungen erklärt wurde, was wir uns überlegt hatten, dass er verstand, dass wir nicht gegen ihn arbeiten wollten. Und dass er im Anschluss erleben konnte: Es ist kein Weltuntergang, wenn ich mich den Anordnungen der Lehrerin unterwerfe. Die Lehrerin ist tatsächlich in der Lage, das, was sie will, auch durchzusetzen. Sie ist stärker als ich, kann mir also auch Halt geben. Und: Es ist möglich, dass ich ein ganz normales Mitglied der Klassengemeinschaft bin, und ich gehe dadurch nicht verloren.

Selbstverständlich in Absprache mit der Schulleitung, sollte dieses Exempel über drei Wochen praktiziert werden. Täglich sollte für den Jungen eine Unterrichtsstunde verbleiben und diese sollte so gut geplant sein, dass sie fast nicht misslingen konnte. Bei Regelverletzung sollte er in die gegenüberliegende 4. Klasse versetzt werden, mit Aufgaben und ohne besondere Beachtung dort. Nach drei Wochen sollte die Unterrichtszeit verdoppelt werden.

Die Lehrerin hatte große Sorge bezüglich der dadurch versäumten Lernmöglichkeiten für das Kind. Mein Argument zu ihrer Beruhigung war: In einer Stunde in Ruhe und unter klarer Anleitung kann ein Kind mehr lernen als in drei Stunden Chaos und Anarchie. Die Wartezeit bis zum Erscheinen der Schulbegleitung muss so überbrückt werden, dass bis dahin nicht allzu viel Schaden entstanden ist, und zwar sowohl auf Seiten des überforderten autistischen Kindes, als auch auf Seiten der betroffenen Umgebung. Die Chance, sich selbst in der regulären Klassensituation als positiv und funktionsfähig erleben zu können, ist für ein Kind, das sich selbst bisher nur übermächtig und unerträglich kannte, nicht hoch genug einzuschätzen.

Andererseits ist das Recht der Klasse auf störungsfreies Lernen nicht geringer zu bewerten als das Recht eines kleinen „terroristischen Autisten“ auf Schulbesuch.

Die junge Kollegin verstand meine Strategie und war gerne bereit, den Versuch zu starten. Aber sie traute sich nicht, die geplante Unterrichtsreduktion auf Zeit auch den Eltern gegenüber zu vertreten.

Damit ist ein nächstes Thema im Blick, das sehr regelmäßig als Problem für Lehrer autistischer Schüler auftaucht. Oft gibt es zwischen Schule und Eltern Konflikte, die nur ganz schwer zu vermitteln sind. Aufgrund ihrer eigenen großen Verunsicherung und Zukunftssorge werden die Eltern zu erbitterten Kämpfern für die Gleichbehandlung ihres Kindes. Sie argumentieren mit dessen zumindest durchschnittlicher Intelligenz und können oder wollen nicht glauben, dass diese aufgrund der großen sozialen Unfähigkeiten ihres Kindes in der Schule nicht angemessen zum Tragen kommen kann. Sie zweifeln an einer objektiven Beurteilung ihres Kindes, wenn diesem wegen seiner vielen Versäumnisse die Wiederholung einer Klasse empfohlen wird. Nicht selten widersetzen sie sich diesem Ansinnen mit allen Mitteln.

Die Tatsache, dass es ständig zu Schwierigkeiten im Umgang mit anderen Kindern kommt, ja teilweise die ganze Klasse die Dauerbelastungen nicht mehr tolerieren möchte, können Eltern oft nur als Nicht-Anerkennung der Eigenart ihres Kindes oder als Mobbing verstehen.

Unterrichtsreduktion zum Schutz einer Klassensituation – aber auch in Anerkennung der Belastbarkeit des betroffenen Kindes selbst – lehnen sie häufig spontan ab, im Glauben, seine Schullaufbahn sei sonst noch mehr gefährdet.

Es erwies sich bisher als günstig, wenn aus der langen Erfahrung unserer Schule heraus Ratschläge gegeben werden konnten, die tatsächlich als empirisch gesichert bezeichnet werden konnten. Und eine dieser sicheren Erkenntnisse ist, dass es in jeder Hinsicht nur förderlich ist, die Belastbarkeit des autistischen Kindes genauso ernst zu nehmen wie die des gesamten Klassensystems.

Eine förderliche Lernatmosphäre und eine wirkliche Beheimatung des kranken Kindes in einer Klasse sind nach unserer Erfahrung nur auf dieser Grundlage überhaupt möglich.

Die Anerkennung dieses Sachverhalts schließt ein, dass Eltern die Bedeutung des Faktors der sozialen Kompetenz für den Erfolg in der Schule überhaupt anerkennen können. In der Regel heißt dies für Eltern und ihr autistisches Kind auch, sich mit einer schulischen Karriere abzufinden, die nicht nur durch die theoretische Intelligenz definierbar ist. Das heißt oft ein Sich-abfinden-Müssen mit geringeren Bildungszielen als ursprünglich angenommen. Auch dieses Abschiednehmen von Hoffnungen ist eine Aufgabe, in der Eltern und Kind Unterstützung und Begleitung brauchen. Erfahrungsgemäß fühlen sich beide Seiten entlastet, wenn sie hören, dass die Beraterin (Sonderpädagogischer Dienst) Erfahrung mit korrigierten Schulkarrieren hat und daher weiß, was sie damit zumutet, aber auch, welche positiven Entwicklungen dadurch schon möglich wurden.

Begleitung eines jugendlichen Gymnasiasten nach mehreren gescheiterten Schulversuchen

Allein gelassen wählen viele Eltern autistischer Schüler den Weg, über Jahre hinweg immer wieder neue Schulen für ihr Kind zu suchen. Dies ist ihr Versuch, die von niemandem erklärten und damit nicht bearbeitbaren Negativerfahrungen ihres Kindes zu bewältigen. Dabei gibt es häufig keinerlei eigentliche Vorwärtsentwicklung, die negativen Erfahrungen werden von Schule zu Schule wiederholt.

Ein 18-jähriger junger Mann hatte drei verschiedene Gymnasien seiner Heimatstadt durchlaufen, ehe er im Realschul-Internat einer Jugendhilfeeinrichtung die Mittlere Reife ablegen konnte. Nun strebte er wieder das Abitur an einem regulären Wirtschaftsgymnasium an.

Nachdem seine künftige Schulleiterin von seiner bewegten Schullaufbahn und von seiner Diagnose Asperger-Autismus erfahren hatte, bat sie den Sonderpädagogischen Dienst der Schule für Kranke mit zu beurteilen, ob der geplante erneute Start eine Perspektive haben könnte.

Unsere Aufgabe in solchen Fällen ist es – unter Einbeziehung aller bisher gemachten Erfahrungen –, zunächst eine möglichst realitätsgetreue Situationsbeschreibung zu erstellen. Dazu bedarf es der Zusammenarbeit aller im Prozess wichtigen Personen und der Hinzuziehung von Experten.

Unter Anerkennung der bisher aufgetretenen Schwierigkeiten wird gemeinsam ein Unterstützungssystem entworfen, das verspricht, bei flexibler Anpassung den zu erwartenden Belastungen standhalten zu können.

Im konkreten Fall trafen sich der betroffene Schüler, seine Eltern, der Schulleiter der abgebenden Schule, die neue Schulleiterin und der Sonderpädagogische Dienst der Schule für Kranke an einem Runden Tisch. Die realen Chancen und Gefahren des geplanten Projekts wurden von allen Beteiligten abgewogen. Es entstand Einvernehmen, dass ein neuer Versuch durchaus Erfolgsaussichten hätte, vorausgesetzt, es gelänge, ein adäquates Unterstützungs-System aufzubauen.

Gemeinsam wurde dies entworfen. Therapeutische Unterstützung – finanziert durch die Jugendhilfe – zur Bearbeitung der neuen sozialen Erfahrungen wurde als zwingend erachtet, ebenso die punktuelle Inanspruchnahme des Nachteilsausgleichs. Zum Beispiel versicherte der Schüler, nur mithilfe eines Laptops in der Lage zu sein, seine Schulsachen einigermaßen in Ordnung halten zu können. Ein regelmäßiger Kontaktfahrplan für Treffen zwischen Schüler und Schulleiterin sollte garantieren, dass eventuell auftretende Probleme sofort kommuniziert und damit auch rechtzeitig angegangen werden könnten. Sehr nachdrücklich wurde der Schüler selbst auf seine soziale Verpflichtung gegenüber der künftigen Klasse hingewiesen. Es wurde in seine Verantwortung gelegt, Rücksichten tatsächlich nur dort in Anspruch zu nehmen, wo diese aus seinem eigenen Erleben heraus unabdingbar erschienen. Sein erwachsenes Alter war entscheidend dafür, dass ein so großer Teil an Verantwortung in seine eigene Hand gegeben und – trotz Angebots des Jugendamts – keine weitere Schulbegleitung eingesetzt wurde.

Alle Beteiligten waren sich einig, dass der Weg zum Abitur für diesen Jugendlichen nur dann wirklich Bedeutung gewinnen konnte, wenn er in der Lage sein würde, einen Großteil der mit dem Reifezeugnis verknüpften sozialen Kompetenzen tatsächlich an den Tag zu legen.

Beratung der Lehrer autistischer Kinder bei Vorhandensein einer Schulassistenz

Wird einem autistischen Schüler ein Schulbegleiter zur Verfügung gestellt, so sind damit für den zuständigen Lehrer oft noch längst nicht alle Fragen gelöst. Immer wieder wird der Sonderpädagogische Dienst zur Beratung gebeten, weil ein Lehrer das Gefühl hat, durch den Schulbegleiter in seinen eigenen Zugangsmöglichkeiten zu dem begleiteten Schüler sogar behindert zu sein.

Ich verstand sehr gut, was eine Klassenlehrerin damit meinte, als ich erlebte, wie die begleitende Freiwilliges-/Soziales-Jahr-Helferin dicht an ihrem Schützling klebte, diesem ohne erkennbare Not sein Arbeitsmaterial aus dem Ranzen kramte, ihm in der Turnhalle die Schnürsenkel band und im Stuhlkreis neben ihm Platz nahm. Ein Kontakt zwischen Lehrerin und Kind war nicht möglich, der Kontakt zu Mitschülern schien außer Betracht oder konnte nur dem Paar „Schüler- Schulassistentin" gelten.

Handlungsleitendes Prinzip an unserer Schule ist immer: so wenig Begleitung wie irgend möglich, so viel wie dringend erforderlich, um dem Kind das Dabei-Sein zu ermöglichen. Meine Aufgabe im Sonderpädagogischen Dienst verstand ich im beschriebenen Fall als eine Vermittlungsaufgabe. Ich bemühte mich, die Lehrerin zu bestärken, ihre eigenen regulären Lehrerinteressen nicht aufzugeben angesichts eines begleiteten Kindes. Die Assistentin versuchte ich dahingehend anzuleiten, dass sie sich für ihren Schützling vor allem als Wegbereiterin zum Sozialen verstehen sollte.

Nach unserem Verständnis hat Schulassistenz als zentrale Aufgabe, dem kranken Kind den Weg zur Teilhabe zu eröffnen und dessen soziales Umfeld vor ansonsten unvermeidlichen Beeinträchtigungen zu schützen. Wir plädieren deshalb sehr dafür, den Umfang der erforderlichen Assistenzzeit auf das Notwendige zu beschränken und Zeiten in der Schule einzuräumen, in denen erprobt werden kann, wie sich der Schüler ohne Assistenz verhält.

Ein kleiner Grundschüler mit Asperger-Autismus, für den der Weg vom Klassenzimmer zur Turnhalle über den großen leeren Schulhof scheinbar unüberbrückbar erschien, musste von seiner Lehrerin jedes Mal aufs Neue mit großer Dramatik gezwungen werden, diesen Weg dennoch relativ zügig zurückzulegen, weil sie selbst anschließend den Unterricht zu gestalten hatte. Eine geduldige, seinen Ängsten Rechnung tragende Schulassistenz auf diesem Weg erreichte nach einem halben Jahr, dass der Junge ihn alleine zurücklegen konnte. Ebenso brauchte der Junge Hilfe, um die lange Unstrukturiertheit einer großen Pause oder auch die relative Unruhe des Sportunterrichts aushalten zu können. Alle regulären Klassen-Situationen konnten mit speziellen Arrangements im Raum und durch die ständige Anwesenheit von zwei Lehrpersonen pädagogisch gelöst werden.

Aus unserer Erfahrung ist es wichtig zu beachten, dass Schulassistenz in jedem spezifischen Fall ihre spezifische Funktion hat. Diese muss geklärt werden. Die in der Regel kaum ausgebildeten Helfer brauchen ihrerseits eine permanente sorgfältige professionelle Anleitung. Diese Anleitung muss pädagogisch orientiert sein, da es um die Eingliederung eines Kindes in die Schulsituation geht. Psychologen können als Anleiter von Schulassistenten die besonderen Bedingungen der Schulsituation oft nicht ausreichend ermessen.

Wir haben bei allen unseren autistischen Schülern im Laufe der Zeit erlebt, wie tief auch bei ihnen eine große Sehnsucht nach Zugehörigkeit und nach Anerkennung durch die Gemeinschaft verwurzelt ist. Alle schulische Arbeit mit ihnen sollte sich vorrangig dieser Erkenntnis verpflichtet fühlen.

Anmerkungen

1 Wir werden im Text weiter die männliche Form verwenden (Schüler, Lehrer).
2 Zur Geschichte der Schule s. Ramminger (2005).
3 Siehe Hoanzl (2010).
4 Vgl. Elternbroschüre des Robert Koch-Instituts.
5 Vgl. Trost (2010).

Literatur

Hoanzl, Martina (2010): Kliniklehrer und ihre Schüler – Verquickungen und Verstrickungen im Netz von Pädagogik und Medizin (verfügbar unter: http://www.hope2010munich.eu).

Ramminger, Edith (2005): Schulgeschichte und Schulgeschichten. Zur Bedeutung von Schule für psychisch kranke Kinder und Jugendliche. In: Verein für Psychoanalytische Sozialarbeit Rottenburg, Entwicklungslinien Psychoanalytischer Sozialarbeit. Tübingen (ed. diskord).

Robert Koch Institut (2006): Elternbroschüre des bundesweiten Kinder- und Jugend-Gesundheitssurveys KiGGS. Berlin 2006, S. 45; www.kiggs.de/experten/downloads/dokumente/kiggs_elternbroschuere.pdf.

Singer, Kurt (2000): Wenn Schule krank macht. Wie macht sie gesund und lernbereit? (verfügbar unter: http//www.prof-kurt-singer.de/buecher4.htm. Stand v. 2. 11. 2010).

Trost, Rainer (2010): Zwischen Integration und Verbesonderung: Kinder und Jugendliche mit Asperger-Syndrom in den Schulen Baden-Württembergs, Vortrag auf der 15. Fachtagung des Vereins für Psychoanalytische Sozialarbeit, November 2010.

Sylvia Künstler und Matthias Unfried

Autistisch? Der ist doch nur aggressiv ... Missverständnisse durch aggressive Abwehrformen bei Menschen mit Asperger-Autismus

Als wir im Vorfeld über das Tagungsthema diskutierten, schien uns „alten Hasen“ eigentlich allen klar zu sein, was ein Asperger-Syndrom ausmacht. Immerhin arbeiten wir als nicht allzu großes Team (13 Personen) relativ eng zusammen und gingen davon aus, dass wir ähnliche Erfahrungen mit den Menschen machen, die wir als „Asperger“ sehen. Als wir dann aber konkret über die Menschen zu sprechen begannen, um die es in dieser Tagung gehen sollte, wurde es gleich sehr lebendig. „Was? Der F.? *Der* ist doch kein Asperger!“ „Die Frau M.? Höchstens autistische Züge, aber in erster Linie leidet sie doch unter Paranoia ...“

Es wurde schnell klar, dass wir uns nicht so schnell würden einigen können über das Grundverständnis, das sich ein jeder im Laufe der Jahre über dieses Krankheitsbild angeeignet hatte. Wir wurden auch schon mal polemisch. „Ha, bei dir ist ja jeder ein Autist!“ Auch das ICD-10 oder DSM-IV-R halfen uns nicht unbedingt weiter, da wir ja nicht darum kämpfen wollten, die medizinischen Diagnosen zu verfeinern. Anhand dieser nicht immer ganz auf wissenschaftlicher Basis stattfindenden Diskussionen wurde schnell deutlich, dass uns bei der Begleitung der uns anvertrauten Menschen im Alltag eben nicht die Diagnose und oft auch nicht unbedingt die autistischen Verhaltensweisen ins Auge sprangen, sondern dass wir mit Dingen zu kämpfen hatten, die erst mit etwas Abstand und Ruhe durchaus auch mit einer autistischen Persönlichkeitsorganisation zu tun haben.

So machte mir G. vor allem durch sein extrem impulsives, übergriffiges und aggressives Verhalten das Leben schwer. Und S., ganz offensichtlich autistisch organisiert, brachte mich vor allem durch seine sture Verweigerungshaltung in eine ohnmächtige Position, die oft nur schwer zu ertragen war.

In den letzten Jahren haben wir viele Anfragen bekommen, in denen es um die Begleitung und Betreuung von Menschen mit der Diagnose Asperger-Syndrom ging. Wie vielen anderen ging es auch uns so, dass wir uns fragten, ob dies jetzt so etwas wie eine Mode-Diagnose geworden ist, ob es eine Zunahme dieser Krankheitssymptome gibt oder ob inzwischen bei Menschen, die mit diesen spezifischen Schwierigkeiten durch das Leben gehen, einfach genauer hingeschaut wird.

Ich selbst habe letztendlich keine Antwort auf diese Frage, sehe aber bei den Menschen, die zu uns kommen, dass es bei den meisten viele Jahre gedauert hat, bis diese Diagnose gestellt wurde (siehe auch den Beitrag von Martin Feuling in diesem Band). Ich nehme an, dass manche Menschen, die am Asperger-Syndrom leiden, gelernt haben sich „zu verkleiden". Oft verhalten sie sich, obwohl innerlich voller Angst, nach außen hin eher aggressiv und überdecken ihre Einschränkungen mit Verhaltensweisen, die oft als bockig, verweigernd oder sogar dissozial beschrieben werden können. Hierbei wird deutlich, wie schwer es ist, die darunter liegenden Ängste und Überforderungen wahrzunehmen. Dies würde dafür sprechen, dass die Diagnose jetzt öfters gestellt wird, da das Augenmerk auf diese spezifische Störung gelenkt wurde und das auch schon davor vorhandene Verhalten anders eingeordnet und verstanden werden kann. Hierdurch können sich Chancen eröffnen, um Menschen mit Asperger-Syndrom endlich anders zu begegnen und ihnen mit ihren ganz eigenen Schwierigkeiten zu helfen.

Im Folgenden möchten wir anhand von Fallvignetten ein paar wenige, für uns aber sehr signifikante und für den Umgang in sozialtherapeutischen Begleitungen relevante Besonderheiten bei der Betreuung von Menschen mit autistischen Strukturen beschreiben. Hierbei spielen die oben als „Verkleidungen" erwähnten, oft über viele Jahre hinweg sehr verhärteten Abwehrstrukturen eine große Rolle, aber auch das Wissen um die Schwierigkeiten in sozialen Bezügen. Wichtig ist es auch noch voranzuschicken, dass alle jungen Menschen, die wir betreut haben und immer noch betreuen, aus sehr unterschiedlichen Lebenszusammenhängen kommen und oft auf den ersten Blick (manchmal auch auf den zweiten) nichts oder nicht viel gemeinsam haben. Ihre lebensgeschichtlich geprägten Eigenheiten verschwinden nicht hinter der Diagnose, und doch hilft es uns im Blick zu haben, dass manche Verhaltensweisen eben doch aus der autistischen Art, in der Welt zu sein, gespeist werden.

Wir werden zum Schutz der von uns begleiteten Personen nur sehr wenige lebensgeschichtliche Anhaltspunkte geben. So wichtig das Wissen um das Entstehen der inneren Strukturen und Ausprägungen in unserer alltäglichen Arbeit auch ist, so kommen doch die Punkte, die wir hier herausarbeiten wollen, ohne eine nähere Beschreibung des Lebensumfelds aus.

Im Folgenden will ich kurz die Rahmenbedingungen der Arbeit im sogenannten „Arbeitsprojekt“ skizzieren, in denen unsere intensive Beziehungsarbeit stattfindet, um anschließend anhand von drei Fallvignetten vor allem die folgenden Gesichtspunkte herauszuarbeiten:

1. Aggressiv abgewehrtes Nicht-Verstehen von sozialen Situationen
2. Die Unmöglichkeit zur Triangulierung
3. Abgrundtiefe Einsamkeit aufgrund mangelnder Fähigkeit, sich in andere einzufühlen

Das Arbeitsprojekt

Im Arbeitsprojekt werden seit 1990 sowohl die Jugendlichen und jungen Erwachsenen unserer Wohngruppe „Hagenwört“ betreut als auch junge Menschen, die noch bei ihren Eltern leben. Ziel ist es, sie in schulische und berufliche Zusammenhänge zu integrieren. Bei den zu Betreuenden handelt es sich um psychotische und autistisch-psychotische junge Menschen, die an sehr frühen Störungen leiden und meistens einen Aufenthalt in einer Kinder- und Jugendpsychiatrie hinter sich haben. Bei ihrer Ankunft im Arbeitsprojekt geht es zuerst einmal darum, grundsätzliche Fähigkeiten, Wünsche und Grenzen für ihre berufliche Zukunft auszuloten. Das bedeutet, dass sie anfänglich in einer Art teilstationärem Setting in unseren Räumlichkeiten in der Ambulanz an fünf Tagen der Woche für zwei bis vier Stunden an einem sehr niederschwelligen Beschäftigungsangebot teilnehmen. Hierbei soll zuerst gemeinsam herausgefunden werden, was jedem Menschen überhaupt möglich ist:

Können die Jugendlichen allein zu uns kommen?

Können sie eine Stunde an einer Arbeit dran bleiben oder springen sie schon nach wenigen Minuten davon?

Lassen sie sich überhaupt auf unsere Strukturen ein, oder müssen wir gemeinsam ein neues Setting erfinden?

Einige Menschen, die zu uns kommen, sind so entmutigt und verbergen diese Entmutigung oder das Gefühl, nichts zu sein und nichts zu können, hinter einer sehr hilflos machenden Verweigerungshaltung. Neben Einfühlsamkeit und Verständnis bedarf es oft auch einer sehr klaren Haltung, die auch in der Wohnsituation mit vertreten werden muss, um etwas bewirken zu können. Fehlt hier die Unterstützung durch das Elternhaus, ist eine Veränderung nicht immer möglich. Die enge Kooperation mit unserer Wohngruppe bietet hier im Falle einer andauernden Verweigerungshaltung andere Möglichkeiten des Umgangs.

Die Hauptaufgabe des Arbeitsprojekts besteht darin, Übergänge zu schaffen. Hierbei geht es sowohl um den konkreten Übergang morgens vom vertrauten und geschützten Bereich des Zuhauses oder der Wohngruppe in andere Bezüge, die öffentlicher sind (Schule, Ausbildungsbetrieb, Werkstatt für behinderte Menschen). Hier sind die Erwartungen im Regelfall höher, es geht um Leistung und das Akzeptieren von sozialen Normen, die selbstverständlich auch in unseren Wohngruppen gelten, aber eben doch in anderer, reduzierter Form. Es geht aber auch um das Schaffen eines Übergangs vom Schüler zum Werktätigen und vom Jugendlichen zum Erwachsenen, eine Bruchstelle, die gerade für Menschen mit autistischen Schwierigkeiten oft eine große Hürde darstellt. Im Arbeitsprojekt ist es aufgrund seines sehr niederschwelligen Angebots möglich, Settings anfänglich sehr weitgehend den Bedürfnissen und Fähigkeiten eines Klienten anzupassen.

Das Ziel ist, von diesem Ausgangspunkt aus gemeinsam einen Weg zu finden, der aus dem sehr geschützten Bereich in bestehende gesellschaftliche Zusammenhänge führt, sei es noch einmal zurück in eine Schule, um einen Schulabschluss nachzuholen, sei es in die Werkstatt für behinderte Menschen oder in – im Regelfall von der Agentur für Arbeit geförderte – Ausbildungen.

Ein weiteres wichtiges Element bei den Betreuungen im Arbeitsprojekt stellt die Trennung verschiedener Bereiche dar. Während das Arbeitsprojekt die Anforderungen der Arbeitswelt symbolisiert – wenn auch anfänglich in sehr eingeschränkter Form –, sind die gleichzeitig von anderen MitarbeiterInnen des Vereins vorgehaltenen sozialtherapeutischen Einzelstunden für das Sich-entfalten-Lassen der innerpsychischen Themen vorgesehen, in welcher Form auch immer der oder die Betreute dies zulässt. Hier treten äußere Anforderungen in den Hintergrund, und die Zeit kann durch Sprechen, aber auch mit Spielen oder Spazierengehen genutzt werden. Die äußeren Rahmenbedingungen sind hier weiter gefasst als in Psychotherapien und erlauben so, auch Menschen zu erreichen, die nie ihren Weg in eine Psychotherapie finden würden. Auch geht es hier, wie in allen unseren Settings, um eine intensive Beziehungsarbeit, die sich auch beim Tischtennisspielen oder Spazierengehen entwickeln kann.

Diese Betreuungsarbeit wird engmaschig von Supervisionen begleitet, ohne die wir oftmals den wie eine zweite Haut eng anliegenden „Verkleidungen“ unserer Klienten aufgesessen wären, ohne die darunter wirksamen Mechanismen zu entschleiern.

Fallvignette 1 oder: Aggressiv abgewehrtes Nicht-Verstehen von sozialen Situationen

Als Herr S. zu uns kam, war er 16 Jahre alt. Bis zu diesem Zeitpunkt hatte er bei seinen Eltern gelebt und war auf die örtliche Realschule gegangen. Er war schon jahrelang ambulant psychotherapeutisch begleitet worden, aber in der Zeit vor seinem Einzug in unsere Wohngruppe hatte sich die Lage zugespitzt. Vor allem in der Schule war er zunehmend auffällig geworden und hatte durch immer heftigere Wutausbrüche auf sich aufmerksam gemacht. Wenn er zu uns in die Räume der Ambulanz kam, hinterließ er immer seine „Spuren"; so wussten wir immer, ob er da gewesen war oder nicht. Unter anderem drückte er die Knöpfe der abschließbaren Fenster ein, drehte am Boiler den Temperaturregler auf ganz heiß oder ganz kalt, oder er stellte auch schon mal den Herd auf 1, bevor er aus dem Haus ging. Sehr lange kündigte er an, dass er sich vom Balkon des vierten Stockes stürzen werde oder – noch besser – vom gegenüberliegenden Hochhaus, das noch viel höher ist als unser Gebäude. Deswegen mussten wir lange alle Fenster und Balkontüren geschlossen halten und tatsächlich abschließen.

Diese Ankündigungen brachte er meistens in einem leicht ironisch-provozierenden Tonfall vor. Es war fast unmöglich einzuschätzen, wie viel Wunsch nach Manipulation und wie viel echte Verzweiflung dahintersteckten. Dabei wirkte er nach außen hin nie in Not oder gar wirklich verzweifelt. Die Supervisionen waren davon geprägt, dass wir uns heftig darüber auseinandersetzten, ob Herr S. dissozial, also eher manipulierend und Aufmerksamkeit heischend, oder eben doch ernsthaft gefährdet war, diese innere Not aber unter einer „bockelharten", eher aggressiven als autistischen Abwehr verbarg. Oft war seine Mimik der inneren Gefühlslage nicht angepasst.

Herrn S.' Chance bestand darin, dass er es im Laufe der Betreuung langsam gewagt hatte, im Rahmen seiner sozialtherapeutischen Einzelstunden Einblicke in seine inneren Welten zu gewähren. Er konnte beschreiben, wie ihn das Überqueren einer Kreuzung fast an den Rand der Verzweiflung bringen konnte, weil alle Geräusche in gleicher Intensität auf ihn einströmten und es keinerlei Hierarchie von Nah und Fern, Wichtig und Unwichtig gab. Auch nachdem wir ihn schon eine ganze Weile gekannt hatten, wären wir nie auf die Idee gekommen, dass für Herrn S. eine so alltägliche Situation schwierig sein könnte.

Am beschützten Arbeitsplatz hatte er Schwierigkeiten, die zu ihm gesprochenen Worte einzuordnen. Wollte ihm jemand Böses? War der freundliche Guten-Morgen-Gruß wirklich freundlich gemeint, oder versteckte sich im Lächeln doch noch eine Kritik, ein versteckter Vorwurf, dass er zwei Minuten zu spät am Arbeitsplatz erschienen war? Einfachste Situationen brachten ihn unter Druck, und in den sozialtherapeutischen Einzelstunden ging es viel um Übersetzungsarbeit und um das Erklären von sozialen Situationen. Wie verhalte ich mich bei der Einladung zu einem Geburtstag? Was ziehe ich an, was schenke ich, soll ich überhaupt hingehen oder war es eine reine Höflichkeitseinladung und die Einladende wäre eigentlich erleichtert, wenn ich absagte?

Bei einem Zuviel des eben Beschriebenen platzte Herr S. mit einer aggressiven Bemerkung heraus, die oft für das Gegenüber völlig unerwartet, verletzend und nicht nachvollziehbar war. Die Folge hiervon wiederum war der Rückzug vor ihm, den er dann nicht verstehen konnte und der seine Erwartung in die ihm entgegengebrachte Feindseligkeit eins ums andere Mal bestätigte, was ihn noch aggressiver werden ließ.

Ich erinnere mich an eine kleine Szene, die sich in unserem Wartebereich ereignete und die zu einer Zeit stattfand, als Herr S. schon gelernt hatte, auf einen vermeintlichen „Angriff" nicht mehr einfach aggressiv zu reagieren, sondern stattdessen eine Frage zu formulieren.

Herr S. saß auf einem Sofa in unserem Wartezimmer und wartete auf seine sozialtherapeutische Einzelstunde, als ich aus meinem Zimmer kam und – mir keineswegs bewusst – die Nase hochzog. Ich begrüßte ihn freundlich. Er fragte sofort: „Stinke ich?" „Nein, ich habe einen leichten Schnupfen und hole mir gerade ein Taschentuch." Früher hätte ich auf mein freundliches Hallo eine „wüste" Antwort bekommen, einen gemeinen Kommentar als Reaktion auf eine freundliche Begrüßung, die ich nicht hätte einordnen können: Ja, ja, mal wieder schlecht drauf unser Herr S., dem geht man am liebsten aus dem Weg. Subjektiv hätte er meiner unverschämten Anspielung auf seinen Körpergeruch nur eine Revanche gegeben, für ihn wäre es reine Selbstverteidigung gewesen. Ich wiederum hätte mich über diese grundlose Aggression aufgeregt und mich über ihn geärgert. Diese zwei Worte „stinke ich?" im Zusammenspiel mit meiner Kenntnis seiner psychischen Struktur und vor allem seiner psychischen Themen eröffneten einen neuen, konfliktfreien Umgang miteinander. Eine bis vor kurzem noch spannungsgeladene Alltagssituation musste nicht mehr entgleisen. Ein Missverständnis wurde verhindert, weil Herr S. gelernt hatte, dass seine Wahrnehmung nicht immer mit der anderer Menschen übereinstimmte und er aufgrund seiner Krankheit soziale Situationen oft falsch interpretierte.

Fallvignette 2 oder: Die Unmöglichkeit zur Triangulierung

Herr K. kam mit 17 Jahren nach einem sehr langen Klinikaufenthalt zu uns. Unsere ersten Begegnungen mit ihm zeichneten sich dadurch aus, dass er seine Fragen – und er hatte viele Fragen – nur stellen konnte, wenn er sich in fünf Zentimeter Entfernung vor einem aufbaute und penetrant die immer gleichen Sätze wiederholte. Oft blieb er an einem Satz hängen, wiederholte diesen scheinbar endlos und erwartete oder, besser, forderte, dass das Gegenüber in einer Endlosschleife die auch immer gleichen Antworten gab. Ein sehr klares Beenden der Situation führte zu noch mehr Penetranz. Jetzt konnte Herr K. gar nicht mehr aufhören, die immer gleichen Fragen pressten aus ihm heraus, es war für sein Weiterleben unabdingbar, dass die immer gleichen Antworten gegeben wurden oder das Leben stand still. Aus dieser unerträglichen Situation führte nur ein Weg heraus, von Anfang an sein unfreiwilliges Spiel mitzuspielen, sich vollkommen fremdbestimmen zu lassen und zu hoffen, dass er nach der siebten Runde von einem ablassen würde.

Herr K. kam aus einer Familie mit vielen Kindern, hatte es aber trotzdem geschafft, schon sehr früh die Mutter aufgrund seiner Schwierigkeiten sehr eng an sich zu binden und die Aufmerksamkeit stark auf sich zu ziehen. Er schaffte es auch, in Gruppenzusammenhängen die anderen Menschen um sich herum völlig auszublenden und eine rein duale Beziehung herzustellen. Das Sich-Beziehen auf mehr als einen Menschen überforderte ihn vollkommen, und so tat er einfach, als gäbe es die anderen Menschen nicht. Das Tyrannische oder gar Terroristische dieses Verhaltens ist offensichtlich.

Unser Umgang mit Herrn K. beinhaltete zuerst einmal ganz einfache Verhaltensregeln wie z. B., dass er fünfzig Zentimeter Abstand zu seinem Gegenüber wahren musste, Fragen nicht öfter als zweimal stellen durfte und sich bei heftiger Erregung in ein Zimmer zurückziehen sollte. Oft war er von der morgendlichen Routine – er brauchte Minimum zwei Stunden, um abfahrbereit zu sein – schon so erschöpft, dass er nach dem Eintreffen bei uns und nach einer etwa halbstündigen Arbeit erst einmal mindestens eine Stunde schlafen musste. Auch um das Schlafen herum gab es anstrengende Diskussionen: Durfte er seine Hose ausziehen? Aber wie konnte er, ohne sie auszuziehen, bequem schlafen, wo doch sein Gürtel so drückte?

Über das Einhalten der „Betreuer-Schutzregeln“ gab es heftige Auseinandersetzungen, die manchmal auch durchaus bedrohliche Züge annahmen. Herr K. hatte neben den zwanghaften Abwehrstrukturen auch sehr gewalttätige Phantasien, die er nur zum Teil offenbarte. Mehr als einmal ließen wir ihn bei den Kochvorbereitungen zu einem wöchentlich stattfindenden Mittagstisch nur Bananen mit einem stumpfen Messer schneiden und schlossen die schärferen Messer ein. In dieser Situation schien es uns unabdingbar, etwas zu finden, was diese sehr engen, tendenziell gewalthaften Beziehungsmuster öffnen könnte. Zum besseren Verständnis muss erwähnt werden, dass es immer eine regelmäßige, in Krisenzeiten sehr engmaschige Begleitung unserer Klienten durch einen niedergelassenen Psychiater gibt. Ohne den nicht immer, aber meistens notwendigen medikamentösen Schutz bzw. auch die Möglichkeit, in extremen Situationen auf den Rahmen einer Klinik zurückgreifen zu können, wäre unsere Arbeit nicht denkbar.

Obwohl Herr K. nicht in einer vaterlosen Familie aufwuchs, sondern, ganz im Gegenteil, sein Vater eine bedeutende Rolle in seinem Leben spielte und spielt, zeigte Herr K. doch alle Zeichen einer nicht gelungenen Triangulierung. Ich gehe davon aus, dass er mit dem Vater eine ähnliche duale Beziehung konstellierte, wenn er mit diesem etwas unternahm. Seine autistischen Strukturen schienen es nicht zuzulassen, dass ein Dritter den Einschluss in einer dyadischen Beziehung aufbrach.

Die schon oben beschriebenen Frage-und Antwort-Situationen fanden täglich mehrmals bei uns im Flur statt, wobei Herr K. die von ihm bestimmte Person nicht mehr gehen ließ. Aus diesen als sehr schwierig erlebten Situationen, die neben dem zwanghaften auch sehr verfolgenden Charakter hatten, entstand aus einem spontanen Zu-Hilfe-Eilen eine von uns regelmäßig angewandte Technik, um die extrem engen Situationen zu öffnen. Man könnt es eine „konkretistische Triangulierung“ nennen. Die zweite herangeeilte Person stellte sich dabei neben das erwählte „Opfer“ und versuchte – durchaus störend und vom Charakter der Intervention her zumindest in Lautstärke und Vehemenz gewalthaft –, die nahe, dual eingeschlossene Beziehung aufzubrechen. Anfangs ignorierte Herr K. diese zweite Person einfach. Nach einer Weile begann er, sich dann ganz der zweiten Person zuzuwenden. Er wechselte also nur das Objekt, um nun die erste Person vollkommen zu ignorieren. Erst nach und nach, ich spreche hier von mehreren Monaten und mehreren solchen Situationen täglich, war es Herrn K. möglich, mit etwas mehr Abstand zu sprechen, die Vehemenz in seinem Auftreten zu reduzieren und sich zwei Menschen in einer Situation zuzuwenden. Diese Entwicklung ging einher mit einer größer werdenden Selbstständigkeit im Alltag, alles in allem adäquateren Beziehungsaufnahmen und war Voraussetzung für ein erstes Praktikum in der Werkstatt für behinderte Menschen.

Fallvignette 3 oder: Abgrundtiefe Einsamkeit aufgrund mangelnder Fähigkeit, sich in andere einfühlen zu können

„Hallo ... Hallo ...“, dieses Wort, welches allgemein als Ausdruck einer Begrüßung bekannt ist, hatte bei Herrn B. zu Beginn seiner Betreuung in keiner Weise Begrüßungscharakter – zumal er in der Anfangszeit sein Kommen und Gehen hier im Hause stets grußlos vollzog. Vielmehr erklingt heute in diesem Hallo eines mittlerweile 18-Jährigen das sehnliche Rufen – manchmal fast ein klägliches Winseln eines Kleinkindes, das, eingebundenen in seinen autistischen Kokon, um die Aufmerksamkeit und Zuwendung seiner Mutter ringend, sich die Gewissheit verschaffen muss, nicht allein zu sein, sich der Omnipräsenz seines Gegenübers immer wieder aufs Neue versichern muss und ohne den dringend erwarteten Rückhall eines „Ja“ in große Not geraten, sich ausgelöscht fühlen würde.

Als knapp 16-Jähriger kam Herr B. nach einer Vielzahl begangener Straftaten, die von Sachbeschädigungen, Diebstählen, räuberischer Erpressung bis zu Körperverletzungen reichten, zu uns ins Haus. Nach mehreren Schulausschlüssen konnte ihm die damalige E-Schule kein weiteres Unterrichtsangebot mehr machen, d. h., er musste ohne Abschluss die Schule verlassen.

Schon als kleines Kind zeigte er im Regelkindergarten ein auffälliges Sozialverhalten mit großer Hyperaktivität, mit der seine Mutter bzw. Großmutter – bei denen er lebte – nicht adäquat umgehen konnten. Zum getrennt lebenden Vater gab es nur sporadische Kontakte.

Mit zehn Jahren wurde er nach einem psychischen Einbruch notfallmäßig in der Kinder- und Jugendpsychiatrie vorgestellt. Die Angst, „abgeschoben“ zu werden, war bereits damals immens groß. Schon in dieser Zeit war Herr B. in seinem Explorationsverhalten kaum eingrenzbar und deutlich distanzlos bis grenzüberschreitend, in seinem Kontaktverhalten bizarr. Auf Frustration reagierte er häufig mit überschießender Impulsivität, teilweise verbal aggressiv, bisweilen auch mit körperlicher Aggression.

Das nach dem ICD-10 diagnostizierte Asperger-Syndrom stand jedoch bei Herrn B. in sehr enger Verbindung mit den meist als sekundär betrachteten Komplikationen seines dissozialen Verhaltens und seines niedrigen Selbstwertgefühls. So zeigte sich bereits bei Beginn der Betreuung deutlich, dass nur eine 1:1-Situation für Herrn B. „aushaltbar" war. Verbunden mit der Fragestellung, ob es überhaupt gelingen könnte, Herrn B. ein Beziehungsangebot zu machen, worauf er sich auch einlassen könnte, waren die ersten Monate sehr dadurch geprägt, dass er durch seine „Eigenheiten" und „spezifischen Interessen" schwer in unser „Standardangebot" integrierbar war. Anfänglich boykottierte er Arbeitsangebote, und es war erst durch ein sehr weitreichendes Mitgehen mit seinen Ideen und Wünschen möglich, dass überhaupt eine Beziehung entstehen „durfte".

Er sprach mit leiser, tiefer Stimme, nahm wenig bis keinen Blickkontakt auf, blickte stattdessen häufig irritiert umher, wirkte sehr misstrauisch, gedanklich sprunghaft. Sein Verhalten sowohl Erwachsenen wie auch anderen Jugendlichen gegenüber führte aufgrund der ständigen Distanzstörungen bzw. eines Mangels an normaler Vorsicht und Zurückhaltung häufig zu Konflikten. Gleichzeitig war auffällig, dass Herr B. durch ständiges Mitbringen und Verbreiten „seiner" Sachen „Markierungen" setzte, und wir bald den Eindruck hatten, er wolle in der Ambulanz einziehen. Auch hier, wie bei den Anwesenheitszeiten im Hause, waren Begrenzungen und das Bestehen auf der Einhaltung von Zeiten und Regeln unerlässlich.

Die oben beschriebenen 1:1-Situationen schützte er deshalb stets. Das Betreten des Raumes durch eine weitere Person hatte für ihn sofort bedrohenden Charakter, er musste sich dann meist ganz konkret in die unmittelbare Nähe der betreuenden Person begeben, häufig sogar Körperkontakt zu ihr aufnehmen und sich wieder der kurz unterbrochenen Aufmerksamkeit vergewissern, indem er sehr eindringend, echolalieartig irgendwelche Fragen „aussprudelte".

Wenn sich Herr B. dadurch nicht gleich wieder die Gewissheit der hundertprozentigen Aufmerksamkeit und Zuwendung der ihn betreuenden Person verschaffen konnte, kränkte ihn dies so sehr, dass er entweder begann, diese mit den schlimmsten Vorwürfen zu attackieren, zu beleidigen, zu entwerten oder, wenn es völlig unaushaltbar für ihn wurde, aus dem Raum rannte, im Treppenhaus herumschrie oder in irgendeinem anderen überschießenden affektiven Durchbruch seine Aggression zum Ausdruck brachte. Eine ihn begrenzende „Gegengewalt" ließ bei ihm sofort die Bedrohung *des* „Eindringens und Überwältigens" entstehen. Gleichzeitig war er dadurch mit seiner Sehnsucht nach Beziehung und seiner großen Einsamkeit konfrontiert. Diese schwer aushaltbare Unvereinbarkeit von Bedürfnissen war in der Folge seines Verhaltens so offensichtlich, wenn er polternd das Haus verließ und eine Minute später von außen wieder an alle Fenster klopfte und sämtliche Klingeln betätigte.

Durch dieses Verhalten waren Gruppensituationen nahezu unmöglich; seine skurrile Art und Weise, auf andere Menschen zuzugehen, verunsicherte die anderen von uns betreuten Jugendlichen bisweilen sehr. Bei der ersten Kontaktaufnahme überschritt er meist den angemessenen Abstand, wenn er plötzlich auf jemanden zustürmte, ohne Wahrung der körperlichen Distanz, und in einem militanten Ton Name und Alter des Betroffenen erfragen wollte. Der ausbleibende Erfolg für die erhoffte Verabredung führte bei ihm meist zu großem Unverständnis und einer weiteren Enttäuschung.

Entweder hatten diese Erfahrungen zur Folge, dass Herr B. zur Vermeidung der befürchteten Ablehnung erst gar keinen Kontakt mehr aufnahm, oder das Nicht-Verstehen der sozialen Situation führte zu aggressiven Impulsdurchbrüchen. In dieser offensichtlichen Aggression war von der eigentlich zugrundeliegenden Hilflosigkeit nichts mehr zu spüren.

Seine sensible Wahrnehmung und Empfänglichkeit für soziale Signale und Schwingungen war extrem hoch, wenn er befürchtete, als Person abgelehnt zu werden. Beispielsweise kam es vor, dass jemand im Raum lachte und Herr B. dieses Lachen sofort als „Auslachen" auf sich bezog. Die dadurch entstandenen Missverständnisse aufgrund seiner mangelnden Fähigkeit, sich tatsächlich in andere einfühlen zu können, führten häufig zu Konflikten im Haus.

Nach fast drei Jahren intensiver Beziehungsarbeit wurde es möglich, gemeinsam mit Herrn B. auch in der Gruppe zu essen, Hilfeplangespräche oder Arbeitsbesprechungen mit mehreren anwesenden Personen zu führen. Sogar eine Verabredung hatte Herr B. zwischenzeitlich mit einer jungen Frau eigeninitiativ getroffen. Die Vorstellung eines Gegenübers rückte zumindest manchmal in den Bereich seines Bewusstseins, gleichzeitig lösten Alltagssituationen aufgrund o. g. Schwierigkeiten und der häufig symbiotisch eng und nach außen geschlossen gestalteten Zweierkontakte immer wieder Missverständnisse und aggressives Abwehrverhalten bei Herrn B. aus. Selbst nach Jahren intensiver Betreuung hat ein freundlich zugerufenes Hallo einer zufällig im Treppenhaus vorbeikommenden Betreuungsperson immer noch nicht die Qualität eines unschuldigen Grußes wiedererlangen können, und es bleibt offen, ob dies jemals gelingen kann.

Abschließend möchte ich noch bemerken, dass die mit Asperger-Syndrom diagnostizierten Menschen, die uns begegnen, in ihrer Persönlichkeit sehr verschieden sind. Die Abwehrstrukturen, die sie sich angeeignet haben, sind ganz unterschiedlicher Art. Während die einen – wie oben dargestellt – eher aggressiv mit tendenziell überfordernden Situationen umgehen, ziehen sich andere in sich zurück und weichen diesen Momenten aus. Und doch sind die darunter liegenden Problematiken – die Angst vor anderen Menschen, vor sozialen Situationen, das Nicht-einschätzen-Können von Erwartungen – immer wieder ähnlich.

Dieses „Darunter Liegende" zu erkennen und damit umzugehen, in der Hoffnung einen Schritt aus den kleinen Teufelskreisen herausmachen zu können, ist unser Ziel.

Reinhold Wolf

Vom Umgang mit der Differenz. Versuche, das Beziehungserleben in der sozialtherapeutischen Arbeit bei Menschen mit autistischen und narzisstischen Abwehrstrukturen zu beschreiben

I. Einleitung

Gegenwärtig gibt es in der Fachöffentlichkeit der psychosozialen Versorgung sowie in der Öffentlichkeit von Elternverbänden und Betroffenen ein auffallendes Interesse an der Thematik des Autismus mit dem Schwerpunkt „Asperger-Syndrom".

Die psychiatrischen Diagnosen eines „Asperger-Syndroms" bzw. einer „Autismus-Spektrum-Störung" häufen sich. Es artikuliert sich ein großer Bedarf an Hilfen zur Unterstützung der sozialen und beruflichen Integration sowie an Hilfen im Bereich von Sozialtherapie, Psychotherapie und Lerntherapie mit dem Ziel, Symptomverbesserungen, seelische Integration und Teilhabe an der Gesellschaft und sozialen Gemeinschaft zu fördern.

Ähnlich wie bei den Diskussionen um die Diagnose und Behandlung des ADHS erheben sich bei der Diagnose der „Autismus-Spektrum-Störung" Fragen nach der Bedeutung und Relevanz dieser Diagnose in verschiedenen Richtungen. Die unterschiedlichen wissenschaftlichen Ansätze und Modelle in der Konzeptualisierung psychischer Störungen und deren Behandlung führen u. a. zu unterschiedlichen Ansätzen in den psychotherapeutischen Konzepten und Auffassungen über die Psychodynamik, die für das Störungsbild relevant ist. Darüber hinaus erheben sich mit der Diagnose einer autistischen Störung wichtige sozialrechtliche Fragen, u. a. im Zusammenhang der Finanzierung von Integrationshilfen, sozialtherapeutischen und psychotherapeutischen Maßnahmen und der beruflichen Integration. Im Rampenlicht aktueller wissenschaftlicher Ansätze stehen die Neurowissenschaften (z. B. Remschmidt und Kamp-Becker 2007). Der zentrale Aspekt der Störung wird in einer gestörten Funktionsweise der „neuronalen Netze" gesehen, in einer Dysfunktion des Gehirns, von der besonders der Stirnhirnbereich betroffen ist, der u. a. für die Differenzierung und Verarbeitung von Gefühlen zuständig ist.

Betont wird eine Hypersensibilität der Wahrnehmung und die Schwierigkeit, Reize und Sinnesdaten angemessen zu filtern und koordiniert zu verarbeiten.

In den psychoanalytischen Konzepten wird längst die multifaktorielle Genese der autistischen Störung betont. Genetische Prädispositionen, zerebrale Schädigungen und sensorische Defekte, sowie psychische Traumatisierungen, die im Zusammenhang mit der äußeren Umwelt entstanden sind, werden als komplexe Faktoren bei der Entstehung der Störung berücksichtigt.

In psychoanalytischen Konzeptbildungen wird auch die Verbindung zu neurobiologischen Konzepten gesucht, z. B. E. Frost (Nissen 2006). Frost verweist auf den Neurobiologen C. Trevarthen, der pränatale Störungen in der Entwicklung des „Kernregulationssystems" des Gehirns erforscht hat, die dann postnatal zu Problemen in der Aufnahme und Verarbeitung von Sinnesreizen aus der Außenwelt führen.

Zur eigentlichen Domäne der Psychoanalyse gehören natürlich die Konzepte zur Entstehung psychischer Strukturen unter dem Blickwinkel der psychischen Austauschprozesse zwischen Kind und Umwelt.

Nissen (2006) beschreibt die Genese der „autistoiden Organisation" im Sinne eines Versagens der projektiven Identifizierung im basalen Austauschprozess zwischen Mutter und Kind; dabei können Bedingungen auf Seiten der Umwelt bzw. des Objekts sowie auf Seiten des Subjekts im Sinne konstitutioneller Faktoren eine Rolle spielen.

Nissen spricht von der Unentwickeltheit der „Urphantasien", die als angeborene Struktur die „Funktion übernehmen, psychische Ordnung zu organisieren und in denen zentrale Präkonzeptionen, die mit den *facts of life* korrespondieren, ausgestaltet und eingebunden sind" (2006, 235). Sind diese angeborenen Strukturen nicht genügend entwickelt, entstehen in der Folge die intrapsychischen und interpersonalen Probleme in der Verbindung des Säuglings mit der mütterlichen Containment-Funktion.

Die mit den autistischen Störungen verbundene Psychodynamik wird in den Konzepten der Neurowissenschaft wohl in der Hauptsache von der Hyperaktivität des Gehirns und der Hypersensibilität der Wahrnehmung und Reizverarbeitung abgeleitet und auf der Ebene von Symptomen, Verhalten und Interaktionen personzentriert verortet.

Die Psychodynamik des Zusammenspiels von intrapsychischen und interpersonalen sowie bewussten und unbewussten Aspekten im Sinne einer Beziehungsdynamik und Beziehungsanalyse wird vernachlässigt. In den therapeutischen Konzepten dominieren lerntheoretische und verhaltenstherapeutische Ansätze.

Der Psychiater und Psychoanalytiker Gottfried Barth betont in seinem Vortrag über das Asperger-Syndrom und aktuelle therapeutische Ansätze (2009) die Wichtigkeit – vor allem für den helfenden Umgang mit autistischen Menschen –, Autismus als ein inneres Erleben mit dem zentralen Aspekt der sozialen Angst zu verstehen. Damit ist der Blick auf die Dimension der Beziehung und des Beziehungserlebens zwischen dem autistischen Menschen und seiner Umwelt gerichtet.

Für eine Beziehungsarbeit mit autistischen Menschen, die so viel Rätsel aufgibt, Geduld erfordert und verlangt, das eigene Nicht-Wissen zu ertragen und mit den in einem selbst ausgelösten, heftigen Affekten umzugehen, ist eine Einstellung essenziell, in der versucht wird, das Beziehungserleben in der Gegenseitigkeit der Beziehung zu verstehen und damit etwas von dem inneren Erleben des autistischen Menschen zu erfassen.

Zu den einleitenden Fragen der Diagnostik und der Psychodynamik möchte ich Alvarez (in: Bernd Nissen 2006, 56 f.) zitieren:

> Es ist wichtig, Symptome zu identifizieren, aber eine Nosologie, die sich zu sehr auf eine Ein-Personen-Psychologie stützt – d. h., sich daran festhält, Attribute des Selbst des Kindes zu beschreiben –, erzählt möglicherweise nur einen Teil der Geschichte. Ich glaube, dass eine Zwei-(und schließlich Drei-) Personen-Psychologie eine vollständigere deskriptive Psychologie des Autismus liefert. Zu einem solchen Ansatz gehört die Untersuchung intrapersonaler Beziehungen: In einem Modell der Psyche, das von einer Zwei-Personen-Psychologie ausgeht, besitzt die Psyche nicht nur ein Selbst mit bestimmten Qualitäten und Orientierungen und möglichen Defiziten; sie hat auch einen Bezug zu und eine Beziehung mit so genannten „inneren Objekten“ (Klein 1959) oder „repräsentativen Modellen“ (Bowlby 1988), und auch diese können Defizite aufweisen. Eine persönlichere, intrapersonale Sicht von Autismus birgt die Implikation, dass das Selbst in einer emotionalen, dynamischen Beziehung mit seinen inneren Repräsentationen, Figuren, Objekten steht – egal wie verdreht, kümmerlich oder außergewöhnlich diese Beziehung sein mag.

II. Zwei Fallbeispiele aus der sozialtherapeutischen Betreuungsarbeit in der Ambulanz des Vereins für Psychoanalytische Sozialarbeit

Im Folgenden möchte ich mit Hilfe von sechs Kategorien pointiert und vignettenhaft von der sozialtherapeutischen Beziehungsarbeit mit einem jungen erwachsenen Mann mit Asperger-Autismus und einem Jungen mit ADHS und einer schweren narzisstischen Entwicklungsstörung berichten und verdeutlichen, wie in der Übertragung und Gegenübertragung das Erleben und der Umgang mit Differenz in der Beziehung zu Tage tritt.

Die Kategorien – zur Person und Persönlichkeit (1); zu der inneren Welt der Subjekt- und Objekt-Repräsentanzen sowie zu Übertragung und Gegenübertragung (2); zu Triebaspekten (3); zu Angstaspekten (4); zu Ich-Fähigkeiten (5) sowie zu Intentionen und Problemen der Betreuungsarbeit (6) – sollen helfen, die Psychodynamik zu vergleichen und Unterschiede herauszustellen.

„Andreas" (Asperger-Autismus und geistige Behinderung)

(1) A. ist ein junger erwachsener Mann, Anfang zwanzig mit einer leichten bis mittelgradigen geistigen und seelischen Behinderung. Die Diagnose Asperger-Autismus wurde seitens eines ärztlich-psychiatrischen Gutachters erstellt.

A. lebt zu Hause bei den Eltern. Nach Abschluss der Schule (Sonderschule G) befindet A. sich gegenwärtig tagsüber in einer Einrichtung Berufsfindung mit betreutem Rahmen.

A. und seine Eltern werden schon viele Jahre im Verein ambulant betreut. Die reguläre Betreuung ist abgeschlossen, weitere Kontakte zur Beratung werden nach Bedarf vereinbart.

Die langjährige ambulante Betreuung war im engen Zusammenhang zu massiven psychosozialen Schwierigkeiten in der schulischen Entwicklung entstanden und diente der sozialen Integration und der Persönlichkeitsentwicklung.

A.s Leben ist dauerhaft geprägt von seiner seelischen und geistigen Behinderung. Er hat in seiner Persönlichkeit autistische Züge und starke Ängste. Er besitzt einen ausgesprochen liebenswürdigen und sensitiven Charakter und wirkt kindlich und unsicher.

In Beziehung zu seinen Eltern überwiegen regressiv-kindliche und anhängliche Beziehungsmuster.

Seine Ich-Fähigkeiten sind entsprechend seiner geistigen Behinderung deutlich begrenzt, was u. a. seine Reflexions- und Einsichtsfähigkeit sowie seine Steuerungsfähigkeit für Impulse und Affekte betrifft. Psychische Autonomie und psychosoziale Konfliktfähigkeit, sowie ein Bewusstsein für seine mit der geistigen und seelischen Behinderung verbundene besondere Lebenssituation sind begrenzt entwickelt.

Im Umgang mit seinen konstruktiv-aggressiven Affekten ist A. ängstlich und gehemmt. In Konfliktsituationen verhält er sich hilflos, unsicher und ängstlich-angepasst.

Er reagiert oft defensiv und sprachlos mit Rückzug; sein Denken und Fühlen bleibt dann für sein Gegenüber unzugänglich verborgen. Seine Reaktionen haben auch eine starke psychosomatische Komponente; es traten bei A. wiederholt Herzrhythmusstörungen (vasovagale Synkopen) mit Ohnmachtsanfällen auf, vermutlich im Zusammenhang von temporären Stressreaktionen des vegetativen Nervensystems.

Die in seiner Persönlichkeit existenten, starken sozialen Ängste prägen sehr wesentlich seinen Alltag und seine sozialen und psychischen Erlebens- und Verhaltensmuster.

In seiner Körperlichkeit dominiert eine geduckte Körperhaltung mit niedriger Körperspannung, weich-defensiv im Ausdruck. Daneben zeigen sich sporadisch überschießend-unkontrollierte Impulse. Beim Schwimmen liebt A. es, gegen alle Verbote das Wasser heftig gegen die Decke des Schwimmbades spritzen zu lassen; beim Kochen in der Schule freut er sich, wenn etwas anbrennt, und lässt den Teig mit dem Rührbesen über den Rand der Schüssel spritzen.

Zu Hause zieht A. sich zum Teil in Eigenwelten zurück, „macht Disco" im eigenen Zimmer, wo er sich als Sänger der Band phantasiert, tanzt und die Boxen bis zum Anschlag scheppern lässt. Er zeichnet Skilifte in stereotyper Weise und fährt gerne Fahrrad.

Zentrale Aspekte seines Lebens sind seine soziale Ängstlichkeit bei vorhandenen sozialen Bedürfnissen sowie die Angst vor der gedanklichen Beschäftigung mit den Themen Schmerz, Sterben und Tod und den Fragen seiner eigenen Identität und Behinderung.

In der Schule hat ihn zu Ostern die Beschäftigung mit der Christus-Passion oder auch der Anblick von Friedhöfen in panische Angst versetzt; ist er mit Fragen und Gedanken seiner Behinderung konfrontiert, gerät A. in Angst und Erstarrung und muss sie aus sich eliminieren, um sein Selbstgefühl nicht zu verlieren.

(2) In der sozialtherapeutischen Beziehung zu A. habe ich immer wieder den Eindruck, in seiner inneren Welt gäbe es kaum Konturen und konstruktive Differenzen zwischen Subjekt- und Objektrepräsentanzen. Entweder existiert eine indifferente Nähe oder die Unzugänglichkeit eines nicht integrierten, bedrohlichen Anderen. Im Kontakt habe ich Empfindungen von weicher Anhänglichkeit und klebender Indifferenz. Ich habe kein Gegenüber-Gefühl. Es gibt keinen ödipalen Raum, Konflikt und Aggression werden vermieden. Ich habe den Eindruck, A. sucht eine quasi körperliche, sinnlich-taktile Beziehungsebene und Gleichsinnigkeit mit mir.

Ich fühle mich hineingezogen in eine sprachlos-stille, indifferente Gefühlswelt; dies kann sich bei mir steigern zu Gefühlen unerträglicher Langeweile, Leere und körperlicher Mattigkeit. Wiederkehrend überkommen mich in den Stunden Phantasien, von meinem Sessel zu sinken, überwältigt von Gefühlen der Mattigkeit und Leere.

(3) Unter dem Gesichtspunkt der Triebstruktur und der Frage, was A. „antreibt", sehe ich seine kindlich-anhängliche Objektsuche und den Wunsch nach Schutz und Gleichsinnigkeit. Während seiner Schulzeit gab es vereinzelte, übergriffig-sexualisierende Verhaltensweisen gegenüber Mädchen und temporär „Freundinnen" mit sporadischen, von den Eltern unterstützten Kuschelszenen bei sich zu Hause, jedoch keine längeren Beziehungserfahrungen. Aggression macht Angst und wird vermieden; daneben gibt es vereinzelt impulshafte und ungesteuerte, erregte Handlungen (s. o).

(4) Bei den Ängsten steht die soziale Angst an zentraler Stelle. Daneben gerät A. immer wieder in phobische Ängste und versucht, sich über defensiven Rückzug zu schützen und die Berührung mit angstauslösenden inneren oder äußeren Reizen zu vermeiden. A. ist konfrontiert mit auf den eigenen Körper bezogenen Ängsten und Vernichtungsängsten; immer wieder besteht die Gefahr der Desintegration, die mit Gefühlen des Selbst- und Objektverlustes und eines Zusammenbruchs der Symbolisierungsfähigkeit einhergeht.

(5) A.s Ich-Fähigkeiten sind durch die geistige Behinderung begrenzt; er hat mühsam rudimentäre Fähigkeiten entwickelt, über sich und sein Inneres zu sprechen und Gefühlszustände zu beschreiben in Form von körperlich erlebtem „Unwohlsein" und Angstgefühlen. Eine Reflexionsfähigkeit über Fragen seiner Identität und

innerer Konflikte hat sich begrenzt entwickelt; entsprechende Themen sind angstbesetzt und werden zum Teil phobisch vermieden.

(6) In der Betreuungsarbeit mit A. bestehen globale Ziele in der Unterstützung der sozialen Integration, der psychischen Integration und Persönlichkeitsentwicklung. (Im sozialrechtlichen Rahmen ist die ambulante, sozialtherapeutische Betreuung als ergänzende Maßnahme zur Schule definiert und bewilligt worden.)

Im sozialtherapeutischen Beziehungsprozess geht es um eine Erweiterung der Beziehungs-, Symbolisierungs- und Konfliktfähigkeit; um die Unterstützung der konstruktiven Aggression im Sinne der psychischen Integration und Förderung der Selbstbehauptung sowie um die Förderung einer konstruktiven ödipalen Dimension (dieser letztgenannte Aspekt ist auch ein zentraler Leitgedanke in der begleitenden Elternberatung).

Im Laufe des Betreuungsprozesses konnte A. sich darauf einlassen, im Tischtennisspiel, das er sehr mochte, mich als seinen „Trainer" zu sehen und mit mir das Schmettern zu üben. A.s Spielstil hatte sich bis dahin dadurch ausgezeichnet, dass er – so wie er im Schulschwimmbad das Wasser an die Decke spritzen ließ – im Tischtennis den Ball immer wieder impulsiv gegen die Decke schlug und „Dekkentennis" spielte. Ansonsten „löffelte" er den Ball über das Netz, ständig mit seiner Angst befasst, der Ball könnte mich verletzen und dies könnte heftige Strafimpulse gegen ihn auslösen. Sein sehnlicher Wunsch war aber, schmettern zu können, und so übten wir Stunde um Stunde das Schmettern gegen mich über das Netz auf die Platte. Neben den Deutungen seiner Ängste und Phantasien versuchte ich seinen Willen und sein Körpergefühl zu aktivieren mit Rufen wie: „Ran an die Bulletten", „mit Schmackes" u. ä.

In dieser Beziehungsfigur des „Trainings" gelang es auf ernsthafte Weise, aber auch mit Humor, mit A. an seinen Ängsten und Angstphantasien zu arbeiten und ihm zu helfen, seine aggressiven Kräfte in der Beziehung zu formen und einzusetzen. Die klare Form und Struktur des Tischtennisspiels, das immer nur einen Teil der Stunden füllte, brachte ein auch mich entlastendes Gegengewicht gegen die Macht der autistischen Objektverwendung in unsere sozialtherapeutische Beziehung, in der ich mich in der Gegenübertragung hineingezogen fühlte in A.s Bedürfnis, eine indifferente, gefühlshaft gleichsinnige und von Konflikt und Gegenübersein entleerte Beziehungsatmosphäre herzustellen.

Psychoanalytische Gedanken zum Autismus als psychischer Abwehrorganisation

In dem Versuch, in der Arbeit mit autistischen Menschen nicht nur das Erleben des Klienten, sondern auch das eigene Erleben irgendwie zu begreifen und mich in der Beziehungsarbeit über lange Zeit „halten" zu können, waren mir die Gedanken von T. H. Ogden (2006) hilfreich. Die Relevanz dieser Gedanken liegt m. E. darin, einen Zugang zur Psychodynamik und zum Verständnis der schwierigen Beziehungsvorgänge zu erhalten. Sie dienen nicht dazu, eine allein psychische Genese des Autismus zu behaupten.

Ogden steht in der Tradition von Melanie Klein und nachfolgenden theoretischen Konzepten. Er bezieht sich auf die in ihrer Relevanz weithin anerkannten Konzepte über zentrale, psychodynamische Prozesse in der frühen psychischen Entwicklung, die für die psychische Strukturbildung und den Erwerb psychischer und sozialer Beziehungsfähigkeiten lebenslang von großer Bedeutung sind. Die von Klein so genannte „paranoid-schizoide Position" und die „depressive Position" bezeichnen Knotenpunkte in der Entwicklung der psychischen Organisation und psychischen Abwehrstruktur, die einerseits als Resultate psychischer Entwicklung im Sinne eines Nacheinander betrachtet werden müssen, andererseits aber auch entwicklungsunabhängig sind als ständige, miteinander in dialektischer, dynamischer Wechselwirkung stehende Organisatoren unseres psychischen Erlebens. Ogden hat diesen psychischen Positionen eine weitere hinzugefügt, die „vor" den beiden anderen entsteht und ihre psychodynamische Wirkung entfaltet, die aber auch entwicklungsunabhängig neben den anderen Positionen psychisch immer relevant bleibt und mit ihnen interagiert. Er nennt diese auf frühestem Entwicklungsniveau entstehende psychische Position die „autistisch-berührende Position". Die psychische Funktion dieser Position steht im Zusammenhang der frühen Entwicklung des Selbst und der Erfahrungen mit den Objekten, vor allem sensorischen Erfahrungen der Haut im Sinne von „Eindrücken" und Begrenzungen sowie Erfahrungen der Wechselwirkung von Einssein und Getrenntsein in der frühen Mutter-Kind-Beziehung. Ogden (2006, 141) schreibt:

> Die normale Ausbildung der autistisch-berührenden Organisation hängt von der Fähigkeit von Mutter und Kind ab, Formen sensorischer Erfahrung herzustellen, die das Bewusstsein um die Separatheit, die eine essenzielle Komponente früher kindlicher Erfahrung darstellt (Tustin 1986), „heilen" oder

„erträglich machen“. Wenn die Mutter-Kind-Dyade nicht in der Lage ist, auf eine Art und Weise zu funktionieren, die dem Kind eine heilende sensorische Erfahrung bietet, werden die Löcher im Gewebe des „zum Vorschein kommenden Selbst“ (Stern 1985) eine Quelle unerträglicher „Bewusstheit körperlicher Separatheit, die sich niederschlägt in einer Agonie des Bewusstseins“ (Tustin 1986). Unter solchen Umständen dreht sich die Entwicklung eines Kindes in Richtung eines pathologischen Autismus.

Pathologischer Autismus bildet sich aus auf dem Hintergrund archaischer, namenloser Angst vor der drohenden Desintegration der sensorisch-körperlich empfundenen Sicherheit und Kohärenz des Selbst. Die im autistisch-berührenden Modus geschaffenen Abwehrmechanismen dienen der Wiederherstellung eines Selbstzustandes auf dieser sensorischen, vorsymbolischen Erfahrungsebene „vor“ der Fähigkeit, die Differenz von Ich und Nicht-Ich, von Subjekt und Objekt zu ertragen und zu symbolisieren.

R. Hocke (1994) beschreibt in einem Artikel über Birger Sellin und das in dessen Gedichten zum Ausdruck gebrachte Leiden an dem Misslingen einer normalen Kommunikation mit den Mitmenschen eine grundlegende Problematik im autistischen Erleben. In Rückgriff auf Freud und Winnicott führt er den psychischen Abwehrmechanismus der Ich-Spaltung an, der hier auf einem archaischen Niveau angesiedelt ist und eine tiefe Spaltung zwischen der intellektuellen Funktion und dem Körpererleben beinhaltet. Mit Bezug auf Winnicott betont er die archaische Qualität dieser Spaltung, bei der eine katastrophische Erfahrung und Angst vor Vernichtung des Selbst im Vordergrund steht, vor der sich das Ich mithilfe der Abwehr zu schützen versucht. Hocke (1994, 149f.) schreibt:

Für das Subjekt, das auf den Abwehrvorgang der Ich-Spaltung zurückgreift [...], wird die Schwierigkeit darin bestehen, seinen Körper zu bewohnen und seinen zwischen Omnipotenz und Vernichtung schwankenden Narzißmus dergestalt zu modifizieren, daß es die Frustrationen, wie sie bei jeder Realisierung von Zielen und jeder Konfrontation von Wunsch und Wirklichkeit unweigerlich auftreten, ertragen lernt. Es wird zugleich ständig Gefahr laufen, von Triebimpulsen überschwemmt zu werden und selbstdestruktiv darauf zu reagieren. Schließlich und endlich wird es angesichts dieses frühen „Einrisses im Ich“ und dem mit der Abtrennung vom psychosomatischen Erleben in Verbindung stehenden Sinnverlust unter dem Zwang stehen, „denken zu müssen“ und seine intellektuellen Aktivitäten überzubesetzen (Green 1993), um einen Sinn zu finden – ein Denkzwang, der nirgendwo hinführt.

Dieser Gedanke entspricht z. B. der Erfahrung von G. M. Barth (2009), dass Autisten in Menschen-Zeichnungen den Körper unbelebt zeichnen und alle Energie im Kopf konzentriert ist. Die zum Teil extreme Schwierigkeit, „Kopf und Bauch“ zu integrieren, das Auseinanderfallen von kopflastigen intellektuellen Ich-Funktionen und dem Körper-Ich-Erleben entspricht auch meinen Erfahrungen in der Arbeit mit den auf sehr verschiedene Weise von Autismus betroffenen Menschen. In der Arbeit mit A. war zu spüren, wie unbelebt und unintegriert sein Körper-Ich beschaffen war und wie sein Bedürfnis nach Gleichsinnigkeit und sensorisch-harmonischem Fühlkontakt sowie das Bedürfnis der Vermeidung von Differenz sein Beziehungserleben dominiert hat.

„Bernd“ (ADHS und tiefgreifende narzisstische Entwicklungsstörung)

B., ein zwölfjähriger Junge, lebt mit zwei jüngeren Schwestern zu Hause bei der Mutter. Die Eltern sind seit acht Jahren getrennt, B. hat unregelmäßig Besuchskontakt zum Vater, der in neuer Familie mit Frau und Kind lebt. Die Frau des Vaters ist von B. mit unverblümtem Hass besetzt.

Gravierende psychische und soziale Entwicklungsstörungen bestehen schon seit seiner frühen Kindheit mit impulsiv-aggressiven Verhaltensweisen gegenüber anderen Kindern. B. zeigt ein besonderes Interesse für technische Geräte, die er gerne auseinanderbaut.

Zu Hause ist er immer „der Prinz“; mit seinen Schwestern steht er „in permanentem Kriegszustand“, verleugnet Grenzen und Regeln und ist mit seiner Mutter regressiv-symbiotisch verbunden. B. beschäftigt sich ausgeprägt und suchtartig mit Computer, Internet, i-Pod, Spielen und Filmen. Er hat darin eine hohe fachliche Kompetenz entwickelt; Altersbegrenzungen von Filmen und Spielen akzeptiert er nicht und versucht ehrgeizig, jegliche Sperren und Verbote zu umgehen. Zu Gleichaltrigen hat er so gut wie keine ausgestalteten sozialen Beziehungen.

Seit Kindergarten und Einschulung zeigt B. außerfamiliär massive soziale Verhaltensprobleme. Im Alter von sechs Jahren werden ein ADHS, die Störung des Sozialverhaltens und der Emotionen sowie eine Hochbegabung diagnostiziert. Mit sieben Jahren kommt er für vier Monate in stationäre Behandlung in eine Kinder- und Jugendpsychiatrie. Mit acht Jahren erfolgt die Unterbringung in einer

Jugendhilfe-Einrichtung, die nach zwei Jahren wegen mangelnder Motivation und destruktivem Verhalten abgebrochen wird.

Es folgt zu Hause ein halbjähriger Schulversuch in einem Gymnasium; auch dieser scheitert an mangelndem Problembewusstsein und destruktivem Agieren.

B. erhält eine Medikation mit *Fluoxetin* (Antidepressivum) und *Equasil* (ADHS-Medikation).

Im Verein für Psychoanalytische Sozialarbeit erhält B., inzwischen elf Jahre alt, für ein Schuljahr einen vom Schulamt finanzierten schulischen Einzelunterricht und vom Jugendamt bewilligte sozialtherapeutische Einzelstunden.

B. ist im Kontakt zu Anfang freundlich, charmant und kindlich-unbekümmert. In der tiefergehenden Beziehungssituation und Kommunikation zeigen sich dann in seinen Äußerungen und im Verhalten gravierende Schwierigkeiten. Er scheint sich nicht in einer zwischenmenschlichen, die Kommunikation strukturierenden „Ordnung“ authentisch aufgehoben fühlen zu können. Eine Anerkennung des Gegenübers als eigene Person mit eigenen Rechten und Bedürfnissen sowie die Akzeptanz der Grenzen und Regeln, die von den Erwachsenen an die Kinder vermittelt werden, gibt es bei ihm nicht.

B. orientiert sich an seinen momentanen Gefühlen von Lust oder Unlust und hat so gut wie gar keine Frustrationstoleranz. Langeweile ist für ihn schwer auszuhalten; psychische Spannung und psychischen Konflikt möchte er vermeiden, indem er sofort die Situation ändern will oder auch tatsächlich den Kontakt abbricht und eigenmächtig geht.

Im Spiel versucht er, ohne dass er sich dessen immer bewusst ist, mithilfe von Tricks und der Erfindung neuer Regeln sein Gegenüber zu übervorteilen und sein Eigeninteresse durchzusetzen. Wenn sich bei ihm Motivation und Ausdauer in Anforderungssituationen erschöpfen, entstehen Impulse zu eigenmächtigen Handlungen oder er fällt zurück in regressiv-kindliche Verhaltensweisen, die in heftiges Agieren ausarten und den Rahmen einer Situation außer Kraft setzen.

In B.s Phantasien hat der Bereich aggressiv-destruktiver Phantasien einen dominanten Stellenwert. Entsprechende Gefühle, Phantasien und Spielhandlungen werden lustvoll erlebt und sind nicht verbunden mit einem inneren Konflikterleben und einem Gefühl für die Bedürfnisse, Grenzen und die Integrität des Gegenübers, auf das sich die Aggression bezieht. Für ihn selbstverständlich und unverblümt erzählt B. von seinem Hass auf die Frau des Vaters und von seinen Aktionen, mit denen er sie provoziert und sämtliche Regeln des Zusammenseins unterläuft. B. liebt es, Playmobil-Figuren nicht nur abzuschießen, sondern lustvoll zu zerstören; er bastelt Waffen, schießt mit einem Blasrohr auf die Glaskugeln des Weihnachtsbaumes oder köpft die Barbie-Puppen seiner Schwestern.

In den sozialtherapeutischen Betreuungsstunden fühle ich mich in meiner Gegenübertragung B. gegenüber überflutet und benutzt durch seine Suche nach Lust und „Spaß". B. „macht aus mir" ein grenzenloses Selbstobjekt, das seiner Befriedigung dient und vereinnahmt wird, oder er „zerschneidet" den kommunikativen Kontakt und „spuckt mich aus". Ein inneres, konstruktives ödipales Modell hat keine orientierende Bedeutung für B. Eine väterliche Objektrepräsentanz scheint in ihm zu existieren, der Vater wird vielleicht ersehnt, er wird aber immer wieder „zerstört" und „hinausgeworfen". Das innere mütterliche Objekt scheint Aspekte von Grenzenlosigkeit, regressiver Verschmelzung und sexualisierter Erregung zu beinhalten. B. sitzt als „Prinz" auf dem Schoß der Mutter und ist in „ständigen Reibereien" und einem „Kriegszustand" verfangen.

Bei B. steht eine oral-aggressive Triebhaftigkeit im Vordergrund. Die Tendenzen zu Vereinnahmung und regressiv-triebhafter Erregung sind deutlich. Im *Monopoly*-Spiel mit mir verteilt B. wie selbstverständlich das ganze vorhandene Geld, der Bank bleibt nichts übrig. Er verändert Spielregeln und benutzt nicht so schnell erkennbare Tricks, um mich zu übervorteilen.

Ich kann bei B. keine ihm bewusst erkenntliche Angst wahrnehmen; er schützt sich durch Desinteresse und Beziehungsabbrüche. Ansatzweise wahrnehmbar ist die in ihm tieferliegende, unbewusste Angst vor Objektverlust bzw. vor Abhängigkeit mit Reaktionen auf einer psychosomatischen Ebene. Nach heftigeren Konfliktsituationen kommt es vor, dass B. sich für längere Zeit auf die Toilette zurückzieht und mit Kot schmiert bzw. vermittelt, dass es ihm körperlich schlecht geht. Nachdem B. über einige Stunden kreativ einen Feuer speienden Drachen aus Knet gestaltet hat und auf diese Weise eine innere Verbindung zwischen uns entstehen konnte, biete ich ihm an, für ihn ein Foto von dem Drachen zu machen. B. lehnt das ab und zerstört den Drachen; kurz darauf spielt er eine Phantasie mit einem Playmobil-Mann, der sich von einem Hochhaus in den Tod stürzt.

B. verfügt über eine intellektuelle Begabungsstruktur mit zum Teil außerordentlichen Fähigkeiten im rechnerischen Denken, schneller Auffassung und technischem Verstehen. Seine Fähigkeiten zu Introspektion und Reflexion sind dagegen sehr begrenzt. Die Wahrnehmung von Gefühlen, inneren Konflikten und Beziehungsvorgängen wird abgewehrt mit dem Satz: „Weiß nicht!" B. orientiert sich absolut am Lust-Unlust-Prinzip und an momentanen Bedürfnissen.

Globales Ziel der Betreuungsarbeit mit B. ist die Unterstützung der schulischen Arbeit und der schulischen Perspektive sowie die Beziehungsarbeit an seinen psychischen und sozialen Problemen und die Persönlichkeitsentwicklung. Im sozialtherapeutischen Beziehungsprozess geht es um die Erweiterung der Beziehungs- und Konfliktfähigkeit; dies gelingt in Ansätzen und kleinen Schritten unter hohen Anforderungen bei allen Beteiligten, u. a. in Hinsicht auf die Notwendigkeit – natürlich auch für B. selbst, heftige Affekte auszuhalten und zu verarbeiten. Der durch die Ämter vorgegebene und begrenzte zeitliche Rahmen der Hilfeplanung kollidiert mit der tiefgreifenden psychischen und sozialen Entwicklungsstörung B.s und der Zeitlichkeit seiner Entwicklungsbedürfnisse.

III. Abschließende psychoanalytische Gedanken zum Narzissmus und Autismus und zum Umgang mit der Differenz

In den psychoanalytischen Konzepten zur psychischen Entwicklung und zu psychischen Entwicklungsstörungen spielen psychische Fixierungsstellen in der Entwicklung eine wichtige Rolle. P. Kutter und T. Müller (1999) sehen den infantilen Autismus und die schizophrene Psychose mit der Fixierungsstelle in der Phase der undifferenzierten Matrix und des „auftauchenden Selbst" in Verbindung, den Asperger-Autismus und pathologischen Narzissmus sowie Borderline-Störungen mit der späteren Fixierungstelle in der Phase der Wiederannäherung (ca. ab eineinhalb Jahren).

In der Psychodynamik des Autismus und der autistischen Abwehr des ersten Fallbeispiels steht ein in der Beziehung wirksamer Modus im Vordergrund, der darauf ausgerichtet ist, über die Suche nach gleichsinniger, gleichgerichteter Nicht-Differenz einen psychischen Schutz zu schaffen vor einer psychischen Überwältigung im Sinne einer namenlosen Angst, eines Zusammenbruchs des Selbst und Verlust an basaler Sicherheit und Kohärenz. Hocke (1994, 146) schreibt über Birger Sellin und zitiert ihn selbst:

Das Innenleben dieses jungen Mannes scheint von dem Kampf diktiert, den Sellin gegen eine namenlose, ständig drohende innere Katastrophe führt, „eine angst, unter der ich am meisten leide ist die angst wie ich einen tag überleben kann / so aus sicherer sicht eines auserwählten scheint also eisern auch so etwas lächerlich / ich wiederum / sichere die eisigen tageszeiten ab / indem ich einen sogenannten eisernen wichtigen serienabfragekatalog erstelle / ein soausderangst auslaufendes idiotensystem / und wiederum ärgere ich einfach alle auch mich selber.

Im Narzissmus und in der narzisstischen, psychischen Abwehr des zweiten Fallbeispiels steht ein Modus in der Beziehung im Vordergrund, in dem ein Rückzug vom Objekt auf das eigene omnipotente Selbst als Schutz vor überwältigend erlebter Frustration und Abhängigkeit stattfindet. Das Gegenüber wird aggressiv-destruktiv bekämpft und in der Phantasie ausgelöscht nach dem Prinzip „Angriff ist die beste Verteidigung".

O. F. Kernberg (1975, 268) schreibt: „Es ist das Bild eines ausgehungerten, wütenden, innerlich leeren Selbst, in seinem ohnmächtigen Zorn über die ihm zugefügten Frustrationen und in ständiger Furcht vor der Welt der anderen, die der Patient als genauso hasserfüllt und rachsüchtig empfindet wie sich selbst."

Asperger-Autismus und Narzissmus liegen in ihrer Psychodynamik dicht beieinander und schaffen doch in der Dynamik der Beziehung und in Übertragung und Gegenübertragug unterschiedliche Problemkonstellationen. Versteht man beide als einen jeweils spezifischen, psychischen Abwehrmodus, so ist davon auszugehen, dass in einer Person in dynamischer Verbindung verschiedene Abwehrzustände abwechseln und vorherrschen können.

Sieht der Narzisst im Wasser verliebt sein eigenes, idealisiertes Spiegelbild, während der Autist im Wasser angsterfüllt ein schwarzes Nichts erblickt?

Literatur

Alvarez, A. (2006): Die Wellenlänge finden: Werkzeuge zur Kommunikation mit autistischen Kindern. In: Nissen, B. (Hg.): Autistische Phänomene in psychoanalytischen Behandlungen. Gießen (Psychosozial), S. 55-72.

Barth, G. (2009): Das Asperger-Syndrom – therapeutische Möglichkeiten. Vortrag auf einem Informationsabend des Autismus-Verbandes Reutlingen.

Frost, E. (2006): Autistische Objektbeziehungen und autistische Objekte. In: Nissen, B. (Hg.), Autistische Phänomene in psychoanalytischen Behandlungen. Gießen (Psychosozial), S. 29-54.

Hocke, R. (1994): Birger Sellin – eine leere Festung? In: Kinderanalyse 2 (1994), S. 139-157.

Kernberg, O. F. (1975): Borderline Conditions and Pathological Narcissism. New York (Aronson), S. 268.

Kutter, P., und Müller, T. H. (1999): Psychoanalyse der Psychosen und Persönlichkeitsstörungen. In: Loch, W. (Hg.): Die Krankheitslehre der Psychoanalyse. Stuttgart (Hirzel), S. 195-287.

Nissen, B. (2006): Zur Bestimmung autistoider Organisationen. In: Nissen, B. (Hg.) Autistische Phänomene in psychoanalytischen Behandlungen. Gießen (Psychosozial), S. 225-248.

Ogden, T. H. (2006): Die autistisch-berührende Position. In: ders. (2006): Frühe Formen des Erlebens. Gießen (Psychosozial).

Remschmidt, H., und Kamp-Becker, I. (2007): Das Aspergersyndrom – eine Autismus-Spektrum-Störung. Deutsches Ärzteblatt, Jg. 104, Heft 13.

Gottfried Maria Barth und Martina Strauß

Als Lamm im Wolfspelz. Zum labilen Gleichgewicht von Verweigerung und Integration bei einem 15-jährigen Jungen mit totalem Rückzug und exzessivem Computerspielen

Die intensive Computer(spiel)- und Internetnutzung ist eine bei Jugendlichen in den letzten zehn Jahren neu entstandene Problematik. Diese kann unter verschiedenen Blickwinkeln diskutiert werden wie beispielsweise der Frage nach dem Sucht- oder dem Gewaltpotential, den gesellschaftlichen einschließlich marktwirtschaftlichen Hintergründen, den in vielen Spielen praktizierten positiven Werten wie Solidarität und Leistungswillen oder Fragen nach den Auswirkungen auf die Kognitionen der Jugendlichen und deren schulische oder berufliche Performance. In der Öffentlichkeit wenig beachtet ist der Aspekt der vorausgehenden psychischen Belastung bzw. die Komorbidität der süchtigen Computerspieler. Die Spezialsprechstunde für exzessive Computernutzung an der Universitätsklinik Tübingen wurde in diesem Zusammenhang zur Anlaufstelle für viele psychisch schwer belastete Jugendliche, die ohne die sichtbaren Auswirkungen der exzessiven Computernutzung innerhalb der Familie oder beim Schulbesuch und Freizeitverhalten trotz offensichtlicher Behandlungsnotwendigkeit noch nicht in der Kinder- und Jugendpsychiatrie vorgestellt worden wären. Unter den ersten hundert jugendlichen Patienten dieser Spezialambulanz hatten etwa 90 Prozent eine bedeutsame psychiatrische Komorbidität, darunter etwa 20 Prozent einen bereits bekannten oder in diesem Zusammenhang neu diagnostizierten Asperger-Autismus. Gerade in dieser Subgruppe müssen die positiven Aspekte von PC und Internet als Möglichkeit weniger angstbelasteter sozialer Kommunikation, aber auch die Gefahr einer Verstärkung des Rückzugs gut gegeneinander abgewogen werden, um wirklich förderliche Interventionen einsetzen zu können. An einem nicht untypischen Fall soll deren Bandbreite angedeutet werden.

Der 15½-jährige Ismail kam in Begleitung seiner Mutter in die Sprechstunde für Computerspiel- und Internetsucht und fiel gegenüber den meisten anderen dort vorgestellten Jugendlichen dadurch auf, dass er tatsächlich selbst ein Problem in seinem exzessiven Computerspielen sah. „Vor einigen Jahren habe ich das erste Computerspiel bekommen, und da waren schon die ersten Anzeichen einer Sucht. Ich habe *Cossacks* gespielt, vor einem Jahr dann habe ich bei Turnieren mitgespielt und wurde Erster bei der *Cossacks*-Weltmeisterschaft.[1] Dann haben mich Freunde auf den Egoshooter *Wolfteam* gebracht.[2] Nach Weihnachten habe ich jede Nacht gespielt, habe ganz den Tagesrhythmus verloren. Mir ist klar, dass das Computerspiel nicht wichtig ist. Die Vernunft sagt mir, dass ich in die Schule muss. Aber ich muss weiterspielen. Obwohl es schon langweilig geworden ist." Er berichtet, dass er seit Weihnachten und damit seit vier Monaten nicht mehr in die Schule gehe, er habe vom Kinder- und Jugendpsychiater, zu dem er selbst habe hingehen wollen, eine Entschuldigung bekommen. Doch die vierzehntägigen Gesprächstermine hätten nichts gebracht. Neben täglichem Computerspiel von acht bis zehn Stunden habe er keine weiteren Hobbys.

Zur orientierenden Beurteilung einer möglichen Sucht mussten Mutter und Sohn auf Ismails exzessives Computerspielen bezogen den Internet-Abhängigkeits-Test (nach Young) ausfüllen. Die Angaben der Mutter ergaben fast in allen Bereichen den Höchstwert, insgesamt ein höchst auffälliges und weit im Bereich manifester Sucht liegendes Ergebnis. Ismail selbst erreichte auch die Grenze zwischen auffälliger und süchtiger Computernutzung und lag nur wenig unter den Angaben der Mutter. Diese auffällige Selbsteinschätzung und ein nahe bei der elterlichen Einschätzung liegender Wert ist ungewöhnlich für Jugendliche mit exzessiver Computernutzung, die sich selbst in der Regel völlig anders beurteilen als die Eltern.

Wie üblich bekamen Mutter und Sohn den Auftrag, Fragebögen zur Psychopathologie auszufüllen. Es fiel auf, wie akribisch und mit welcher Fülle von Informationen der Patient die ausgegebenen Fragebögen ausfüllte, wo doch üblicherweise Patienten dieser Sprechstunde eher lustlos und widerwillig mitarbeiten. In der Selbstbeurteilung des YSR (Youth Self Report) stuft sich Ismail in allen Subskalen als auffällig ein, Extremwerte erreicht er für schizoid-zwanghaft und ängstlich-depressiv. In der Depressionsskala liegt er mit Prozentrang 93 ebenfalls im auffälligen Bereich. Einen extrem hohen Wert auf der 100. Perzentile ergaben seine Antworten zu überdauernden Ängsten im STAI (State Trait Anxiety Inventory). Dies war überraschend, da er subjektiv gar nicht so sehr Ängste schilderte.

Die mütterliche Beurteilung der Psychopathologie fällt weniger auffällig aus, zu hohen Werten von schizoid-zwanghaft und ängstlich-depressiv kommen noch körperliche Beschwerden und als höchster Wert aggressives Verhalten dazu, Letzteres als Spiegel der häuslichen Auseinandersetzungen um den Computer.

Der Patient hat einen jüngeren Bruder. Die Eltern sind geschieden, zum Vater arabischer Abstammung besteht regelmäßiger Kontakt. Die Mutter hat das alleinige Sorgerecht. Sie hat nach der Geburt der Kinder im Beruf nicht wieder Fuß fassen können und hat derzeit einen Ein-Euro-Job. Im Gegensatz zum Bruder wird die frühkindliche Entwicklung des Patienten als schwierig beschrieben. Aus Sicht der Mutter sei es schwierig gewesen, zusammenzufinden. Mit fünf Jahren habe er als „Tics" beschriebene Verhaltensweisen entwickelt, sei z. B. andauernd auf die Toilette gegangen. Im Grundschulalter sei eine Therapie erfolgt. Die Kommunikation zwischen Mutter und Sohn sei schwierig gewesen, und in Grenzsituationen habe sie ihn auch geschlagen. Körperlichen Kontakt habe der Patient nie gern gehabt. Die Mutter berichtete weiter, dass Ismail schon immer eher für sich und selbstgenügsam gewesen sei. Ismail beschreibt seinen Vater als Halt, als die Mutter ihn geschlagen habe, jetzt sei die Mutter Halt, wenn der Vater ihn schlage. Er wolle beim Vater nicht übernachten, da dieser keinen Online-PC habe. Die Mutter möchte gern den PC wegnehmen können, hat aber Angst, dass Ismail dann sie oder sich selbst verletzt. In der Untersuchungssituation geraten Mutter und Sohn permanent in Streit. Ismail kommt beim Thema Schule in massive Erregung und wird kurzatmig.

Trotz weiterer Angaben der Mutter, dass schon vor der Computersucht hohe Fehlzeiten in der Schule wegen psychosomatischer Beschwerden aufgelaufen seien, erfolgte die Beratung fokussiert auf das exzessive Computerspielen, da eine Suchtkomponente unverkennbar war und daraus resultierende negative Folgen die Situation dominierten. Es wurde eine sukzessive Verkürzung der Computerzeiten festgelegt, der Auftrag einer Protokollierung der Computernutzung sowie die Hausaufgabe täglicher alternativer „Belohnungs"-Aktivitäten mitgegeben.

Beim nächsten Termin nach drei Wochen berichteten Mutter und Sohn eine Verschlimmerung. Ismail beschreibt nicht ohne Stolz, dass er Rang 1 im *Wolfteam* in Deutschland habe und vergangene Woche 48 Stunden am Stück gezockt habe. Es sei wie ein Teufelskreis und werde immer schlimmer. Jetzt wirkte Ismail fast psychotisch, innerlich getrieben, unkonzentriert, mit ständigem Wippen der Beine. Auf der anderen Seite klangen seine Schilderungen, das Haus nicht verlassen zu können, auch schulphobisch, also bestimmt von einer tiefen Trennungsangst. Zunächst wurde allerdings sowohl von der Fragestellung des Patienten und seiner Mutter als auch vom Fokus der psychiatrischen Beratung her an der Suchtbehandlung festgehalten.

Erst eine weitere Woche später gelang es, den Blick nicht mehr auf die Computernutzung zu fixieren. Anknüpfend an die Äußerungen der Mutter wurde ein Asperger-Screening durchgeführt, bei dem Isamil einen weit im hochgradig autistischen Bereich liegenden Wert erreichte. In dieser gezielten Befragung wurde dann deutlich, dass Ismail schon immer Einzelgänger war und nur etwas soziale Integration durch den jüngeren Bruder gelernt habe. Affektzustände seien schon immer extrem und situationsinadäquat, und es gelinge ihm schwer, wieder heraus zu kommen. Die motorische Entwicklung sei verlangsamt gewesen, er habe sehr früh sprechen und schreiben gelernt und schon früh begonnen, eine Homepage zu programmieren. Er habe immer mit Dingen Experimente gemacht, aber sich sehr schwer an Veränderung anpassen können. Er sei schmerzunempfindlich, habe lange an den Fingern genagt und bestimmte Kleidung nicht anziehen können, weil er sie nicht auf der Haut habe aushalten können. Gleichzeitig berichtet die Mutter von zwei Verwandten mit ähnlichem sozialem Rückzug und offensichtlichem Verdacht auf autistische Symptome.

In der Beurteilung der sozialen Responsivität lag Ismail in allen Subskalen weit im auffälligen Bereich, bezogen auf eine Autismus-Vergleichsgruppe lag er auf der 50. Perzentile. Diese Werte sprechen sehr für das Vorliegen einer autistischen Symptomatik. Allerdings fällt auf, dass dies im Widerspruch steht zu den ursprünglichen Angaben der Selbst- und Elternbeurteilung, in denen kein auffälliger sozialer Rückzug angegeben wurde.

Dieser neue Aspekt eröffnete zwar ein besseres Verstehen von Ismails Abtauchen in die vertraute und sozial weniger herausfordernde Online-Welt, die akute Problematik des Ausstiegs aus fast allen altersgemäßen Entwicklungsanforderungen wie Schule und soziale Integration war dadurch allerdings nicht gelöst und war angesichts zunehmender häuslicher Eskalationen als Reaktion auf mütterliche Interventionen sowie einer weiter bestehenden massiven Belastung der Mutter sehr drängend. Aus diesem Grund wurde in gemeinsamer Absprache einen stationäre Aufnahme erwogen, die auch Ismail nicht von Vornherein ablehnte.

Der geplanten stationären Aufnahme ging ein Vorgespräch voraus, zu dem der Patient und seine Mutter kommen sollten. Es erschien nur die Mutter, und sie berichtete, sie habe Ismail nicht bewegen können mitzukommen. Sie wirkte sehr hilflos, bedürftig und verzweifelt. Sie berichtete, ihr Sohn wolle nicht in die Klinik kommen. Es wurde mit ihr besprochen, dass sie es auf gerichtlichem Weg versuchen könne. Allerdings wurde davon ausgegangen, dass die Mutter zu schwach wäre, dies umzusetzen. Umso erstaunter waren wir, dass die Mutter noch am selben Tag zu Gericht ging und das Nötige veranlasste. Die Gerichtsverhandlung fand am Aufnahmetag in der Klinik statt, um mögliche Probleme eines Transports in die Klinik zu vermeiden. Die Mutter war mit dem Sohn ohne Gepäck gekommen, um ihn bewegen zu können, den Termin wahrzunehmen. Ismail kam also unter der Voraussetzung, nicht in der Klinik bleiben zu wollen.

Für die Aufnahme ausschlaggebend war, dass der Patient ein halbes Jahr nicht mehr die Schule besucht hatte, exzessiv Computer spielte (*Cossacks* und *Wolfteam*) und es auch heftige Konflikte mit Tätlichkeiten gegenüber der Mutter gab. Der Patient wurde gemäß § 1631b richterlich für sechs Wochen untergebracht und blieb freiwillig einige Tage länger.

Am Aufnahmetag war der Patient extrem unter Druck und regressiv, meinte, er könne es hier nicht aushalten, er würde sich die Pulsadern aufschneiden oder weglaufen. Der Patient weinte viel, zitterte, wackelte mit den Knien und schien sich zunehmend in diesen Zustand hineinzusteigern. Später berichtete er, dass er eine richtige Entzugsphase erlebt habe, was er zunächst abgestritten hatte. Er litt sehr unter der Trennung von seiner Mutter, aber auch unter dem Fehlen seines Computers. Deutlich wurden rasch auch für die Mitpatienten seine zahlreichen Ängste, so konnte er nur mit einer kleinen Lichtquelle schlafen oder hatte Angst, blind zu werden.

Erschreckend war anfangs seine schlechte körperliche Konstitution. Er litt viel unter psychosomatisch bedingten leichten Körpersymptomen. Von Anfang an war er jedoch gut in Kontakt mit seinen Bezugspersonen. Er wurde medikamentös neuroleptisch unterstützt, was auch nach der Entlassung noch einige Zeit fortgeführt wurde. Durch die meisten Gespräche zog sich der Wunsch, nach Hause zu gehen. Mit den Mitpatienten tat er sich nicht leicht. Am wohlsten fühlte er sich auf unserer Sommerfreizeit – da dort über mehrere Tage immer die gleichen Mitarbeiter anwesend waren.

Seine Mutter hatte ihrerseits Probleme mit der Trennung vom Sohn. Sie identifizierte sich mit seiner verzweifelt-manipulativen Reaktion. Oft verhielt sie sich nicht altersadäquat ihm gegenüber. Damit konnte sie ihn in der Motivation zur stationären Therapie wenig stützen. Zwar blieb Ismail auch nach Auslaufen der freiheitsentziehenden Maßnahme noch in der Klinik. Doch als seine Heimatschule ihm trotz der langen Fehlzeit anbot, ihn auf Probe zu versetzen, brachte das Sohn und Mutter dazu, die stationäre Behandlung vorzeitig zu beenden. Sein Überraschungsgeschenk von der Mutter am Entlasstag daheim war ein *Scrabble*-Spiel, was er auf Station kennen und lieben gelernt hatte.

Nach der Entlassung nahm der Patient weiterhin Termine bei einer seiner Bezugspersonen der Station wahr. Er zog dies einer ambulanten Behandlung außer Haus vor. Deutlich wurde, dass der Patient trotz seines vorzeitigen Gehens die Station mit ihren Mitarbeitern sehr positiv besetzt hatte. Er kam unabhängig von den Terminen anfangs auch zu Besuchen vorbei; sowohl seine Mutter als auch er suchten bei zufälligen Begegnungen das Gespräch mit den Mitarbeitern. Die Kommunikation zwischen Mutter und Sohn wurde durch externe familientherapeutische Sitzungen unterstützt. Die Computersucht spielte nach Ende der stationären Behandlung keine Rolle mehr. Sehr wohl jedoch seine Ängste. Im ersten Jahr nach der stationären Behandlung hat er jetzt erfolgreich das Gymnasium besucht, und es geht im wohl recht gut.

Ismail war uns wegen exzessiven Computerspielens in der Computersuchtsprechstunde vorgestellt worden. Der Verlauf und seine Selbstbeschreibung machten deutlich, dass es sich dabei um eine massive Suchtproblematik mit entsprechenden Entzugserscheinungen handelte. In der Behandlung zeigte sich jedoch bald, dass dahinter ein anderer Kern der Symptomatik zu suchen war: eine schwere Angstsymptomatik einschließlich einer schulphobischen Trennungsangst, eine depressive Symptomatik und eine Störung des Sozialverhaltens im häuslichen Rahmen. In dieser Kombination der Symptome in Gemeinschaft mit zahlreichen Aspekten seines Selbsterlebens sowie vielen typischen Verhaltensbeschreibungen aus der frühen Kindheit bis heute erfüllt er Kriterien für die Diagnose eines Asperger-Syndroms. Die Selbst- und Fremdbeschreibungsfragebögen ergaben ebenfalls dafür typische Muster mit extremem Rückzug und auffälliger schizoid-zwanghafter Symptomatik. Die genaue diagnostische Abgrenzung spielt jedoch in einer zwar auf die auffälligen Symptome Schulverweigerung und exzessive Computernutzung bezogenen, aber trotzdem eine dahinter liegende Persönlichkeitsreifung adressierenden Behandlung gar nicht die zentrale Rolle. Trotzdem darf gerade ein Asperger-Syndrom nicht übersehen werden, da es auf ein anderes Erleben unserer gemeinsamen Welt hinweist (Attwood 2007), was bei allen therapeutischen Interventionen und im täglichen Umgang mit diesen Patienten berücksichtigt werden muss. Auch hierbei ist von untergeordneter Bedeutung, ob tatsächlich die diagnostische Schwelle überschritten wird, da auch der Autismus nicht kategorial, sondern dimensional verstanden werden muss. Denn es macht keinen Unterschied für Therapie und Umgang mit einem Patienten, ob er die Diagnosekriterien gerade erfüllt und knapp darunter liegt. Im vorliegenden Fall erwiesen sich die Ängste als sehr tiefgreifend und die Computernutzung als eine Art Selbsttherapie. Unter Berücksichtigung des Autismus konnte es nicht darum gehen, die Ängste ganz zu bewältigen oder eine Abstinenz vom Computer anzustreben. Die intensiven Beziehungsangebote konnten jedoch eine Angstreduzierung und damit eine Symptombesserung erreichen. Der Teufelskreis der Computersucht musste dazu gewaltsam unterbrochen werden, durch die Therapieerfolge konnte Ismail anschließend jedoch wieder eine kontrollierte Computer- und Internetnutzung beginnen, die ihm angesichts seiner sozialen Ängste sehr hilfreich ist. Damit konnte er wieder ein zwar labiles, aber funktionales Gleichgewicht zwischen sozialer Herausforderung und Rückzug in eine Gemeinschaft mit seinem angstfreien Objekt Computer und seinem Zugang zu angstreduzierter internetvermittelter Kommunikation erreichen. So wie viele Autisten den Umgang mit Tieren als angstfrei erleben und davon sehr profitieren, ist heute auch der PC mit seinen Möglichkeiten einschließlich der Vernetzung als hilfreiches und beruhigendes Objekt in die Welt der Autisten getreten. Dabei berühren die Gefahren des Internets gerade den Autisten wenig, da ihm die soziale Einschätzung der Bedeutung von Datenklau oder Ähnlichem oft mangelt. Demgegenüber hilft ihm sehr, im Internet seine Person als partiell virtuelle Figur den Erwartungen der anderen anzupassen und so seine sozialen Ängste zu verringern. Wird ihm diese Rückzugs- und zugleich Anpassungsstrategie einfach entrissen, wird dies kaum zunehmende Integration, sondern eher totale Verweigerung provozieren. Nur aus einer verlässlichen Integration in anfänglich durchaus mühsame personale Beziehungen heraus wird es ihm erträglich sein, seine Flucht in Rückzug und virtuelle Realität loszulassen.

Trotz der schwierigen Startbedingungen hat Ismail sich gut auf die Therapie eingelassen. Sowohl er als auch seine Mutter waren nach Ende der Behandlung stabiler. Essenziell war sicher die Stabilisierung der Mutter. Die Elterngespräche und auch das Wissen um unsere Verfügbarkeit nach Ende der stationären Behandlung und auch der ambulanten Begleitung trugen dazu bei, die Mutter zu stärken, die eigentlich selbst einer Therapie bedurft hätte. Für die Mutter und die Schule trugen die Berücksichtigung der Asperger-Ängste und -Reaktionen schließlich zu einer entscheidenden Deeskalation und stabilen Performance in der Schule bei.

Anmerkungen

1 *Cossacks* ist eine vom ukrainischen Entwickler GSC Game World entwickelte Computerspieleserie, die sich relativ nah an der realen europäischen Geschichte orientiert. In der *Cossacks*-Reihe wird viel Wert auf Realismus, Taktik und Strategie gelegt. Am 30. November 2000 erschien der erste Teil, *Cossacks: European Wars*. Am 21. Juni 2006 erschien der letzte Teil, *Cossacks 2: Battle for Europe*. Die Serie umfasst fünf Spiele, wovon drei Teile Add-ons darstellen (http://de.wikipedia.org/wiki/Cossacks, Stand v. 5. 4. 2011).

2 „Wer so richtig auf brachiale Kraft und entfesselbare Energie abfährt, der muss dieses Game spielen. Denn hier können Sie die Vorteile von zwei unterschiedlichen Kriegern in einer Person nutzen: Auf der einen Seite sind Sie der bedachte Mensch und auf der anderen Seite der mächtige Werwolf. Deathmatch, Zerstörung, Eroberung. Diese Schlagwörter, vereint mit einer Multiplayer-Möglichkeit von bis zu 16 Spielern und dem oben genannten Spielkonzept, dürften jedem Gamer das Wasser im Munde zusammenlaufen lassen"(http://www.chip.de/downloads/Wolf-Team_45460770.html, Stand v. 5. 4. 2011).

Literatur

Attwood, Tony (2007): Ein ganzes Leben mit dem Asperger-Syndrom. Stuttgart (Trias).

Michael Günter

Dissozialität bei Jugendlichen mit Asperger-Syndrom: Ausdruck von Normalität oder Folge des Erlebens von Ausgrenzung und Fremdheit?

Einleitung

Seit Längerem beschäftigt mich die Frage, weswegen in den Behandlungs- und Betreuungskontexten, die ich überblicke, immer mehr Kinder und Jugendliche mit Asperger-Syndrom auftauchen, die zugleich in ihrer Entwicklung dissoziale Züge aufweisen und Straftaten begehen. Dieser klinische Eindruck widerspricht bis zu einem gewissen Grad der bisherigen Auffassung, dass Patienten mit Asperger-Syndrom aufgrund ihrer eingeschränkten Beziehungsfähigkeit einerseits und zwanghaft-rigider Tendenzen andererseits (Woodbury-Smith et al. 2006) eher weniger Straftaten begehen (Mouridson et al. 2008). Auch Hippler et al. (2010) fanden bei einer Untersuchung der Registerauszüge von Hans Aspergers ehemaligen Patienten im Erwachsenenalter keine Erhöhung von Straftaten gegenüber der Normalpopulation. Vermutlich kommt der sogenannten psychiatrischen Komorbidität bei Patienten mit Asperger-Syndrom entscheidende Bedeutung für die Erhöhung des Risikos einer (Gewalt-)Straftat zu (Langström et al. 2009, Newman und Ghaziuddin 2008).

Psychiatrisch-nosologisch spiegelt sich die oben angeführte Veränderung vor allem in einer dramatischen Zunahme der Diagnose Aufmerksamkeitsdefizithyperaktivitätsstörung bei Kindern und Jugendlichen mit Asperger-Syndrom wieder. Mittlerweile erhalten mehr als ein Viertel der Kinder und Jugendlichen mit der Diagnose eines Autismus Spectrum Disorder die Zusatzdiagnose ADHS (Leyfer et al. 2006, Simonoff et al. 2008). Dabei wird allerdings die Frage des Zusammenhangs zwischen beiden Störungen kontrovers diskutiert (Holtmann et al. 2007, Sinzig und Lehmkuhl 2007). Man könnte nun das Problem dahingehend abwiegeln, dass eben die ausgeprägte Zunahme der in den letzten beiden Jahrzehnten in Mode gekommenen Diagnose ADHS auch an dieser Population nicht spurlos vorbeigegangen ist. Ich neige jedoch eher zu der Meinung, dass wir es uns mit dieser Erklärung zu einfach machen würden, zumal ich tatsächlich eine Zunahme dissozialer Problematiken bei Jugendlichen mit Asperger-Syndrom zu sehen meine.

Mein Anliegen in dieser Arbeit ist es, über mögliche Ursachen für dissoziales und kriminelles Verhalten bei dieser Population nachzudenken. Im Hauptteil des Artikels werde ich eine Typologie derartiger Problematiken und ihrer Ursachen vorstellen. Sinn dieses Unterfangens ist es, aus dieser Typologie heraus zu verstehen, welche Motive, welche subjektiv betrachtet guten Gründe auch bei Menschen mit Asperger-Syndrom zu einem dissozialen, gewalttätigen oder kriminellen Verhalten Anlass geben können. Dieses Verstehen der subjektiven Situation, der bewussten und unbewussten Konfliktkonstellation, ist eine wichtige Voraussetzung dafür, gemeinsam mit den Betreffenden andere Strategien zu entwickeln und die Hilfestellung zu einer besseren sozialen Integration individuell möglichst präzise an die Problematik des betreffenden Menschen anzupassen.

Noch ein Wort zur Terminologie: Wenn ich von dissozialem oder antisozialem Verhalten spreche, ist damit natürlich nicht das gemeint, was die Kinder und Jugendlichen mit Asperger-Syndrom *qua definitionem* als Schwierigkeit erleben und mitbringen: ihre Schwierigkeit in der sozialen Interaktion und Kommunikation, die man der Wortbedeutung nach durchaus als dissozial oder antisozial bezeichnen könnte. Gemeint ist vielmehr die gebräuchliche Verwendung des Begriffes im Sinne einer mangelnden sozialen Anpassung in Richtung Delinquenz, kriminellem oder gewalttätigem Verhalten, also in der psychiatrischen Nosologie im Sinne einer Störung des Sozialverhaltens.

Allein schon diese Abgrenzungssymptomatik, die sich in der Terminologie widerspiegelt, lässt allerdings aufhorchen. Sie verweist darauf, dass wir – und dies sollte uns zu denken geben – vielleicht allzu leicht autistische Störungen der Kommunikation und Interaktion als Nicht-Können und defizitär interpretieren, wodurch das Subjekt tendenziell zum Opfer seiner Störung und der Verhältnisse wird. Demgegenüber gilt einem naiven Verständnis das dissoziale oder antisoziale Verhalten als willentlicher Verstoß gegen soziale Regeln, dem man vor allem mit Erziehung, aber auch mit Strafe und Disziplin, die von manchen gerne mit Erziehung verwechselt werden, beizukommen habe.

Fallvignetten

Zunächst einige kurze Fallvignetten, mit Hilfe derer ich einige charakteristische Problemkonstellationen vor Augen führen werde (alle Namen und biographische Details sind verändert):

Albrecht, 17 Jahre

Diagnose: Schwere Pubertätskrise mit psychotischer Dekompensation auf der Basis eines Asperger-Syndroms (F23.21, F84.5).

Form der Dissozialität: Aktuell wollte A. mit der Mutter schlafen, daher müsse der Vater beseitigt werden, da dieser im Weg stehe. Bedrohung der Mutter mit Würgen, er warf sie die Treppe hinunter. A. schlug den Vater, krallte sich an der Mutter fest und sagte, sie gehöre ihm. Im Verlauf der stationären Behandlung auch gezielt oppositionell-verweigerndes und aggressives Verhalten. Im weiteren Verlauf heftige aggressive Impulsdurchbrüche in stationärer Behandlung.

Entwicklungsprobleme: Ab dem Kindergartenalter soziale Integrationsschwierigkeiten, er sei nicht gern gegangen, habe sich zurückgezogen, in der Grundschule hatte er einen engen Freund, der vieles für ihn übernahm. Die Mutter habe zu Hause alles nachgearbeitet. Sozialer und schulischer Einbruch im Gymnasium. Erlebt die Mitschüler als extrem belastend. Aktuell Mobbing-Situation in der Klasse. Bei Aufnahme zunehmend wahnhafte Inhalte, parathymes Grinsen.

Dynamische Faktoren: Ablösungsproblematik, schwere Trennungsangst, fehlende erzieherische Grenzsetzung zu Hause.

David, 18 Jahre

Diagnose: Asperger-Syndrom (F84.5), nebenbefundlich Chromosomenstörung.

Form der Dissozialität: D. lockte ein neunjähriges Mädchen, das er zuvor bei einem Praktikum im Kindergarten kennengelernt hatte, in die Wohnung, um mit ihr Sex zu haben. In der Wohnung wollte er ihr den Mund mit Klebeband zukleben. Sie wollte schreiend weglaufen, heim zu ihrer Mutter. Er war völlig überrascht und irritiert, würgte sie und zog sie zurück in die Wohnung. Als sie wieder zu sich kam und jammerte, stieß er ihr einen Trichter in den Mund und flößte ihr Alkohol ein, um sie müde zu machen. Er führte zwei

Finger zunächst in die Scheide, dann in den Anus ein. Als sie erneut jammerte, schlug er sie auf den Kopf und würgte sie, bis sie tot war. Sodann verpackte er die Leiche und brachte sie in der übernächsten Nacht an einen Weiher.

Entwicklungsprobleme: D. war früh auffällig in Bezug auf Motorik (zerebrale Bewegungsstörung, Visuomotorik), Sprachentwicklung u. a. Er war erheblich in Kontaktfähigkeit und Sozialverhalten beeinträchtigt, Einzelgänger, suchte Kontakt zu kleineren Kindern, dabei zeigte er leicht Wutausbrüche, Frustrationsintoleranz. Deprivation in der Familie durch Alkoholismus der Mutter, gleichzeitig sehr enge, sehr kindliche Bindung an Mutter und Großmutter. Keine Integration in die Peergroup, verwahrlost, emotional verschlossen, als kaum empathiefähig geschildert. Gespräche führte er immer auf der Sachebene, nie persönlich oder emotional. D. machte Sport, es entwickelten sich aber keinerlei Freundschaften. Er strebte nach der Realschule eine Erzieherausbildung an, war aber darin sozial vollkommen überfordert.

Dynamische Faktoren: Neuer Partner der Mutter führte „Männergespräche" mit ihm, dass er sich endlich eine Freundin suchen, in die Disco gehen solle. Ausgeprägte Verlustängste bezüglich der Mutter und der Oma, da ein Umzug anstand. Vermehrter Alkoholkonsum der Mutter. D. wollte Verkehr mit einem „ungefährlichen" Kind; als das Mädchen sich wehrte, vermutlich Mischung aus Panik und aufbrechender Wut.

Theo, 16 Jahre

Diagnose: Asperger-Syndrom (F84.5), Hyperkinetische Störung des Sozialverhaltens (F90.1).

Form der Dissozialität: Zahlreiche Diebstähle zum Teil skurriler Art, Aggressionsdelikte gegen Gleichaltrige, Erpressungsversuch, Weglaufen, mangelnde Regelakzeptanz, mangelnde Beschulbarkeit, Impulsivität.

Entwicklungsprobleme: T. war seit dem Kindergarten unruhig, hatte Ängste vor anderen Kindern, Kontaktstörungen. Zunehmend dissoziale Entwicklung mit Weglaufen, Aggressivität. Übermäßige autistische Beschäftigung z. B. mit Elektrogeräten, mangelndes emotionales Einfühlungsvermögen. Aggressive Impulsdurchbrüche. Trotz intensiver sozialpädagogischer Betreuung, Beschulung in Sonderschule E und medikamentöser Begleitbehandlung war er in der Schule und im sozialen Umfeld kaum zu halten. Die Mutter zeigte sich hochgradig ambivalent gegen sozialpädagogische Maßnahmen wie auch gegen eine kinderpsychiatrische Behandlung.

Dynamische Faktoren: Vernachlässigung und erzieherische Überforderung der allein erziehenden Mutter bei schwierigem Kind.

Jakob, 13 Jahre

Diagnose: Frühkindliche Bindungsstörung mit Enthemmung (F94.2) und autistischen Zügen.

Alternativ: Anpassungsstörung nach frühkindlicher Traumatisierung (F43.2) mit psychosozialer Retardierung und Kontaktschwäche mit autistischen Zügen.

ADHS mit Impulssteuerungsschwäche (F90.0).

Form der Dissozialität: J. vergewaltigte mehrfach Jungen aus seiner Umgebung, die noch im Grundschulalter waren. Er lockte sie an abgelegene Orte. Er habe auch Interesse an einem etwa gleich alten Mädchen gezeigt, dies sei jedoch aufgefallen und ihm verboten worden.

Entwicklungsprobleme: Beide Eltern waren bei seiner Geburt heroinabhängig. Geburtskomplikationen, primär längerer Verbleib in der Klinik. Lebte zunächst bei der drogensüchtigen Mutter, wechselte dann im Alter von eineinhalb Jahren, als diese eine Entgiftung machte, zum ebenfalls drogensüchtigen Vater. Dieser tauchte mit ihm unter. Er wurde in halb verhungertem und vernachlässigtem Zustand in der völlig vermüllten Wohnung nach drei Monaten wieder aufgefunden. Rückkehr zur Mutter, die durchgängig substituiert wurde. Deutliche Symptome einer schweren Deprivation, Trennungsängste, Unruhe, Essverhalten, Einnässen, Einkoten, zunehmend autistische Züge. Gleichzeitig mangelnde Regeleinhaltung. Er war drei Jahre lang, von acht bis elf, in stationärer Jugendhilfe und entwickelte sich dort sehr gut. Nach der Rückkehr nach Hause bei instabiler Situation erneute Dekompensation. Er wirkte sehr kindlich.

Dynamische Faktoren: Eigentlich an Sexualkontakten mit gleichaltrigen Mädchen interessiert, jedoch sozial massiv überfordert. J. hatte Angst vor Zurückweisung und Beschämung. Er lebte in einem formal einigermaßen geordneten, jedoch sehr deprivierenden Milieu mit wenig Halt, Anleitung und emotionaler Beziehung. Daraus resultierte eine Suche nach zärtlichen Beziehungen mit vordergründiger Anpassung, hintergründig chronisch aggressiver Anspannung auf der Grundlage der Deprivation und der Enttäuschungswut. Bremsfunktion der autistischen Abwehr?

Typologie der Pathogenese delinquenten Verhaltens

Wie sich an diesen Fallvignetten und an vielen anderen Patienten, mit denen wir es in der Klinik oder in Betreuungszusammenhängen im Verein für Psychoanalytische Sozialarbeit zu tun haben, zeigen lässt, sind die Ursachen für die Entwicklung delinquenter Verhaltensweisen bei Jugendlichen mit Asperger-Syndrom idealtypisch in drei Gruppen aufzufächern. Bei der Ausführung dieser Typologie bin ich mir bewusst, dass wir selbstverständlich überwiegend die Kinder und Jugendlichen mit einem Asperger-Syndrom sehen, die psychisch oder sozial erhebliche Auffälligkeiten aufweisen und somit einer mehr oder weniger intensiven psychiatrisch-psychotherapeutischen Behandlung oder einer sozialpädagogischen Hilfe bedürfen. Wir haben es dabei in der Regel nicht nur mit individuell schwierigen Entwicklungen, vor allem Entwicklungsblockaden, zu tun, sondern darüber hinaus meistens auch mit einem familiären und sozialen Umfeld, das durch die Problematik überfordert ist. In der Regel lässt sich retrospektiv ein oft komplexes Hin und Her zwischen genuiner Entwicklungsproblematik einerseits und psychosozialen Problemen des betreffenden Patienten und seiner Familie andererseits identifizieren.

Dabei sollte man den fehllaufenden Beziehungsprozessen, seien sie durch die Interaktions- und Kommunikationsstörung des Patienten, seien sie durch ungenügende psychosoziale Rahmenbedingungen im familiären Umfeld bedingt, größte Bedeutung zumessen. Dieser Prozess hat manchmal eine unentrinnbar erscheinende Tragik und es scheint mir durchaus berechtigt, die Entwicklungsbedingungen der Betreffenden als in vielen Fällen traumatisch zu bezeichnen.

Ich werde im Folgenden drei Typen der Entwicklung hin zu einer Dissozialität und/oder zu Gewaltstraftaten Jugendlicher mit Asperger-Syndrom darstellen: Der erste Typus entwickelt sich in klassischer Weise aus der Beziehungsproblematik der Patienten selbst, der zweite Typus zentriert sich um schwer deprivierte und traumatisierte Kinder und Jugendliche, die in Folge dessen autistische Züge entwickeln, und der dritte Typus schließlich resultiert aus der Tatsache, dass auch Kinder und Jugendliche mit Asperger-Syndrom vernachlässigt werden und im Zuge dessen dissoziale Entwicklungen Raum greifen können.

1. Die „klassische“ Angst-Aggressions-Problematik

Häufig geraten Jugendliche mit einem Asperger-Syndrom im Zuge der Pubertätsentwicklung in heftige Turbulenzen. Darin unterscheiden sie sich nicht prinzipiell von unauffälligen Jugendlichen, aber die spezifische Färbung dieser Probleme, die Überforderung mit der Adoleszenz, das eingeschränkte Verhaltensrepertoire und die begrenzten Reaktionsmöglichkeiten führen nicht selten zu schweren psychischen Dekompensationen.

Knapp zehn Prozent unserer Patienten mit Asperger-Syndrom entwickelten im Zuge der Belastung der Adoleszenzentwicklung eine schizophrene Psychose (Wolf, Stösser und Günter 2011). Unterhalb dieser sehr schweren Dekompensationen, die in der Regel eine stationäre Behandlung erforderlich machen, gibt es aber eine Reihe von Momenten, die zu aggressivem und delinquentem Verhalten führen können:

a) Aggression, resultierend aus tiefreichender Beziehungsproblematik

Häufig haben unsere Patienten sehr viele Misserfolge und soziale Ausgrenzung erlebt. Sie sind meist nur eingeschränkt in der Lage, sich in die Peergroup einzufinden, was speziell in der mittleren Adoleszenz ab 15 Jahren zu schweren sozialen Problemen, meist kombiniert mit ausgeprägtem sozialen Rückzug führt. Es kommt immer wieder zu Hänseleien. Teilweise machen sich andere Jugendliche einen Spaß daraus, die Beeinträchtigungen gezielt auszunutzen, und verschärfen so das Gefühl sozialer Ausgrenzung und sozialer Inkompetenz.

Die Ausgrenzung wird von den Jugendlichen schmerzlich erlebt. Zugleich entwickeln die Betreffenden häufig eine ausgeprägte Angst vor Überforderung in sozialen Beziehungen bei gleichzeitigem Wunsch, daran ebenfalls teilhaben zu können. In diesem Zusammenhang sehen wir immer wieder Kurzschlussreaktionen bei Anforderungen, die aus sozialen Situationen resultieren, insbesondere wenn sie emotional überfordernd sind.

Häufig ziehen sich diese Jugendlichen auch auf ein rigides zwanghaftes Ordnungssystem zurück. Wenn dieses infrage gestellt oder gestört wird, kann es zu impulsiven aggressiven Ausbrüchen manchmal mit heftigen Folgen kommen.

Derartige Belastungsfaktoren spielten bei Davids Tötungsdelikt eine Rolle.

b) Auch Jugendliche mit Asperger-Syndrom haben Wünsche nach Verselbständigung, dies heutzutage umso mehr, als sie tatsächlich am sozialen Leben teilnehmen. Auch sie wollen erwachsen werden, sich verselbständigen und haben zugleich größte Angst vor diesem Schritt. In dem Zusammenhang entwickeln sie aus Abwehrgründen manchmal skurrile Vorstellungen, wie wir sie bei Albrecht sahen, der aus dieser Ablösungsproblematik heraus die Mutter heiraten und den Vater töten wollte. Man könnte sagen, er wollte so einen Kompromiss finden: Einerseits wäre er damit in gewisser Weise erwachsen geworden, indem er eine erwachsene Frau geheiratet hätte, andererseits hätte er auf ewig bei seiner Mama bleiben können. Ich gehe davon aus, dass diese Ambivalenz durch die Verlockungen der modernen Medienwelt und das absolut zu unterstützende Bemühen um soziale Integration verstärkt werden.

c) Überforderung durch die sexuelle Entwicklung
Jugendliche mit Asperger-Syndrom haben genauso wie andere Jugendliche sexuelle Wünsche und Bedürfnisse, die aber in sehr vielen Fällen an ihrer Angst vor nahen Beziehungen, vor emotionalem Kontakt und bedrohlicher sozialer Kommunikation scheitern. Sie wissen schon gar nicht, wie sie es anstellen sollen, mit einem Mädchen oder einem Jungen in näheren Kontakt zu kommen, geschweige denn sexuell intim zu werden.

Auch diese Wünsche werden durch die moderne Medienwelt und die allgegenwärtige Sexualisierung – die Währung, in der bezahlt wird, ist sexuelle Attraktivität – verschärft, ohne dass wir bisher wirklich griffige Konzepte entwickelt hätten, wie damit therapeutisch und pädagogisch umzugehen sei. Die Jugendlichen werden meist in diesem schwierigen Dilemma allein gelassen. Eine spezifische Sexualpädagogik findet selten statt, zumal es den Jugendlichen selbst sehr schwer fällt, offen über ihre Bedürfnisse zu sprechen und sich diesbezüglich zu öffnen.

Ich erinnere mich noch gut, wie ich in meiner Anfangszeit mit einem damals 16-jährigen schwer autistischen Jugendlichen zunächst einen Entwicklungsroman las, mit ihm dann über seine sexuellen Phantasien ins Gespräch kam, wobei sein Gespräch eher in einem Stammeln und in einem Bestätigen meiner Fragen bestand, bis wir uns schließlich entschlossen – mit ihm zusammen und mit seinem Einverständnis –, ihm dabei behilflich zu sein, sich einen *Playboy* zu kaufen. Ich glaube nicht, dass diese Aktion plötzlich die Wende in seinen stark regressiv-aggressiv gefärbten Verhaltensweisen mit sich brachte – u. a. urinierte er wiederholt in der Stationsküche in Kartons mit Apfelsaft. Ich erinnere mich aber noch gut, wie erfreut er darüber war und wie sehr ihn dies entlastete. Er hatte von da an häufiger solche Heftchen und masturbierte auch mithilfe derartiger Vorlagen. Er schaffte es allerdings nie, seinen eigentlichen Wünschen entsprechend eine Beziehung zu einem Mädchen einzugehen. Dazu war er zu kontaktgestört, und das ängstigte ihn.

Diese Überforderung durch sexuelle Wünsche spielte eine Rolle bei Albrecht, David und Jakob, deren Geschichte oben kurz dargestellt wurde. Sehr selten allerdings führen derartige Konflikte bei Menschen mit Asperger-Syndrom zu aggressiven Sexualdelikten. Häufiger finden sich sexuell inadäquates Verhalten und ungelenke Annäherungsversuche, die dann unter Umständen als sexuelle Belästigung oder sexuelle Nötigung verfolgt werden. Häufig auch kommt es zu einem sozialen Rückzug. Die konflikthafte Überforderung wird unter Umständen gegen sich selbst gerichtet, und es kommt zu selbstverletzendem Verhalten, Vernachlässigung und Verwahrlosung.

Einer meiner Patienten versuchte sich aus einem solchen Konflikt heraus zu suizidieren, indem er sich in ein Klappsofa einklemmte. Er äußerte, dass er es nicht mehr ausgehalten habe, mit seinen sexuellen Bedürfnissen nicht zurechtzukommen. Er habe sich überlegt, dass er lieber eine Frau wäre, weil er sich dies leichter vorstelle. Da dies aber nicht gehe, wollte er sich das Leben nehmen.

d) Suche nach Struktur und Halt

Die große Verunsicherung führt in Einzelfällen auch dazu, dass sich Jugendliche auf der Suche nach Struktur und Halt entsprechenden Gruppierungen anschließen.

Dazu bieten sich beispielsweise rechtsradikale Gruppen an, die den Vorteil haben, dass ihr Weltbild sehr klar gegliedert ist, ohne Zweifel wird zwischen Gut und Böse geschieden, häufig das militärisch Zwanghafte gepflegt, und im Vordergrund steht eine deutliche Rigidität. Dies bietet Orientierung und ist nicht nur für Jugendliche mit Asperger-Syndrom, aber im Einzelfall auch für diese attraktiv.

So haben wir vor vielen Jahren einen jungen Mann behandelt, der sich schon zur Zeit seiner Behandlung in der Klinik für den paraguayischen Diktator Strössner begeisterte. Er wurde später wegen Mitarbeit in einem rechtsradikalen Verlag und der damit zusammenhängenden Nazipropaganda verurteilt.

2. Deprivierte und traumatisierte Jugendliche mit autistischen Zügen

Wir sehen zunehmend Jugendliche, die im Zuge einer schweren Deprivation und Traumatisierungsvorgeschichte, wie sie beispielsweise bei Jakob vorlag, ausgeprägt autistische Züge entwickeln.

Ich habe solche Bilder wiederholt nach schwerer frühkindlicher Vernachlässigung gesehen. Eine besondere Bedeutung kommt der familiären Konstellation zu, in denen die Eltern, wie beispielsweise bei Jakob, wegen einer langjährigen Heroinabhängigkeit oder wegen schwerer Depressionen für das Kind emotional nicht verfügbar waren.

Wenn sich dies in der Adoleszenz fortsetzt, bleibt den Jugendlichen oft nichts anderes, als sich Beziehungen im dissozialen Milieu außerhalb zu suchen bzw. Beziehungen immer mit größter Vorsicht zu betrachten. Sie entwickeln ein instabiles Beziehungsmuster und in Einzelfällen eine entsprechende Abwehr mit autistischen Zügen.

Es ist manchmal schwierig zu entscheiden, ob man diagnostisch bereits von einem Asperger-Syndrom im Sinne eines traumatisch entstandenen oder psychogenen Autismus sprechen kann oder ob man das Bild diagnostisch noch als depressive Störung mit autistischen Zügen oder Störung des Sozialverhaltens mit autistischen Zügen bezeichnen soll.

Diese diagnostische Einordnung ist aus psychoanalytischer Sicht nicht so entscheidend, da man speziell bei diesen Patienten ohne weiteres die klassischen Theorien der autistischen Abwehr im Sinne eines sich unempfindlich Machens gegen bedrohliche äußere Einflüsse durch starre Verwendung unbelebter Objekte und andere Mechanismen nachvollziehen kann.

Diese Gruppe von Jugendlichen mit autistischen Symptomen weist neben den deutlichen Eingliederungsproblemen häufig auch offen oder latent aggressiv destruktive Züge auf.

Sie werden im günstigen Fall, wie bei Jakob, durch eine hohe Anpassungsbereitschaft einerseits und eine autistische Abkapselung andererseits weitgehend begrenzt, fließen dann aber unter Umständen in aggressiv impulsiv aufbrechende Straftaten oder sexuell aggressive Übergriffe ein oder geben Anlass zu sadomasochistischen Quälereien.

3. Verwahrlosungsentwicklung bei Jugendlichen mit Asperger-Syndrom

Während wir früher häufiger Hospitalisierungsschäden sahen, sehen wir heute auch bei Jugendlichen mit Asperger-Syndrom – wie im Übrigen auch bei geistig behinderten Jugendlichen – häufiger eine Verwahrlosungsentwicklung mit Dissozialität. Es findet sich immer wieder die Situation, dass diese Jugendlichen sich aufgrund ihrer sozialen Außenseiterposition Cliquen von Außenseitern anschließen, im Zuge dessen auch deren Normen und Verhaltensweisen übernehmen und so zu Einbrüchen, Drogendelikten usw. kommen.

Die 16-jährige Eli wurde im Parkschützerdorf der Stuttgart21-Gegner aufgegriffen, nachdem sie von zu Hause weggelaufen war. In sehr eigenwilliger und unzugänglicher Weise berichtete sie darüber, dass ihre einzigen Beziehungen diese Leute dort seien. Das Leben dort sei ganz anders als zu Hause, wo, wie wir nach und nach erfuhren, die Mutter sich wenig um sie kümmerte. Sie war trotz guter Intelligenz in der Schule gescheitert, weil sie ausgeprägte Beziehungsstörungen hatte, und hatte dort in der Unverbindlichkeit des Parkschützerdorfes eine Heimat in Form wechselnder und im Kern persönlich unverbindlich bleibender Beziehungen gefunden.

Die Behandlung und Betreuung dieser Jugendlichen erscheint mir besonders schwierig, da sie häufig in einem pädagogischen Setting überfordert sind bzw. mit ihren spezifischen Einschränkungen auf Unverständnis stoßen, andererseits aber eine stationäre psychiatrische Behandlung kaum für sich als hilfreich ansehen können, sondern als Einschränkung ihrer Bewegungsfähigkeit und ihrer Abwehrstruktur erleben. Es bedarf hier einer guten Zusammenarbeit zwischen Sozialpädagogik und Psychiatrie, um diesen manchmal mit großer dissozialer Geste daherkommenden, aber im Grunde sehr hilflosen und überforderten Jugendlichen wieder eine Perspektive zu geben. So war es bei Theo schwierig, zu einer gemeinsamen Strategie von psychiatrisch-psychotherapeutischer und sozialpädagogischer Hilfe zu kommen.

Bei Eli ist offen, ob dies gelingen wird. Sie war einige Zeit mit familienrichterlicher Genehmigung bei uns stationär und entwickelte im Rahmen dieser stationären Behandlung wieder mehr Zutrauen zu Beziehungen, sodass sie bereit war, in eine Jugendhilfeeinrichtung zu wechseln. Im Zuge eines Ausflugs, bei dem sie zufällig alte Freunde aus der Szene traf, entwich sie spontan. Sie wird über längere Zeit auf haltgebende Rahmenbedingungen angewiesen sein.

Schlussfolgerungen

Meine Ausführungen und Beispiele zeigen zweierlei: Zum einen wird deutlich, dass wir es niemals nur mit einer Abwehrorganisation auf autistischem Niveau zu tun haben (vgl. Günter 2006), sondern dass auch bei Menschen mit autistischen Strukturen Abwehrprozesse auf paranoid-schizoider und solche auf ödipaler Ebene bedeutsam sind. Zum anderen bedeutet dies, dass es sich bei dissozialen Entwicklungen von Jugendlichen mit Asperger-Syndrom um durchaus sehr unterschiedliche Phänomene handelt, bei denen die Ursachen für diese zusätzlichen Komplikationen verstanden werden müssen. Nur wenn dies geschieht, können wir angemessene sozialpädagogische und therapeutische Hilfestellungen entwickeln.

Wir stehen diesbezüglich in der Pflicht, uns veränderten und breiter gewordenen Herausforderungen zu stellen. Ziel muss es sein, eine soziale Integration zu befördern, nicht um ihrer selbst willen, sondern um den Betroffenen bessere Lebens- und Entwicklungsperspektiven zu geben.

Soziale Integration heißt in dem Fall, sich sowohl um die subjektive Bedeutung und die Gründe für eine dissoziale Entwicklung zu kümmern und mit dem Patienten Alternativen zu entwickeln als auch Lebensbedingungen zu schaffen, die für ihn oder sie mit seiner/ihrer autistischen Struktur Möglichkeiten eröffnet, Genussfähigkeit, Lebensfähigkeit und Arbeitsfähigkeit zu entwickeln. Inwieweit der Aufbau engerer Beziehungen und damit die Entwicklung eines Stücks Liebesfähigkeit Ziel einer Betreuung sein kann, muss kritisch reflektiert werden. Häufig lösen enge, gar intime Beziehungen, sosehr sie gewünscht werden, zu große Angst aus, und man sollte sich davor hüten, die eigenen Möglichkeiten zum Maßstab dessen zu machen, was für Patienten gut sei.

Schließlich können derartige Erziehungsprozesse und eine therapeutische Beschäftigung mit aggressiven und dissozialen Tendenzen auch eine Chance darstellen, mit diesen Jugendlichen in einen an der Realität orientierten Dialog einzutreten. Ein Dialog, der sie ernst nimmt als Subjekte ihres Handelns, ihre Bedürfnisse wahrnimmt und ihnen zugleich zumutet, sich wie andere Menschen auch, den Gesetzmäßigkeiten der sozialen Realität anzupassen, womit wir im Kern bei einem ödipalen Abwehrniveau angelangt wären.

Günter, M. (2006): Die Insel, die es nicht gibt – Leben im Niemandsland zwischen innerer Realität und äußeren Objekten. In: Nissen, B. (Hg.): Autistische Phänomene in psychoanalytischen Behandlungen. Gießen (Psychosozial), S. 307-328.

Hippler, K., Viding, E., Klicpera, C., und Happé, F. (2010): Brief report: No increase in criminal convictions in Hans Asperger's original cohort. Journal of Autism and Developmental Disorders 40, S. 774-780.

Holtmann, M., Bölte, S., und Poustka, F. (2007): Attention deficit hyperactivity disorder symptoms in pervasive developmental disorders. Psychopathology 40, S. 172-177.

Langström, N., et al. (2009): Risk factors for violent offending in autism spectrum disorders: A national study of hospitalized individuals. Journal of Interpersonal Violence 24, S. 1358-1370.

Leyfer, O. T., et al. (2006): Comorbid psychiatric disorders in children with autism. Journal of Autism and Developmental Disorders 36, S. 849-861.

Mouridson, S. E., et al. (2008): Pervasive developmental disorder and criminal behavior. A case control study. International Journal of Offender Therapy and Comparative Criminology 52, S. 196-205.

Newman, S., und Ghaziuddin, M. (2008): Violent crime in Asperger syndrome: The role of psychiatric comorbidity. Journal of Autism and Developmental Disorders 38, S. 1848-1852.

Simonoff, E., et al. (2008): Psychiatric disorders in children with autism spectrum disorders. Journal of the American Academy of Child and Adolescent Psychiatry 47, S. 921-929.

Sinzig, J. K. und Lehmkuhl, G. (2007): Autismus und ADHS. Gibt es Gemeinsamkeiten? Fortschritte der Neurologie und Psychiatrie 75, S. 267-274.

Woodbury-Smith, M. R., et al. (2006): High functioning autism spectrum disorders, offending and other law-breaking: Findings from a community sample. The Journal of Forensic Psychiatry and Psychology 17, S. 108-120.

Wolf, J., Stösser, D., und Günter, M. (2011): Prevalence of Schizophreniform Psychotic Episodes in Adolescents with Asperger Syndrome.

Autorinnen und Autoren

Barth, Gottfried Maria, Jg. 1958, Dr. med., M. A., Facharzt für Kinder- und Jugendmedizin, Facharzt für Kinder- und Jugendpsychiatrie und -psychotherapie, Psychoanalytiker, Oberarzt der Abteilung für Psychiatrie und Psychotherapie im Kindes- und Jugendalter der Universitätsklinik Tübingen.
Anschrift: Osianderstraße 14–16, 72076 Tübingen

Deguilly, Isabelle, Jg. 1958, Psychoanalytische Sozialarbeiterin, Mitarbeiterin des Therapeutischen Heims für Kinder und Jugendliche.
Anschrift: Hagenwörtstr. 65, 72108 Rottenburg

Feuling, Martin, Jg. 1952, Psychoanalytischer Sozialarbeiter, Mitarbeiter der Ambulanten Dienste des Vereins für Psychoanalytische Sozialarbeit e. V.
Anschrift: Hechingerstr. 53, 72072 Tübingen

Günter, Michael, Jg. 1957, Prof., Dr. med., Facharzt für Kinder- und Jugendpsychiatrie und Psychotherapie, Facharzt für Psychosomatische Medizin und Psychotherapie, Psychoanalytiker für Kinder, Jugendliche und Erwachsene und Lehranalytiker (DPV/IPA), Ärztlicher Direktor (komm.) der Klinik für Psychiatrie und Psychotherapie im Kindes- und Jugendalter der Universität Tübingen. Leiter des Weiterbildungscurriculums „Psychodynamische Psychotherapie“ der Universität Tübingen und des Südwestdeutschen Weiterbildungscurriculums Forensische Kinder- und Jugendpsychiatrie. 2007–2009 Präsident der International Association of Forensic Psychotherapy. Herausgeber der Zeitschrift *Kinderanalyse*.
Anschrift: Osianderstr. 14, 72070 Tübingen

Hamad, Annemarie, Jg. 1942, Dr. phil. Sozial-Anthropologie, Dipl.-Psych., Psychoanalytikerin in freier Praxis. Ehemals Leiterin einer psychotherapeutischen und heilpädagogischen Ambulanz für Kinder. Mitarbeiterin in einer eigens für Säuglinge und Kleinkinder erarbeiteten sozial-psychoanalytischen Einrichtung. Psychotherapeutische Begleitung von Krebspatienten und deren Angehörigen.
Anschrift: 171, rue du Fg. Poissonnière, F-75009 Paris

Heilmann, Joachim, Jg. 1955, Dipl.-Päd., Psychoanalytischer Pädagoge, Kinder- und Jugendlichenpsychotherapeut. 1985–2004 therapeutischer Mitarbeiter im Autismus-Therapieinstitut Langen; 2004–2009 pädagogischer Mitarbeiter und Leiter der Heilpädagogischen Ambulanz in Groß-Umstadt; seit 2009 therapeutischer Mitarbeiter der „Fachstelle für Kinder psychisch kranker Eltern“ der Stiftung Waisenhaus in Frankfurt a. M. Organisation und Durchführung von Fortbildungen zum Thema Autismus, frühkindliche Entwicklung und Psychoanalytische Pädagogik; Vorstandsmitglied beim Frankfurter Arbeitskreis für Psychoanalytische Pädagogik (FAPP).
Anschrift: In der Roterde 6, 60435 Frankfurt a. M.

Kaschek, Michael, Jg. 1965, Dipl. Theol. Psychoanalytischer Sozialarbeiter, Schulsozialarbeiter in der „Schule am Ufer“ des Vereins für Psychoanalytische Sozialarbeit e.V.
Anschrift: Hagenwörtstr. 63, 72108 Rottenburg

Künstler, Sylvia, Jg. 1966, Psychoanalytische Sozialarbeiterin, Mitarbeiterin der Ambulanten Dienste und des Arbeitsprojekts des Vereins für Psychoanalytische Sozialarbeit e. V.
Anschrift: Hechingerstr. 53, 72072 Tübingen

Müller, Peter, Jg. 1941, Dr. med., Psychoanalytiker in eigener Praxis seit 1979. Gründungs- und Vorstandsmitglied der Assoziation für die Freudsche Psychoanalyse (AFP) und Mitherausgeber des *Jahrbuch für klinische Psychoanalyse*.
Anschrift: Moltkestr. 29A, 76133 Karlsruhe

Nielebock, Friedel, Jg. 1948, Sonderschullehrerin, seit 1984 Lehrerin an der „Schule am Ufer“ des Vereins für Psychoanalytische Sozialarbeit e. V.
Anschrift: Hagenwörtstr. 63, 72108 Rottenburg

Noddings, Bettina, Jg. 1949, Schulpsychologin in einem Gymnasium und Psychologische Psychotherapeutin in eigener Praxis.
Anschrift: Scheffelstraße 26, 77855 Achern

Perner, Achim, Jg. 1953, Dipl.-Soz.-Päd., M. A., Psychoanalytischer Sozialarbeiter, Mitglied des August-Aichhorn-Insituts für Psychoanalytische Sozialarbeit, arbeitet in einer Beratungsstelle für sexuell missbrauchte Kinder und Jugendliche.
Anschrift: Lottumstr 3, 10119 Berlin

Ramminger, Edith, Jg. 1953, Sonderschullehrerin, seit 1987 Lehrerin an der „Schule am Ufer" des Vereins für Psychoanalytische Sozialarbeit e. V.
Anschrift: Hagenwörtstr. 63, 72108 Rottenburg

Schmidt, Olaf, Jg. 1965, Psychoanalytischer Sozialarbeiter, Mitarbeiter der Ambulanten Dienste des Vereins für Psychoanalytische Sozialarbeit e. V.
Anschrift: Hechingerstr. 53, D-72072 Tübingen.

Strauß, Martina, Jg. 1966, Dr. biol. hum., Psychologin, Abteilung Psychiatrie und Psychotherapie im Kindes- und Jugendalter der Universität Tübingen.
Anschrift: Osianderstr. 14, 72070 Tübingen

Unfried, Matthias, Jg. 1960, Psychoanalytischer Sozialarbeiter, Mitarbeiter der Ambulanten Dienste und des Arbeitsprojekts des Vereins für Psychoanalytische Sozialarbeit e. V.
Anschrift: Hechingerstr. 53, 72072 Tübingen

Wolf, Reinhold, Jg. 1951, Dipl.-Psych., Psychoanalytischer Sozialarbeiter, Mitarbeiter der Ambulanten Dienste des Vereins für Psychoanalytische Sozialarbeit e. V.
Anschrift: Hechingerstr. 53, 72072 Tübingen